Edith Gailus

Action-Guide Inline-Skating

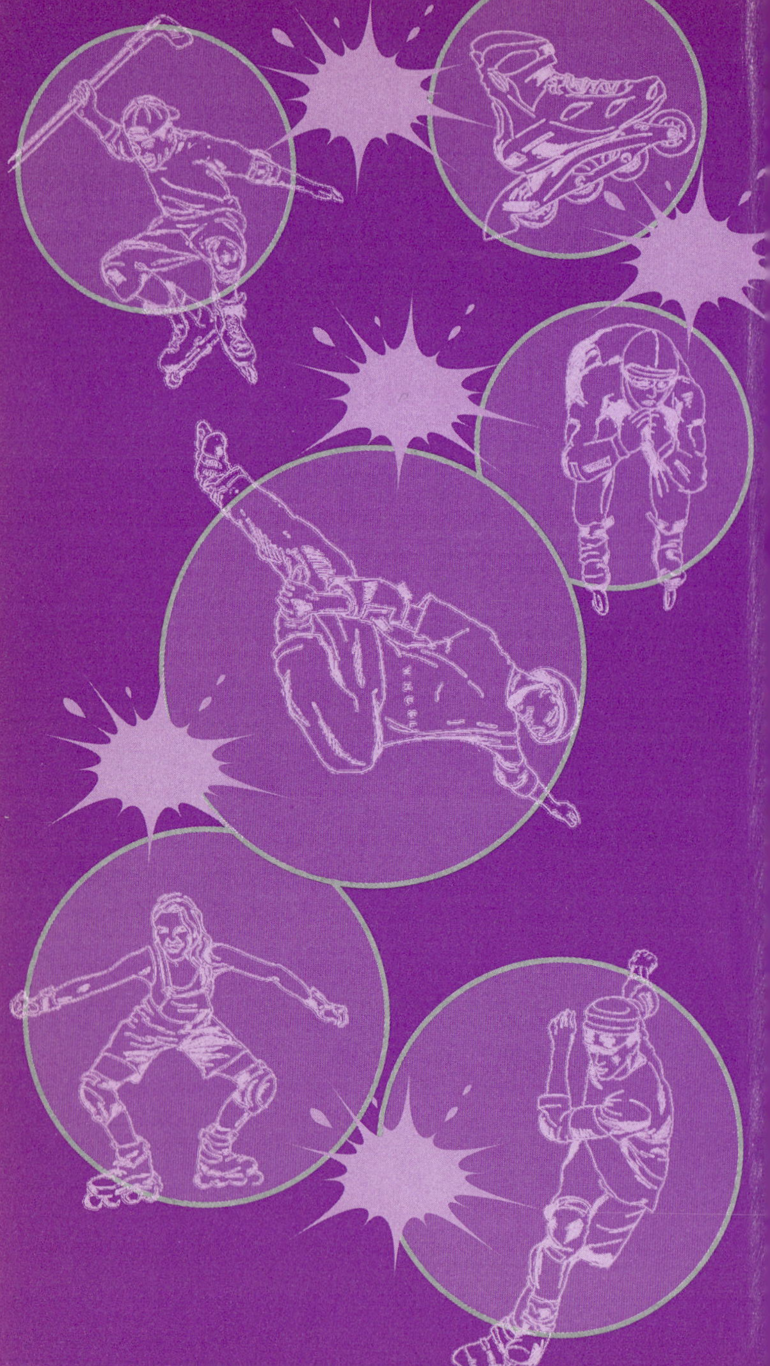

Edith Gailus

Action-Guide Inline-Skating

Städte · Treffpunkte · Events

blv

Die Deutsche Bibliothek – CIP-Einheitsaufnahme

Gailus, Edith:
Action-Guide Inline-Skating : Städte, Treffpunkte,
Events / Edith Gailus. - München : BLV, 1999
ISBN 3-405-15694-7

BLV Verlagsgesellschaft mbH
München Wien Zürich
80797 München

Umschlagfotos:
Vorderseite: Bavaria Bildagentur
Rückseite: Jan Greune/LOOK
Umschlaggestaltung: Joko Sander, Werbeagentur, München
Übersichtskarte: Computerkartographie Carrle
Grafik & Layout: Daniela Farnhammer
Lektorat: Maritta Kremmler
Herstellung: Rosemarie Schmid
Gesamtherstellung: Ludwig Auer GmbH, Donauwörth
Gedruckt auf chlorfrei gebleichtem Papier
Printed in Germany · ISBN 3-405-15694-7

INHALT

Nordsee
Brunsbüttel
Cuxhaven
Aurich
Wilhelmshaven
Emden
Bremen
Weser
Ems
NIEDERLANDE
Weser
Münster
Goch
Bocholt
Borken
Lage
Marl
Dort-
mund
Holz-
wickede
Paderborn
Oberhausen
Mülheim
Essen
Iserlohn
Duisburg
Bochum
Hagen
Brüggen
Mönchengladbach
Lüdenscheid
BELGIEN
Düssel-
dorf
Wuppertal
Wegberg
Steenokkerzeel
Köln
Wermels-
kirchen
Marburg
Bonn
Rhein
Wetzlar
Gießen
Langenfeld
Solms
Limburg
Koblenz
Karben
Frankfurt
Hanau
Wiesbaden
Mainz
Offenbach
Rüsselsheim
Neu-
Isen-
burg
Mosel
LUXEM-
BURG
Trier
Darmstadt
Worms
Main
Mannheim
Ludwigshafen
Speyer
Saar
Bad Dürkheim
Heidelberg
Saarlouis
Hassloch
Homburg
Hockenheim
Saarbrücken
Bruchsal
Wörth
Pforzheim
Karlsruhe
Baden-
Baden
Stuttgart
Esslingen
Rottenburg
Neckar
Rhin
FRANKREICH
Rottweil
Elzach
Mengen
Freiburg
Titisee-
Neustadt
Ravens-
burg
Singen
Konstanz
Baden
Bülach
Erlen
Aarau
Zürich
Diels-
dorf
Baar
Dürnten
Inline-Skating-Areas
Skatehallen
Thun
Bulle
SCHWEIZ
Lausanne
Rhône
0 50 100 150 200 km

Ostsee
sburg
Damp
Burg
Kiel
Eutin
oe
Timmendorfer Strand
Lübeck
Hamburg
Schwerin
Elbe
POLEN
Oder
Celle
Stendal
Berlin
Wolfsburg
Braunschweig
Volfenbüttel
Magdeburg
Elbe
Cottbus
Neisse
Göttingen
DEUTSCHLAND
Hoyerswerda
Leipzig
Eschwege
Hof
Dresden
Eisenach
Erfurt
Jena
Gera
Chemnitz
ılda
Plauen
Bad Kissingen
Schweinfurt
Main
Würzburg
Höchberg
Erlangen
TSCHECHIEN
Rothenburg
Nürnberg
Stamsried
Feuchtwangen
Cham
Aalen
Regensburg
berg
Donau
Passau
Augsburg
Wien
Donau
erach
Inn
München
Lech
Mindel-heim
Landsberg
gen
Kaufbeuren
hshafen
ÖSTERREICH
Sonthofen
Inn
ITALIEN
SLOWENIEN
KROATIEN

Vorwort

VORWORT

Inline-Skating ist die am schnellsten wachsende Sportart weltweit. Sie löste einen Boom aus, der seinesgleichen in der Sportgeschichte sucht. Die Nachfrage nach öffentlich zugänglichen Skateanlagen hat in den letzten Jahren durch die rasante Verbreitung von Inline-Skates bei Kindern und Jugendlichen enorm zugenommen.

Der wahrzunehmende Verbreitungs- und Nutzungsgrad von Skates kann längst nicht mehr als vorübergehender Modetrend eingeordnet werden. Es handelt sich vielmehr um eine alltägliche Sport- und Freizeitbeschäftigung von Kindern und Jugendlichen. Aber auch immer mehr Erwachsene entdecken diese Rollsportart für sich. Es werden inzwischen sogar Inline-Skate-Kurse für Senioren angeboten. Dies ist nicht verwunderlich. So bietet das Inline-Skating ideales Herz-Kreislauf-Training für jedes Alter, das ganz en passant Muskeln aufbaut und Kalorien verbrennt. Spaß haben alle an dieser Sportart, deren Faszination generationsübergreifend wirkt. Offenkundig ist der Fun-Faktor sehr hoch.

Inzwischen haben sogar die Kultusministerien bundesweit beschlossen, Inline-Skating für Schulklassen einzuführen. Schüler der 5. bis 8. Klasse werden im Sportunterricht mit der Rollsportart Inline-Skating vertraut gemacht. Das Vorhaben ist auf die nächsten Jahre angesetzt.

Das Inline-Skating – der Funsport der 90er Jahre – hat sich in den letzten Jahren im Bild der Städte etabliert. Inline-Skater verwandeln Innenstädte zunehmend in Skate-Aktionsräume. Inzwischen finden nicht nur in Paris Skate Parades statt, sondern auch in den deutschen Städten Frankfurt am Main, Hamburg, Hannover, Leipzig, München, Nürnberg und in Oberhausen. Immer mehr Skatebegeisterte nehmen an diesen Ereignissen teil. Fun, Fitness, Mobilität lautet die neue Zauberformel. Der Inline-Skate-Boom ist nicht mehr zu stoppen und wird sich allen Anzeichen nach in den nächsten Jahren fortsetzen.

Für alle an dieser Sportart Interessierten wurde dieses Buch zusammengestellt. Inhaltlich wird zunächst ein Überblick über die Entstehung und Entwicklung der Inline-Skating-Bewegung gegeben. Nur wenigen dürfte bekannt sein, dass die Rollsportart Inline-Skating bereits vor 200 Jahren entstanden ist.

Rechtliche Fragen und der richtige Versicherungsschutz für Skater werden erläutert.

Das Buch gibt einen umfassenden Überblick über die Sportart Inline-Skating. Das benötigte Datenmaterial wurde mit freundlicher Unterstützung zahlreicher Stadtverwaltungen (Sport-, Grünflächen-, Jugend- und Presseämtern), Gemeindeverwaltungen, Kurverwaltungen, Fremdenverkehrsämtern sowie durch Auswertungen von Befragungen von Schülern und Sportlehrern von Realschulen und Gymnasien, Besuchern von städtischen Jugendzentren, Sportgeschäftsinhabern, Betreibern von Skatehallen sowie Inline-Skate-Schulen, Verbänden und Skateherstellern zusammengetragen. All den Beteiligten sei an dieser Stelle gedankt. Es bleibt zu hoffen, dass auch weiterhin noch viel für die erforderliche Infrastruktur für Skater getan wird.

Allen Lesern sei nun informative Unterhaltung bei der Lektüre gewünscht. Und stets daran denken: Nie ohne Schutzausrüstung starten! Rücksicht gegenüber anderen Verkehrsteilnehmern ist der beste Weg, um nicht aus der Rolle zu fallen.

Edith Gailus

Historischer Überblick

Die Entstehung der Inline-Skates reicht weit zurück. Diese Sportgeräte wurden nicht erst in den 80er Jahren unseres Jahrhunderts erfunden, sondern bereits 200 Jahre früher. Man kann darüber diskutieren, ob die klassischen Rollschuhe, die man als »Quads« bezeichnet, zu den Wurzeln der Inline-Skates gehören. Sicher ist, dass sie eine zeitgemäße, konsequente Weiterentwicklung der gesamten Rollenbewegung sind.

Die Sportart Inline-Skating wurde in Europa erfunden und hat sich in der heutigen Zeit von der Trendsportart zur Massenbewegung entwickelt. Der erste namentlich bekannte Erfinder von Inline-Skates ist der Belgier John Joseph Merlin aus dem kleinen belgischen Ort Huy. Er baute bereits 1760 eine Frühform der heutigen Skates, die er selbst als »Patins à roues alignees« (Rollschuhe mit Rollen in einer Reihe) bezeichnete. Allerdings handelte es sich eher um Schlittschuhe, an denen er jeweils zwei Metallrädchen montiert hatte. Seine Konstruktion präsentierte er in London der Öffentlichkeit. Negativ an seiner Konstruktion dürfte wohl gewesen sein, dass er keine Stopper an den Schuhen angebracht hatte.

Ein weiteres Modell, der so genannte Erd-Schlittschuh (»patin à terre«), wurde um 1790 von dem Belgier van Lede konstruiert. Sein Modell konnte im Winter mit Kufen und im Sommer mit Rollen ausgestattet werden. Bei den Rollen handelte es sich um zwei Holzräder, die an der Metallplatte des Schuhs befestigt wurden.

Van Lede hatte bei seiner Erfindung bereits an eine Art Bremse gedacht. Im Jahre 1813 entwickelte der französische Eisläufer Jean Garcin ein Rollschuhmodell, das unter dem Namen »cingar« (Anagramm seines Namens) oder auch »Patin d'éclisse« (Schienenrollschuh) bekannt wurde. Für

diese Rollschuhkonstruktion erhieltt er 1815 ein Patent.
Garcin eröffnete in Paris die erste Rollschuhschule (»Cingar-Schule«) und überarbeitete sein Rollschuhmodell. Dieses stattete er mit drei Kupferrollen, einer Fersenbremse und einer Art Riemenbefestigung für den Fuß aus. Die bis an das Knie reichende Stütze wurde mit Lederverschlussschnallen befestigt.
In der Folgezeit häuften sich die Konstruktionsversuche von Inline-Skates. So entwickelte der Brite John Tyers im Jahre 1823 ein Modell mit fünf Rollen, die in einer Reihe angeordnet waren. Das besondere an diesem Modell waren die unterschiedlichen Rollengrößen. Die mittleren drei Rollen waren von gleicher Größe, die vordere und die hintere Rolle waren aber wesentlich kleiner als die mittleren drei Rollen. Tyers versprach sich davon mehr Drehfreudigkeit. Das Material der Rollen bestand aus Kupfer, Holz oder Elfenbein. Als Bremse dienten Bremshaken, die vorne und hinten an diesem drehfreudigen Skate, den Tyers »volitos« nannte, befestigt waren.
Der Österreicher August Löhner entwickelte im Jahre 1825 »mechanische Räderschuhe« mit sehr großen Laufrädern. Seine Konstruktion war sogar mit einer Rücklaufsperre versehen.
Zwei Jahre später konstruierte der in Wien studierende Ernest Wessely »Laufschuhe«. Diese wurden mit zwei bis an das Knie reichenden Stützen aus Leder ans Bein angeschnallt. Für eine Ballettaufführung entwickelte der Franzose Louis Legrand 1849 einen Herrenschuh sowie einen speziell gebauten Damenschuh. Das Damenmodell hatte je zwei Rollen nebeneinander angebracht, um die Standsicherheit zu verbessern. Deshalb kann dieses Modell als Vorläufer des klassischen Rollschuhes bezeichnet werden. Der von Legrand gebaute Herrenschuh war lediglich mit zwei hintereinander befestigten Rollen versehen. Beide Modelle mussten mit Riemen an die Straßenschuhe befestigt werden.

Der Amerikaner James Leonard Plimpton aus Massachusetts entwickelte das Damenmodell von Legrand weiter. So entstanden im Jahre 1863 die uns einschlägig bekannten Rollschuhe (Quads). Seine Konstruktion, mit jeweils zwei parallelen Rollen hintereinander, bedeutete eine große und sichere Auflagefläche und bot somit mehr Stabilität beim Fahren. Dies waren auch die Gründe, weshalb dieses Rollschuhmodell den Inline-Skate verdrängte.
Plimpton nannte seine Konstruktion »patins à quatre roues« (Rollschuhe mit vier Rollen). Diese wurden weltweit vermarktet und erfreuten sich großer Beliebtheit. Weiterentwicklungen der Einspurmodelle blieben lange Zeit unbeachtet.
Erst im Jahre 1960 gewannen die Inline-Skates wieder an Bedeutung. So wurden diese von den

Rollschnellläufern der ehemaligen Sowjetunion verwendet. Aber auch in Deutschland gab es Tüftler, die sich mit den Einspurmodellen befassten. Zu nennen wäre hier Friedrich Mayer, der Konstrukteur des ersten deutschen Inline-Skates. Seine Schuhkonstruktion wurde 1970 zum Patent angemeldet. Leider fand der Erfinder keine Möglichkeit der Vermarktung. Dies mag daran gelegen haben, dass die »Roller-Skate-Welle«, die Mitte der 70er Jahre in den USA Hochkonjunktur hatte, auch Deutschland erreichte. Die Rollschuhproduzenten waren deshalb ausschließlich auf die Herstellung von Roller-Skates fixiert. Diese Leinenschuhe, mit jeweils zwei parallelen Rollen hintereinander und einem Stopper, entwickelten sich zum damaligen Zeitpunkt zum absoluten Verkaufshit. In dieser Zeit wurde aber auch das Skateboard-Fahren populär. In vielen Städten wurden spezielle Anlagen, so z. B. Ramps und Halfpipes, für die jugendlichen Skateboard-Fahrer errichtet. Diese Anlagen werden heute vermehrt von Inline-Skatern genutzt.
In Großbritannien wurde um das Jahr 1980 der so genannte »Tri-Skate« entwickelt. Es handelte sich um ein aus drei Rollen bestehendes Einspurmodell mit Stopper. Dieses wurde an einen Schnürschuh, ähnlich dem Schuh aus dem Eislaufsport, montiert. Der »Tri-Skate« zählt eher zu den Skurrilitäten der Rollschuhgeschichte.
In der ehemaligen DDR wurden Inline-Skates zum beliebten Sportgerät der Hochleistungssportler. In den 80er Jahren nutzten vor allem Eisläufer Inline-Skates zum Training während der eisfreien Zeit. Allerdings fanden Inline-Skates lediglich im Hochleistungssport ihren Einsatz.
In den USA wurde 1980 die Idee des Einspurmodells umgesetzt. Die eishockeyspielenden Brüder Scott und Brennan Olsen entwarfen nun ein Modell mit vier hintereinander liegenden Rollen. Diese wurden an einen Eishockeyschuh montiert. Die Brüder Olsen setzten dieses Inline-Skate-Modell als Sommertrainingsgerät ein. Mit diesen Skates kamen sie dem Gefühl des Schlittschuhlaufens sehr nahe. Herkömmliche Roller-Skates hatten diesen Effekt im Training nicht erbracht.
Von ihrer »Erfindung« waren die Brüder so sehr begeistert, dass sie mit der professionellen Vermarktung dieses Sportgerätes begannen. Sie gründeten die Firma Rollerblade und produzierten Mitte der 80er Jahre den ersten Inline-Skate, bestehend aus einem Schalenschuh aus Plastik, vier Kunststoffrollen mit Kugellagern und einem Stopper.
In den USA fand dieses Sportgerät eine große Fangemeinde. Hervorzuheben bleibt Kalifornien, das Mekka der Lifestyle-Sportarten. Auf den Strandpromenaden zeigen die Inline-Skater ihr Können.
In Deutschland sah man die ersten Inline-Skater ab dem Jahre 1988. Vereinzelt tauchten diese im Straßenbild der Städte auf. Erst seit dem Sommer 1995 stieg die Zahl der Inline-Skater kontinuierlich an. Inzwischen hat sich die Trendsportart zur Massensportart entwickelt. Die Einzelhändler freut dies, schließlich werden mit Inline-Skates und Zubehör Millionenumsätze gemacht.

Sicherheitstipps & Rechtskunde

Inline-Skating lässt auch die wenig Geübten Geschwindigkeiten bis 30 km/h erreichen, bei denen eine sichere Beherrschung des Sportgeräts nicht immer gewährleistet ist.
Besonders für Anfänger ist die Ausübung dieser rasanten Sportart nicht immer ganz ungefährlich, vor allem dann, wenn sich diese nicht ausreichend mit den Grundkenntnissen und den Basistechniken der Bremsmanöver vertraut gemacht haben. Nicht selten kommt es dann zum Anprall gegen ein Hindernis oder zu schweren Stürzen.
Gerade diese schmerzhaften ersten »Bruchlandungen« auf hartem Asphalt sind es dann, die das neue Lebensgefühl auf acht Rollen missen lassen. Ratsam ist es deshalb, das »richtige Fallen«, d.h. das verletzungsfreie Stürzen mit Schutzausrüstung, zu erlernen – und zwar noch bevor man sich mit den neu erworbenen Inline-Skates in verkehrsreiche Gegenden begibt.
Inzwischen gibt es zahlreiche professionelle Skaterschulen, die ein umfassendes Kursangebot rund ums Inline-Skaten zusammengestellt haben. Die Inline-Schulungen für den Anfänger beginnen meist mit Fallübungen, gehen über zum sicheren Vorwärtsfahren und vermitteln dem Anfänger dann das Kurvenlaufen sowie die Basistechniken der verschiedenen Bremsmanöver (so z. B. T-Stop, Toe-Stop, Spin-Stop, Turn-Stop oder der so genannte Simple- oder Power-Turn). Darüber hinaus wird dem Kursteilnehmer auch theoretisches Fachwissen vermittelt. Dazu gehören meist Informationen zum Tragen von Protektoren, Schuhberatung inklusive Rollenberatung, Tipps zum richtigen Skaten im Straßenverkehr und natürlich auch die Beantwortung von Fragen.
Der Neueinsteiger sollte sich an Skaterschulen wenden, die D.I.V.-geprüftes Fachwissen vermitteln. Dies bedeutet, dass Instruktoren, die vom Deutschen Inline-Skate-Verband (kurz D.I.V.) ausgebildet worden sind, die nachweisbare Qualifikation erworben haben, ihr theoretisches und praktisches Fachwissen an den Kursteilnehmer weitergeben zu können.

Verhaltensregeln für Skater als Verkehrsteilnehmer

Damit der Inline-Skater nicht zu einer Gefahr im Straßenverkehr wird, sollte er sich an folgende Verhaltensregeln halten:

- Nie ohne komplette Schutzausrüstung (full protection) skaten. Das Benutzen von Helm, Ellenbogen- und Knieschoner und Handgelenkschutz gibt vor allem dem Anfänger ein sicheres Gefühl und trägt allgemein zur Vermeidung von Verletzungen bei.
- Die Geschwindigkeit sollte stets dem Können entsprechen. Kontrolliertes Bremsen muss möglich sein.

- Alle Grundtechniken müssen beherrscht werden, vor allem das Bremsen.
- Stets reaktionsbereit sein und vorausschauend fahren.
- Auf Fußwegen/Radwegen in Fahrtrichtung immer rechts skaten.
- Fußgänger, Radfahrer oder andere Inline-Skater werden immer links überholt.
- Beim Skaten auf Gehwegen sollte das Fahrtempo dem eines schnellen Fußgängers (entspricht 7 km/h) angepasst werden. Mehr als 7 km/h führen zu einer Gefährdung der Passanten.
- Generell sollten stark frequentierte Wege und Plätze gemieden werden. Ebenso sind öffentliche Radwege und Verkehrsstraßen nichts für den Skater.
- Stets darauf achten: Fußgängern und Radfahrern den Vorrang lassen; der Walkman sollte beim Skaten nicht benutzt werden.
- Das Aufsuchen von professionellen Skatehallen und geeigneten Übungsplätzen ist zu empfehlen.
- Stets gilt: Stark verschmutzte Wege meiden, besonders Schotterbelag. Bei Bodenunebenheiten ist erhöhte Vorsicht geboten. Generell sollten bei Regenwetter die Skates nicht benützt werden.

Inline-Skater müssen sich im Klaren darüber sein, dass sie nicht nur Sportler, sondern auch Verkehrsteilnehmer sind. Rücksichtnahme gegenüber anderen Verkehrsteilnehmern ist oberstes Gebot, um nicht aus der Rolle zu fallen.

Wo darf geskatet werden?

Aufgrund der Bestimmungen der Straßenverkehrsordnung (StVO) müssen Verkehrsteilnehmer mit Roller-Skates oder ähnlichen Fortbewegungsmitteln (z. B. Inline-Skates sowie Skateboards) die Verkehrswege/-flächen für Fußgänger benutzen. Rollschuhe, Inline-Skates oder auch Skateboards sind keine Fahrzeuge im Sinne der Straßenverkehrsordnung. Sie werden dem Bereich Sport, Spiel und Freizeit zugeordnet und müssen daher die Vorschriften der Straßenverkehrsordnung für den Fußgängerverkehr beachten.
Skater dürfen aus diesem Grund nicht auf öffentlichen Straßen oder auf Radwegen fahren, wenn ein Gehweg vorhanden ist. Das Skaten in Spiel- und Wohnstraßen ist nach § 31 StVO gestattet.
Bei der Gehwegbenutzung haben Rollerskater (gemeint auch Inline-Skater und Skateboarder) wiederum dafür zu sorgen, dass hierdurch keine Gefährdungen, vermeidbare Belästigungen oder Behinderungen anderer eintreten (§ 1 Abs. 2 StVO), d. h. sie müssen Rücksicht nehmen auf Schwächere, z. B. alte und behinderte Menschen und Kinder. Sie haben ihre Geschwindigkeit an den örtlichen Gegebenheiten auszurichten.
Maßgeblich hierfür sind die Gehwegbreite und die Stärke des Fußgängeraufkommens. Ordnungswidrig handelt ein Skater, wenn er sein Verhalten in Fußgängerbereichen nicht an den genannten Grundsätzen ausrichtet. Das Fehlverhalten des Skaters kann mit einem Verwarnungsgeld von min-

destens 30 DM geahndet werden. Die Geschwindigkeit, mit der sich ein Skater in Fußgängerbereichen bewegen darf, ist jedoch gesetzlich nicht festgelegt. Juristen gehen allerdings davon aus, dass Skater, deren Fahrweise eine schnelle Fußgängergeschwindigkeit von 7 km/h überschreitet, bereits zur Gefährdung der restlichen Verkehrsteilnehmer beitragen. Dies hat zur Folge, dass im Schadensfall der Skater damit rechnen muss, haftbar gemacht zu werden. Wie es sich gezeigt hat, sind Skater nicht nur Sportler, sondern auch Verkehrsteilnehmer. Manches Fehlverhalten des Skaters hätte vermieden werden können, wenn er sich über die gültige Straßenverkehrsordnung informiert hätte. So macht sich vor allem in der Anfangsphase bei Skate-Neueinsteigern eine gewisse Rechtsunsicherheit bemerkbar. Die Verkehrspolizeiinspektion München, Abteilung Verkehrserziehung und -aufklärung, hat sich dieser Problematik angenommen und gibt seit 1996 eine Broschüre bzw. ein Faltblatt für jugendliche Skater heraus. Der Zweck des Informationsblattes ist es, dass Inline-Skater und Fußgänger im ohnehin überlasteten Verkehrsraum gut harmonieren. So enthält die Broschüre neben rechtlichen Informationen und Verhaltensregeln auch die Aufforderung zum Tragen der kompletten Schutzausrüstung. Diese Broschüre, die erstmals 1996 in einer Gesamtauflage von 20 000 Exemplaren im Eigendruck erschienen ist, wird je nach Bedarf aktualisiert. Die Polizei bringt diese Broschüre vor allem bei Inline-Skate-Veranstaltungen in Umlauf. Interessierte können sich diese empfehlenswerte Broschüre aber auch im Foyer der Dienststelle, Zenettistraße 2, 80337 München, abholen.
Auch im Schulbereich wird das Thema »Inline-Skating« von der Münchner Verkehrspolizei behandelt. Schüler der 6. Klasse zählen hierbei zur bevorzugten Zielgruppe, da die Teenager in diesem Alter ein besonderes Faible für das Inline-Skaten haben.
Die Münchner Verkehrspolizei sieht ihre Aufgabe darin, die Teenager vor waghalsigen Aktionen zu bewahren und ihnen die möglichen Folgen aufzuzeigen. Es bleibt zu hoffen, dass diese Aufklärungskampagne kein Einzelbeispiel bleiben wird und sich auch andere Städte mit so viel Engagement der Thematik annehmen werden.

Öffnung der Radwege für Skater

Von Seiten der Skater wurde der Wunsch geäußert, dass Inline-Skater auf Radwegen offiziell erlaubt werden sollten, da die Geschwindigkeit von Skatern und Bikern annähernd gleich sei.
Bereits im November 1995 wurde das Thema »Öffnung von Radwegen für Inline-Skater« auf der Sitzung des Bund-Länder-Fachausschusses für den Straßenverkehr und die Verkehrspolizei erörtert.
Der Ausschuss sprach sich einstimmig dagegen aus, eine entsprechende Änderung der Straßenverkehrsordnung vorzunehmen.
Der Ausschuss begründete dies damit, dass es sich bei dem Sportgerät um Spielzeug und nicht um

ein Fahrzeug handelt. Letzteres sei aber Voraussetzung für die Benutzung der öffentlichen Straßen und Radwege. Würden die Radwege für Skater gestattet werden, so könnte zwangsläufig die Gehwegbenutzung für Skater nicht mehr in Betracht kommen, ähnlich wie es auch für das Fahrrad gilt.

Der Pressesprecher des Bundesverkehrsministeriums, Volker Mattern, vertritt die Meinung (Stand April 1997), dass Inline-Skates keine Fortbewegungsmittel im eigentlichen Sinne sind, d. h., es handelt sich eher um Sport- und Freizeitgeräte, und der öffentliche Verkehrsraum ist kein Sportraum. Zum Thema »Öffnung der Radwege für Skater« vertritt er die Ansicht, dass geltendes Recht geändert werden müsste, um Radwege für Skater zu öffnen. Nach Aussage von Mattern macht die Änderung von geltendem Recht nur dann Sinn, wenn man die Verkehrssicherheit erhöht, und dies wäre nicht der Fall, wenn Radwege für Skater geöffnet werden würden. Obwohl Skater und Biker ähnliche Geschwindigkeiten erreichen, spricht scheinbar vieles dagegen, diese auf dem Radweg zusammenzubringen.

Das Bundesverkehrsministerium hat Radwege bauen lassen, um den Fahrradverkehr attraktiver zu machen. Die vorhandenen Radwege haben ihre Aufgabe darin, eine Entflechtung des Straßenverkehrs zu bewirken. Würden nun Inline-Skater auf Radwegen erlaubt, dann wäre damit das Problem nicht gelöst, sondern nur verlagert. Nach Auffassung von Volker Mattern werden die Gefahren oder Probleme auf Gehwegen lediglich auf den Radweg verlagert. Die Bundesländer wollen auch nicht, so Mattern, dass die Radwege geöffnet werden. Seiner Meinung nach gäbe es auf den Gehwegen keine Probleme, wenn sich alle Verkehrsteilnehmer so verhalten würden, wie sie es sollten. Mattern ist »ein Skater, der in Schrittgeschwindigkeit auf dem Gehweg fährt, lieber, als einer, der auf dem Radweg davonprescht«.

Die Deutsche Verkehrswacht sieht die Inline-Skater wegen der Rollen und der hohen Geschwindigkeit mehr als Radfahrer und möchte sie deshalb vom Bürgersteig verbannen. Burkhardt von der Deutschen Verkehrswacht hat dem Gesetzgeber vorgeschlagen, in Anbetracht der größeren Geschwindigkeit von »Fußgängern mit Rollen« und des größeren Platzbedarfs, darüber nachzudenken, bestimmte Radwege für Inliner zu öffnen, denn bisher sind die Inliner reine Fußgänger und sie müssen die Wege und Plätze aufsuchen, die auch die Fußgänger benutzen sollen und müssen. Wie bereits berichtet, möchte das Bundesverkehrsministerium den Inliner jedoch nicht zum gesetzlichen Radfahrer machen.

So wird auch weiterhin die geringe Lärmverursachung der Inline-Skates für Fußgänger zum Problem des Miteinanders gehören, wenn sie sich künftig mit den Skatern gleiche Flächen teilen müssen.

Die Stadt Frankfurt am Main macht derzeit mit einem Modellversuch auf sich aufmerksam. So wurde in der 30-km/h-Zone im Stadtteil Nordend das Skaten auf den dortigen Straßen in der Zeit von 8.00–20.00 Uhr erlaubt. Es wird sich zeigen, ob aus diesem Modellversuch eine Dauereinrichtung werden wird.

Versicherungsschutz für Skater

Im Rahmen der normalen privaten Haftpflichtversicherung (PHV) besteht Versicherungsschutz.
Inline-Skating ist eine Freizeitgestaltung oder Sportart wie Skilaufen oder Radfahren und stellt kein besonderes Risikopotential dar, das von einem Deckungsausschluss betroffen wäre. Die Sportart Inline-Skating stellt also keine besondere Gefahrslage dar.
Der Inline-Skater ist selbst über eine private Unfallversicherung vor eigenen finanziellen Schäden geschützt. Im Hinblick auf die Verletzungsfolgen, die erhebliche finanzielle Nachteile bewirken könnten, ist der Abschluss einer privaten Unfallversicherung zu empfehlen. Hierbei sollte der Skater auf die Vereinbarung einer ausreichend hohen Invaliditätssumme (um einen möglichen künftigen Verdienstausfall ausgleichen zu können) sowie einer Todesfallsumme (falls der Skater unterhaltspflichtig ist und als Ernährer der Familie wegfällt) unbedingt achten.
In Österreich wird seit Ende 1996 eine spezielle Inlineskater-Versicherung angeboten.
Diese gewährt dem Versicherungsnehmer den vierfachen Schutz (Bruch- und Beschädigungs-, Haftpflicht-, Unfall- und Rechtsschutzversicherung).
Aber auch in Deutschland werden inzwischen Haftpflichtversicherungen speziell für Inline-Skater angeboten.

RAMPS

INLINE-SKATING-AREAS

INLINE-HOCKEY

ÜBERNACHTUNGEN

KURSE

TIPPS... und vieles mehr

Deutschland

Aalen

Die Kur- und Badestadt Aalen liegt am nördlichen Ausläufer der Schwäbischen Alb (Höhenlage 350–750 m).
Urbanes Leben umgibt die Sehenswürdigkeiten in der Aalener Innenstadt. Das Wahrzeichen Aalens seit dem Dreißigjährigen Krieg, »der Spion von Aalen«, wacht noch immer pfeiferauchend am historischen Rathausturm über das Treiben in der Stadt. Sein Blick ist auf eine der schönsten Fußgängerzonen im Schwabenland gerichtet, die anlässlich der »Reichsstädter Tage« jeweils am zweiten Septemberwochenende eines Jahres zum Treffpunkt zehntausender Besucher wird.

Auskunft

⊙ **Fremdenverkehrsamt,** Marktplatz 2, 73430 Aalen, Telefon 0 73 61/52 23 58, Telefax 52 19 07

Treffpunkte

⊙ Die Skateboardanlage unter der **Hochbrücke** ist der beliebteste Treffpunkt der Skater; ansonsten wird in der gesamten **Innenstadt** geskatet.

⊙ in **Greut** – auf dem Parkplatz vor der Greuthalle (Parkstraße)

⊙ Parkplatz **Ostalb-Center** (Julius-Bausch-Straße)

⊙ in **Unterkochen** an der Sporthalle (Rossbrunnenweg)

⊙ Parkplatz der Fa. Brucker im Industriegebiet **Essingen** (nach Feierabend)

⊙ Auf dem Schulgelände der **Bohlschule** (Friedrichstraße) befindet sich eine Skateanlage mit Pool. Die Anlage steht der Öffentlichkeit zur Verfügung.

Ramps

⊙ In **Unterkochen** an der Sporthalle (Rossbrunnenweg) befinden sich kleinere Geräte.

⊙ Es gibt eine Skateboardanlage unter der **Hochbrücke**, nahe der Stuttgarter Straße. Diese wurde am 8. April 1995 eingeweiht. Dort zu finden: Quarterpipe, Pyramide, Bank, Sidewalk. Die Anlage ist eingezäunt. Die Stadt hat nichts dagegen, wenn hier das Skaten bei Musik erfolgt. Jedoch sollte bei der Wahl der Lautstärke nicht übertrieben werden.

Anmerkung: *Finanziert wurde das Projekt von den »Duisburger Frauen«. Diese haben dem Haus der Jugend, welches zusammen mit dem Grünflächenamt die Bahn betreut, 20000 DM gespendet. Diese Spende hat den Stein ins Rollen und die Anlage auf den Weg gebracht. Bedauerlich ist nur, dass die Skateanlage direkt an den Gleisen liegt. Bei der Eröffnung der Anlage wurde deshalb an die Jugendlichen appelliert, nicht über die angrenzenden Gleise zu steigen.*

Inline-Hockey

⊙ auf dem Parkplatz vor der **Greuthalle** (Parkstraße)

⊙ nach Feierabend auf dem Parkplatz der Fa. Brucker im Industriegebiet **Essingen**

Fitness-Skaten

⊙ **Essingen:** Zwischen dem Industriegebiet West und Essingen (Dauerwang) gibt es gute Möglichkeiten zum Inline-Skaten.

⊙ **Abtsgmünd:** Auf dem Radweg Abtsgmünd-Hüttlingen kann man gut skaten.

Skatehalle

⊙ **Skate Hall,** Carl-Zeiss-Straße 79, Telefon 0 73 61/94 30 64.
Öffnungszeiten:
Di.–So. 14.00–22.00 Uhr;
am Wochenende bis 24.00 Uhr.

Eissporthalle

⊙ Die **Eissporthalle Aalen,** Parkstraße 21, war im Sommerhalbjahr 1997 und 1998 kurzzeitig für Inline-Skater geöffnet. Die Halle bleibt zukünftig für Skater geschlossen, da die Stadtverwaltung eine Skateanlage auf dem Schulhof der Bohlschule (Friedrichstraße) errichtet hat.

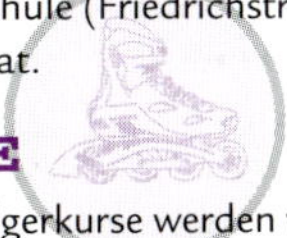

Kurse

⊙ Einsteigerkurse werden vom **Fachgeschäft Sport-Börse** (Ernst-Abbe-Straße 35) angeboten. Die Kurse finden immer dienstags von 18.30–21.00 Uhr statt. Treffpunkt ist am **VITA-Sportzentrum** (Schulze-Delitzsch-Straße 17). Pro Teilnehmer werden 18 DM inkl. Leihausrüstung berechnet.

⊙ Inline-Skate-Kurse können sonntags in der **Skate Hall** absolviert werden. Der Anfängerkurs beginnt um 10.00 Uhr und endet um 12.00 Uhr. Die Kursgebühr beträgt 15 DM. Skates und Protektoren können geliehen werden.
Infos unter Telefon 0 73 61/ 94 30 64.

Veranstaltung

⊙ Am 11. 9. 1999 findet der **13. Aalener Stadtlauf** (Speed/Straße) statt. Ansprechpartner: Peter Eißwein, Telefon 0 73 67/45 75.

Fachgeschäfte

⊙ **Sport-Börse,** Ernst-Abbe-Straße 35, 73431 Aalen, Telefon 0 73 61/4 44 48. Skates können zur Reparatur abgegeben werden. Leih-Skates sind erhältlich. Pro Tag werden 13 DM inkl. Schützer berechnet.

⊙ **Sporthaus Woha,** Reichsstädter Straße 24, 73430 Aalen, Telefon 0 73 61/96 67-0. Reparaturservice und Skate-Verleih

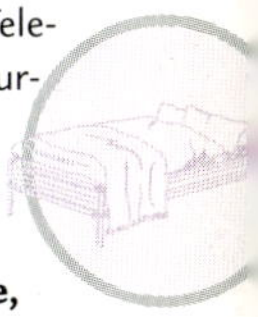

Übernachtung

⊙ **Schubart-Jugendherberge,** Stadionweg 8, 73430 Aalen, Telefon 0 73 61/4 92 03. ÜF: Junioren 20 DM, Senioren 25 DM. Öffnungszeiten: 7.00–22.00 Uhr.

ASCHAFFENBURG

Aschaffenburg, die über 1000-jährige bayerische Stadt, liegt in herrlicher Lage am Bogen des Mains zwischen den letzten hügeligen Ausläufern des Spessarts.

TIPP

⊙ **Park Schönbusch,** einer der schönsten englischen Landschaftsgärten in Deutschland. Öffnungszeiten: März bis Oktober 10.00–12.30 und 13.30–17.00 Uhr, montags geschlossen

AUSKUNFT

⊙ **Tourist-Information,** Schlossplatz 1, 63739 Aschaffenburg, Telefon 0 60 21/3 95-6, Telefax 39 57 77

TREFFPUNKTE

⊙ vor dem **Schloss** (Schlossplatz)
⊙ vor der **Stadthalle** am Schloss
⊙ Pausenhof der **Staatlichen Realschule** in der Darmstädter Straße
⊙ Jugendhaus im **Kirchhofweg**

RAMP

⊙ Halfpipe (Benutzung nach Rücksprache) auf dem Gelände von **Sport Eilbacher, Eissporthalle**

INLINE-SKATING-BAHNEN

⊙ An der **Kultur- und Sporthalle** befindet sich eine Streetfläche. Street-Obstacles werden aber nicht aufgestellt.

⊙ Die **Eissporthalle** der Stadt Aschaffenburg wird im Sommer als Skatingbahn genutzt. Die Halle gehört der Stadt, wird aber im Sommerhalbjahr von Sport Eilbacher angemietet. Sport Eilbacher organisiert dann das Skaten in der Halle.

EISSPORTHALLE

⊙ Diese ist von Mai bis August für Inline-Skater geöffnet. Die **Eissporthalle** befindet sich in der Stadtbadstraße 1. Infos unter Telefon 0 60 21/79 46 13.

INLINE-HOCKEY

⊙ Wird im Pausenhof der **Staatlichen Realschule,** Darmstädter Straße 6, gespielt. Nach Auskunft der Stadtverwaltung hat die Stadt Aschaffenburg keine andere Möglichkeit, Sportflächen für Skater anzubieten, außer Schulhöfe und Industriegelände.

FITNESS-SKATEN

⊙ Es eignet sich der **Radweg am Main** in Richtung Niedernberg/Obernburg.

KURSE

⊙ **Sport Eilbacher** veranstaltet einstündige Inline-Skate-Kurse für Einsteiger. Die Kursgebühr beträgt 25 DM pro Teilnehmer. Termine nach Vereinbarung. Die Kurse können auch abends und am Wochenende absolviert werden.

⊙ **Sport-Team Willig** veranstaltet ebenfalls Inline-Skate-Kurse. Termine: Jeden So. 13.00 Uhr Kinderkurse – Dauer 2 Std. Die Kursgebühr beträgt 15 DM. Ebenfalls jeden So. 15.00 Uhr Erwachsenenkurse – Dauer 2 Std.
Die Kursgebühr beträgt 25 DM.
Im Sommerhalbjahr werden auch

Kurse jeden Mi. um 19.00 Uhr angeboten.

Veranstaltung

⊙ Am 4. 10. 1998 wurde ein **Inline-Lauf** von der Stadt Aschaffenburg organisiert. Gestartet wurde an der Unterfrankenhalle. Infos für 1999 sind bei der Stadtverwaltung Aschaffenburg erhältlich.

Fachgeschäfte

⊙ **Sport Eilbacher/Skater Paradise,** Eissporthalle, 63741 Aschaffenburg, Telefon 0 60 21/8 97 77. Skateeinsteiger können sich demnächst bei Sport Eilbacher Skates ausleihen. Bei Sport Eilbacher kann man auch seine Inline-Skates reparieren lassen.

⊙ **Sport-Team Willig,** Sandgasse 51, 63739 Aschaffenburg, Telefon/Telefax 0 60 21/2 47 40. Leih-Skates und Reparaturservice werden dem Skater angeboten.

Übernachtung

⊙ **Jugendherberge Aschaffenburg,** Beckerstraße 47, 63739 Aschaffenburg, Telefon 0 60 21/93 07 63. ÜF: Junioren 18 DM. Zu Fuß ist die JH vom Hauptbahnhof aus in ca. 30 Min. zu erreichen.

Augsburg

Augsburg, drittgrößte Stadt Bayerns, ist Universitätsstadt, Sitz der Regierung von Schwaben, bedeutender Wirtschaftsstandort und Mittelpunkt der »Romantischen Straße«. Sie liegt zwischen den Alpenflüssen Lech und Wertach, ist das Tor zum Süden und zu den deutschen Alpen.

Tipps

⊙ Vom Perlachturm (70,4 m hoch) hat man einen herrlichen **Rundblick auf die Fuggerstadt.** Der Turm ist geöffnet von Mai bis Mitte Oktober täglich von 10.00–18.00 Uhr, zusätzlich geöffnet an Ostern und in der Adventszeit.

⊙ **Augsburger-Puppenkiste** (Spitalgasse 15, beim Roten Tor), weltbekanntes Marionettentheater

⊙ Sehenswert ist die **Fuggerei** (Jakobsplatz).

⊙ Empfehlenswert ist die Teilnahme an einer **Stadtführung**: Stadtrundgänge von Mitte Mai bis Mitte Oktober täglich 14.00 Uhr ab Rathaus und von Mitte Oktober bis Mitte Mai samstags 14.00 Uhr ab Rathaus (Dauer 2 Std.).

Auskunft

⊙ **Touristik- und Kongress-Service,** Bahnhofstraße 7, 86150 Augsburg, Telefon 08 21/ 5 02 07-0, Telefax 5 02 07 45

⊙ **Tourist-Information,** Rathausplatz, 86150 Augsburg, Telefon 08 21/5 02 07-24

Treffpunkte

⊙ **Hauptbahnhof**

⊙ **Rathausplatz** (Philipp-Welser-Straße)

⊙ **Königsplatz** (ideal mit Treppen und Handrails); Treffpunkt vor allem zum Grinden

- **Bgm.-Fischer-Straße**
- **Elias-Holl-Platz,** am Hunoldsgraben
- beim **AOK-Gebäude** (an der Holbeinstraße)
- auf dem **Universitätsgelände**
- bei der **Kongresshalle** (Imhofstraße)
- Skatehalle Roll-o-Drom **Reesekaserne**
- im Winter auf dem **Messegelände** (Halle 6 – speziell für BMX und Skate geöffnet)

Ramps

- In **Gersthofen** (bei Augsburg) befinden sich hinter dem Sportplatz gegenüber dem Gymnasium zwei Funpipes mit Spin (1,80 m hoch) sowie ein großer Übungsplatz. Dieser ist ideal für Anfängerübungen, aber auch Streetstyle ist hier angesagt.
- Im Ort **Göggingen** (bei Augsburg) befinden sich hinter dem Festplatz unter der Brücke der B 17 eine Funpipe (1,50 m hoch) und ein Sliderail (knapp 10 m lang, etwa 90 cm hoch).
- In **Friedberg** befinden sich auf dem Feuerwehrplatz Half- und Funpipes.

Inline-Hockey

- Um Streethockey bemüht sich der **Hockeyverband Skate-Union,** der Trainingszeiten in Hallen organisiert. Bei Interesse kann man sich an die **Sport Wagner GmbH,** Maximilianstraße 3, Telefon 08 21/ 51 13 83, wenden.

Fitness-Skaten

- Die wohl beliebteste Fitness-Tour ist die **Weldenbahn,** eine ca. 15 km umfassende, ehemalige Bahnstrecke, die für den Verkehr gesperrt und asphaltiert wurde. Die Strecke verläuft zwischen Neusäß und Welden. Leider ist diese Route an den Wochenenden stark frequentiert.
- Empfehlenswert sind aber auch die **Radwege** rund um das **Unigelände.**

Skatehallen und Skateparks

- Im **Stadtteil Kriegshaber**: Roll-o-Drom (Reese-Kaserne 8), Ecke Ulmer Straße/Langemarckstraße 1 a, Telefon 08 21/44 21 22. Öffnungszeiten:
Mi.–Do. 15.00–22.00 Uhr,
Fr.–Sa. 15.00–24.00 Uhr und
So. 10.00–13.00 Uhr und
15.00–22.00 Uhr.
- Im Winter ist auf dem **Messegelände die Halle 6** für Skate und BMX reserviert.
- In **Augsburg-Inningen** wurde am 20. 6. 1998 ein Outdoor-Skatepark eröffnet. Dieser wurde in Zusammenarbeit mit Jugendlichen geplant. Dort befinden sich derzeit 4 Obstacles, z. B. eine Pyramide und auch eine Miniramp. Die Tageskarte kostet 5 DM, die Monatskarte 10 DM. Die Anlage wurde vom Fußball-Sportverein Inningen e.V., Bergheimer Straße 35, 86199 Augsburg organisiert. Infos unter Telefon 08 21/ 99 40 04.

Eissporthallen

- Das **Curt-Frenzel-Eisstadion** ist im Sommerhalbjahr für Inline-Skater geöffnet. Infos unter Telefon 08 21/3 24-29 94.
- In **Haunstetten** (nahe Augsburg) befindet sich ein Kunsteisstadion in der Sportplatzstraße 2.

Im Sommerhalbjahr erhält die Skate-Union Zeiten auf der Bahn. Diese ist jedoch nur für Mitglieder der Eis-Union zugänglich.

Kurse

⊙ **Skate for Fun,** Albert-Schweitzer-Straße 8a, Telefon 08 21/ 88 36 22. Leitung: Tobias Christa, D.I.V.-Lehrer. Es werden Anfänger-, Fortgeschrittenen- und Profikurse angeboten. Im Winter finden die Kurse auch statt. Trainiert wird dann in der Halle. Preise auf Anfrage. Skates und Protektoren müssen mitgebracht werden.

⊙ **Sport Wagner** (Maximilianstraße 3) bietet auch Inline-Skate-Kurse an. Termine nach Absprache. Pro Kurs maximal 8 Teilnehmer. Kursstunde je 20 DM.

Fachgeschäfte

⊙ **Sport Wagner** am Rathaus, Maximilianstraße 3, 86179 Augsburg, Telefon 08 21/51 13 83. Im Sommer können bei Sport Wagner Inline-Skates geliehen werden. Dieser Leihservice bietet sich vor allem für Einsteiger an. Bei Sport Wagner können auch Skates zur Reparatur und Wartung abgegeben werden.

Übernachtung

⊙ **Jugendherberge,** Beim Pfaffenkeller 3, 86152 Augsburg, Telefon 08 21/3 39 09. Die JH liegt im Zentrum von Augsburg und ist 3 Min. vom Dom entfernt.
ÜF: Junioren 20 DM
Öffnungszeiten: 6.30–1.00 Uhr

Bad Dürkheim

Die Stadt am Rande des Naturparks Pfälzer Wald ist Mittelpunkt des pfälzischen Edelweinbaugebietes sowie staatlich anerkanntes Heilbad.

Tipp

⊙ **Dürkheimer Wurstmark,** jährlich um den 2. und 3. Septembersonntag

Auskunft

⊙ **Kreisfremdenverkehrsamt** Landkreis Bad Dürkheim, Philipp-Fauth-Straße 11, 67098 Bad Dürkheim, Telefon 0 63 22/9 61-1 02, -2 57, Telefax 9 61-2 54

Treffpunkte

⊙ in der **ganzen Stadt**

⊙ Die Stadtverwaltung hat derzeit für Inline-Skater einen asphaltierten Schulhof **(Limburgschule, Friedelsheimer Straße)** zur Verfügung gestellt.

⊙ Auf dem **Wurstmarktparkplatz** (Gelände links der B 271 und der Gutleutstraße); der Platz ist asphaltiert. Der Platz wird gerne von Anfängern als Übungsgelände für die ersten Schritte und Bremsversuche genutzt. Die Skater kommen meist mit dem Pkw und parken auf dem Wurstmarktplatz und skaten vom Pkw aus gleich los.

Ramps

⊙ Gibt es in Bad Dürkheim nicht.

Inline-Hockey

⊙ Wird unter der Woche auf dem **Wurstmarktplatz** gespielt.

Fitness-Skaten

⊙ auf dem **Schulhof der Limburgschule** (Friedelsheimer Straße)

⊙ auf dem **Radweg entlang der B 271** (Feinteerbelag), vorbei an den Salinen und Weinbergen

⊙ auf den asphaltierten **Wirtschaftswegen in den Weinbergen**

Veranstaltung

⊙ 29. 8. 1999: **Inline Wanderung** beim Erlebnistag Deutsche Weinstraße. Infos: D.I.V., Telefon 0 62 57/ 96 22 36

Fachgeschäft

⊙ **Sport Bachmann,** Römerplatz 14, 67098 Bad Dürkheim, Telefon 0 63 22/98 11 13, Reparaturservice, keine Inline-Skate-Kurse

Übernachtung

⊙ **Jugendhaus St. Christophorus,** Schillerstraße 151, 67098 Bad Dürkheim, Telefon 0 63 22/ 6 31 51, ÜF: Junioren 20 DM, Senioren 26 DM

Baden-Baden

Baden-Baden, am Westrand des nördlichen Schwarzwalds, im Tal der Oos gelegen und im Nordwesten zur Oberrheinischen Tiefebene hin geöffnet, ist bekannt durch seine Quellen, die zu den Natriumchlorid-Thermen gehören.

Auskunft

⊙ **Tourist-Information,** Augustaplatz 8, 76530 Baden-Baden, Telefon 0 72 21/27 52 00, Telefax 27 52 02

Treffpunkt

⊙ Gibt es in der **Innenstadt**. Die Stadt wünscht jedoch keine Bekanntgabe dieser Orte, zumal durch die Ausübung solcher Sportarten Sachschäden verursacht und Personen belästigt werden können.

Ramp

⊙ Halfpipe an der **Balger Straße** (Nähe Stadtklinik)

Fitness-Skaten

⊙ Die Route – ausgehend von der **Innenstadt nach Lichtental** – ist bei den Skatern sehr beliebt.

⊙ auf der **Lichtentaler Allee** – bei den Tennisplätzen

Skatehalle

⊙ Ehemalige Fahrzeughalle auf dem **Flughafen Oos** (Flughafenstraße 13). Diese ist für Skateboarder, Inline-Skater, BMXer und vergleichbare Sportarten geöffnet. Infos unter Telefon 0 72 21/ 18 10 80. Öffnungszeiten: Di.–Fr. 15.00–22.00 Uhr und Sa./So. 12.00–22.00 Uhr. Eintritt: Di.–Fr. 5 DM und am Wochenende 6 DM. Die Halle ist ausgestattet mit Pyramide, verschiedenen Ramps, Ollibox, Gap, 2 Curbs, Bank und Quarterpipe. Hinweis: Es werden keine Inline-Skate-Kurse veranstaltet.

Kurse

⊙ An den Sportplätzen in **Sandweier** finden mittwochs ab 19.00 Uhr Kurse statt.

Fachgeschäfte

⊙ **Bähr Sport,** Gernsbacher Straße 32, 76530 Baden-Baden, Telefon 0 72 21/2 34 71. Hier können Inline-Skates zur Reparatur abgegeben werden.

⊙ **Stiefel,** Ooser Bahnhofstraße 21, 76532 Baden-Baden, Telefon 0 72 21/15 90. Hier können benötigte Ersatzteile bestellt werden.

Übernachtung

⊙ **Jugendherberge,** Hardbergstraße 34, 76532 Baden-Baden, Telefon 0 72 21/5 22 23. ÜF: Junioren 22 DM, Senioren 27 DM

Bad Hersfeld

Im heutigen Bad Hersfeld begegnet man Geschichte und Gegenwart überall. Dies prägt den einzigartigen Reiz der Kreisstadt Bad Hersfeld. Das Stadthaus zwischen Klausturm und Pulverturm gilt als sichtbares Zeichen dieser gelungenen Symbiose.

Tipp

- **Stadtführung** durch die historische Innenstadt und den Stiftsbezirk – kostenlos. Anmeldung beim Verkehrsbüro erforderlich. Jeden 1. und 3. Mo. im Monat.

Auskunft

- **Städtisches Verkehrsbüro,** Am Markt 1, 36251 Bad Hersfeld, Telefon 0 66 21/20 12 74, Telefax 20 12 44

Treffpunkte

- **Fußgängerzone** und am **Lingplatz**
- am **Hauptbahnhof**
- **Sportanlage »Oberau«** (Hessenplatz)
- **Kurhaus** (Am Kurpark)
- an der **Stiftsruine** (im Stift) – idealer Belag zum Skaten
- vor dem **Evangelischen Gemeindezentrum** (Am Kurpark)
- **Schulzentrum Obersberg** (Am Obersberg)

Ramp

- Eine Skateboardanlage mit Halfpipe befindet sich in der **Sportanlage »Oberau«** (Hessenplatz). Diese Sportanlage befindet sich in der Nähe des Kurparks. Betrieben wird die Anlage vom Rollsportverein »Vertical Abuse«.

Fitness – Skaten

- An der **Fulda, Richtung Eichhof** – jedoch teilweise Plattenbelag, der sich zum Skaten nicht so gut eignet.
- im **Kurparkbereich**

Verein

- Rollsportverein **»Vertical Abuse«,** Ansprechpartner: Herr Elmar Henrich, Breitenstraße 46, 36251 Bad Hersfeld

Fachgeschäfte

- **Sport Riegel,** Badestube 13, 36251 Bad Hersfeld, Telefon 0 66 21/7 33 78. Skates werden hier repariert.
- **Sportecke,** Wallengasse 1, 36251 Bad Hersfeld, Telefon 0 66 21/7 46 06. Skates können zur Reparatur abgegeben werden.

Übernachtung

- **Jugendherberge,** Wehneberger Straße 29, 36251 Bad Hersfeld, Telefon 0 66 21/24 03. ÜF: Junioren 20,50 DM, Senioren 25 DM

Bad Kissingen

Bad Kissingen liegt idyllisch am Fuße der Rhön und umgibt den Besucher mit seinem historischen Flair.
Als Heilbad besitzt die Stadt Weltruhm. Die Kuranlagen sind von gepflegten Parks umgeben.

Auskunft

⊙ **Bayerisches Staatsbad,** Am Kurgarten 1, 97688 Bad Kissingen, Telefon 09 71/80 48-0, Telefax 80 48 40

Treffpunkte

⊙ **Jugendzentrum,** Geschwister-Scholl-Platz, am Nordring

⊙ **Bahnhof**

⊙ Fußgängerzone im **Altstadtbereich;** hier vor allem am Markt- und Rathausplatz

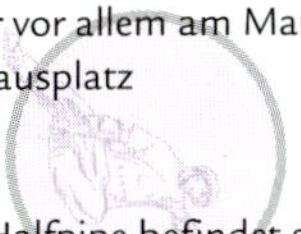

Ramp

⊙ Eine Halfpipe befindet sich im **Jugendzentrum** (Geschwister-Scholl-Platz).

Inline-Hockey

⊙ Wird auf dem **Busparkplatz nahe Nordring** gespielt.

⊙ Der **SC Bad Kissingen Eishockey-Club** – Telefon 09 71/ 6 55 13 – nutzt die Eissporthalle im Sommerhalbjahr.

Fitness-Skaten

⊙ auf dem **Radwanderweg Fränkische Saale**

⊙ Sehr beliebt ist die Strecke von **Karlstadt nach Würzburg** (asphaltierter Radweg).

⊙ Genutzt wird auch die Route von **Bad Neustadt nach Bischofsheim** (asphaltierter Radweg).

Eissporthalle

⊙ **Eissporthalle** und **Sportpark,** Oskar-von-Miller-Straße 9, Telefon 09 71/34 41. Im Sommerhalbjahr wird die Halle von Rollsportvereinen genutzt. Das Training erfolgt mit Inline-Skates.

Fachgeschäft

⊙ **Müller-Sport,** Marktplatz 15, 97688 Bad Kissingen, Telefon 09 71/13 93. Hier können Skates zur Reparatur abgegeben werden.

Übernachtung

⊙ In Bad Kissingen nach günstigen Pensionen fragen.

Berlin

Berlin ist eine Stadt voller Geschichte, mit weltbekannten Wahrzeichen wie der Kaiser-Wilhelm-Gedächtnis-Kirche und dem Brandenburger Tor, das endlich kein Symbol der Teilung mehr ist. Seit der Wiedervereinigung legt die alte und neue deutsche Hauptstadt eine atemberaubende Dynamik an den Tag und ist auf dem besten Weg, Metropole Europas zu werden.

Auch das kulturelle Angebot ist weltstädtisch. Ob Oper, Theater, Varieté oder Musical, Ereignisse von internationalem Rang sind fester Bestandteil der Kulturszene in Berlin. Eine einzigartige Museumslandschaft dokumentiert 6000 Jahre kulturgeschichtliche Entwicklung von Europa bis zum Fernen Osten.

Zu Recht wird Berlin als die »grüne Großstadt« Deutschlands bezeichnet. Für die »Berliner Luft« sorgen neben innerstädtischen Wäldern auch Parkanlagen, z. B. Tiergarten, Botanischer Garten, Zoologischer Garten und Spreepark, der 28 ha große Vergnügungspark mit vielen Fahrattraktionen für die ganze Familie. Nicht zu vergessen das reizvolle Umland, die Mark Brandenburg oder Potsdam.

Da die Stadt viel zu ausgedehnt ist und kein eigentliches Zentrum besitzt, in dem sich alles Wichtige konzentriert, bietet es sich an, an einer Stadtrundfahrt teilzunehmen. Am Kurfürstendamm und rund um die Kaiser-Wilhelm-Gedächtnis-Kirche findet man zahlreiche Angebote für Rundtouren durch Berlin.

Tipps

⊙ **Kurfürstendamm,** 3,5 km lange und 53 m breite Prachtstraße, bekanntester Boulevard in Berlin, Vergnügungs-, Flanier- und Einkaufsstraße zugleich

⊙ **Schloss und Landschaftsgarten Pfaueninsel,** Wannsee. Öffnungszeiten: Park 9.00–16.00 Uhr, Schloss April–Okt. 10.00–17.00 Uhr

Auskunft

⊙ **Berlin-Tourist-Information** im Europa-Center (Budapester Straße), 10787 Berlin, Telefon 0 30/25 00 25, Telefax 25 00 24 24

Treffpunkte

⊙ **Straße des 17. Juni** (auch durch den Tiergarten) bis Unter den Linden: Die Bürgersteige beider Straßen sind breit genug, um Kollisionen mit Fußgängern zu vermeiden.

⊙ **Palast der Republik** (S-Bahn Hackescher Markt): Vor dem Gebäude gibt es Steinkanten.

⊙ **Breitscheidplatz und Umgebung** (S-Bahn Zoologischer Garten): Der Breitscheidplatz (10789 Charlottenburg) ist beliebter Treffpunkt von Skater-Teenies, leider auch ein beliebter Anziehungspunkt der Touristen. Man muss schon ein guter Skater sein, um den dortigen Passanten stets ausweichen zu können.

⊙ Am **Wittenbergplatz,** direkt an der Gedächtniskirche: Hier ist immer viel los, d. h. dies ist ein Streetspot mit garantiertem Zuschaueraufgebot.

⊙ **Alexanderplatz,** Fernsehturm und Rathausstraße, 10178 Berlin-Mitte (S-Bahn Alexanderplatz), sind die Treffpunkte für Stunt-Skater schlechthin. Man grindet hier auf den Brunnenumrandungen, oder man versucht, die Treppen des Fernsehturms mit den Skates zu bewältigen.

⊙ **S-Bahn Potsdamer Platz** (an der Nationalgalerie, an der Philharmonie und beim Kunstgewerbemuseum, links und rechts der Sigismundstraße, 10785 Tiergarten):
Hier findet man einen der beliebtesten Streetspots in Berlin. Dem Skater stehen freie Flächen, Treppen, Schrägen und Geländer zur Verfügung – Streetstyle ist angesagt. Hier treffen sich nicht nur Inline-Skater, sondern auch Skateboarder.

⊙ **Rathaus Marzahn** (S-Bahn Springpfuhl), Helene-Weigel-Platz, 12681 Marzahn: Skater üben hier ihre neuesten Tricks an einem stillgelegten Springbrunnen. Hier befinden sich auch kleine Geländer.

⊙ **Yaam,** Eichenstraße 4, 12435 Treptow: geöffnet jeden Fr. von 8.00–0 Uhr (Eintritt 3 DM)

⊙ **Winterfeldtplatz** (U-Bahn Nollendorfplatz): Neben Freestyle ist hier Inline-Hockey angesagt.

⊙ **Kurfürstendamm**

⊙ **Olympiaplatz vor dem Olympiastadion** (14053 Charlottenburg): Hier steht dem Skater ein riesiger, asphaltierter Platz zur Verfügung. Die ringförmige Straße um den gesamten Olympiaplatz und dessen Parkplätze werden gerne als Fitness-Strecke genutzt. Skater nutzen diese Strecke meist während der Woche. Dann herrscht hier kaum Pkw-Verkehr.

⊙ **Platz des 4. Juli** (14167 Lichterfelde): Dort befindet sich ein etwa 500 × 100 m großer Platz, der für den Durchgangsverkehr gesperrt ist.

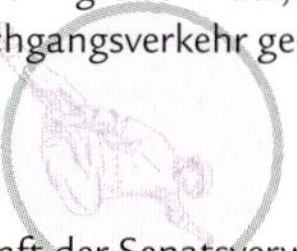

Ramps

Nach Auskunft der Senatsverwaltung für Schule, Jugend und Sport in Berlin gibt es bisher in Berlin keine eigenen Anlagen für Inline-Skater. Es gibt aber schwerpunktmäßig über das gesamte Stadtgebiet verteilt einige Skateboardanlagen, bestehend aus Halfpipes, Ramps und/oder Freestyle-Flächen, die von den Skatern mitgenutzt werden können. Die Senatsverwaltung hat festgestellt, dass in Berlin die Skater die erlaubten Flächenangebote nur zu einem untergeordneten Teil akzeptieren und eher Flächen in Fußgängerzonen und Einkaufszentren nutzen. Ähnliches wurde auch in anderen bundesdeutschen Städten beobachtet.
Eine Einflussnahme auf die Skater war über den Berliner Sportfachverband bisher nicht möglich, da sich die Inline-Skater bisher nicht organisieren ließen.
Vom Berliner Sportfachverband wurde noch kein Wunsch hinsichtlich Infrastrukturverbesserungen für Inline-Skater an die Senatsverwaltung für Schule, Jugend und Sport in Berlin herangetragen.
Scheinbar finden die so genannten »Wilden Skater« im Stadtgebiet von Berlin ausreichend interessante Aktionsflächen, so dass auch von dieser Seite keine Forderungen zu vernehmen waren.
Es gibt die verschiedensten Ramps in der Stadt. Alle befinden sich in U- bzw. S-Bahn-Nähe:

⊙ **Pankow:** Halfpipe-Anlage im **Kissingenstadion,** Forchheimer Straße 22, tägl. bis 20.30 Uhr

⊙ **Spandau:** Halfpipes am Jugendfreizeitheim Räcknitzer Steig und am Kinderspielplatz Pulvermühlenweg

⊙ **Marschallstraße** (U-Bahn Oskar-Helene-Heim), Nähe Gelände Deutsch-Amerikanisches Volksfest, 14169 Zehlendorf, ist ein Treffpunkt von Hardcore-Skatern. Hier befindet sich eine Miniramp mit Spine, Funbox und ein Handrail (40 cm).

⊙ **Sportgelände** beim **Eisstadion Wilmersdorf,** Fritz-Wildung-Straße, 14199 Wilmersdorf. Hier steht eine Halfpipe mit Stahlbelag, gebaut vom 1. Berliner Skateboardverein. Zum Stadion Wilmersdorf gelangt man mit der S-Bahn Hohenzollerndamm.

⊙ Am **Freizeit- und Erholungsheim** (FEZ) **an der Wuhlheide,** 12555 Köpenick (S-Bahn Wuhlheide), steht die einzige, allerdings nur im Winter zugängliche überdachte Rampe Berlins. Es handelt sich um eine Miniramp aus Beton.

⊙ **Fischerinsel,** 10179 Mitte. Hier befindet sich eine Ramp mitten im Wohngebiet.

⊙ **Kolonie Pankegrund,** bei der Wilhelm-Kuhr-Straße, 13359 Wedding. Hier befindet sich eine kleine, versteckt liegende Holzrampe.

⊙ **Böcklerpark,** Prinzenstraße 1, 10969 Kreuzberg. Eine Miniramp befindet sich direkt beim Stadthaus.

⊙ **Karstadt Sporthaus (Charlottenburg).** Eine kleine Skateanlage (1 Halfpipe und 3 Rampen) befindet sich in der 2. Etage.

⊙ **Räcknitzer Steig** 10 (U-Bahn Rathaus Spandau, dann mit dem Bus 131) – Miniramp, Halfpipe und Obstacles befinden sich beim Jugendfreizeitheim.

⊙ **Streetfläche,** Am Rohrgarten/Lissabonallee, 14163 Zehlendorf – Funbox, verschiedene Ramps, Handrails etc.

Skateboard-Strecken

⊙ **Hellersdorf,** Villa Pelikan, Hellersdorfer Straße 27

⊙ **Köpenick,** FEZ Wuhlheide

⊙ **Mitte,** Palast der Republik

⊙ **Neukölln,** Spielplatz Saalestraße 7–11, Abenteuerspielplatz Wildhüter Weg 1–3

⊙ **Pankow,** Halfpipe-Anlage im Kissingenstadion, Forchheimer Straße 22, tägl. bis 20.30 Uhr

⊙ **Reinickendorf,** Freizeitpark Lübars, Quickborner Straße

⊙ **Spandau,** Jugendfreizeitheim Haselhorst, Pulvermühlenweg 10, Sportanlage Verlängerte Daumstraße, Jugendfreizeitheim Räcknitzer Steig 10

⊙ **Tiergarten,** vor der Neuen Nationalgalerie, Potsdamer Straße

⊙ **Treptow,** Schülerfreizeitzentrum Winckelmannstraße 56, Spielplatz Königsheideweg

⊙ **Wilmersdorf,** Stadion Wilmersdorf, Fritz-Wildung-Straße 9, Volkspark Wilmersdorf, Kufsteiner Straße

Inline-Hockey

⊙ Das **Poststadion im Bezirk Tiergarten,** Lehrter Straße 59, 10557 Berlin, verfügt über eine Beton-Rollschuhfläche, die für Rollkunstlauf und für Rollhockey vorgesehen ist. Nach Auskunft des Bundes-Rollsportverbandes dürfen beim Rollhockey neben Rollschuhen auch Inline-Skates eingesetzt werden, so dass der Nutzung der Rollsportfläche als Skater-Hockey-Fläche nichts im Wege steht.

⊙ Inline-Hockey wird auf dem **Winterfeldtplatz** (10781 **Schöneberg,** U-Bahn Nollendorfplatz) gespielt, jeweils mittwochs und sonntags.

⊙ **S-Bahn Witzleben,** ICC-Fußgängerunterführung (14055 **Charlottenburg**): Hier kann man auch im Regen skaten, Hockey wird in der Fußgängerunterführung gespielt.

⊙ **Kaiserdamm** (am Lietzenseepark), 14057 **Charlottenburg:** Hier wird auf einem stillgelegten Stück der Wundtstraße im Park gespielt.

⊙ **Görlitzer Park,** Höhe Görlitzer Straße/Lübbener Straße, 10997 **Kreuzberg:** Hier üben Kinder Streethockey.

⊙ **SEZ Berlin** (Rollschuhbahn, im Winter Eisbahn), Landsberger Allee 77, 10249 **Friedrichshain,** S-Bahn Friedrichshain: Hier ist Freestyle, Inline-Hockey und Roller-Skating-Power-Disco angesagt: Fr. 19.00–22.00 Uhr und So. 17.00–20.00 Uhr. Eintritt: 6 DM. Roller-Skating-Treff für Kids: Mo. 16.00–18.00 Uhr, Eintritt 5 DM.

⊙ **Yaam,** Eichenstraße 4, 12435 **Treptow** – geöffnet jeden Freitag von 8.00–24.00 Uhr (Eintritt 3 DM): Seit Anfang 1997 wird hier regelmäßig Skater-Hockey gespielt.

Hinweis: *Nach Auskunft des Berliner Rollsportverbandes gibt es in Berlin noch keine organisierten Hockey-Skater.*

Fitness – Skaten

⊙ **Tiergarten,** Straße des 17. Juni (bis zum Charlottenburger Tor verläuft ein schmaler, asphaltierter Weg parallel zur Straße): wunderbare Umgebung für einen Ausflug auf Inline-Skates

⊙ **Wuhlheide-Route** – man nimmt die S-Bahn 3 bis Wuhlheide: Hier beim FEZ (Freizeit- und Erholungszentrum) befindet sich ein eingezäunter Park mit geeigneten Wegen zum Fitness-Skaten.

⊙ im **Grunewald:** ab der Königstraße auf der Pfaueninselchaussee (auf dieser herrscht nur Busverkehr)

⊙ **Kronprinzessinnenweg,** 14109 **Zehlendorf:** 3,8 km lange Strecke, asphaltiert und für den motorisierten Verkehr gesperrt

⊙ **Schnelllaufbahn im Sportforum Höhenschönhausen,** Weißenseer Weg, 10369 **Hohenschönhausen:** Asphaltbahn in Form einer Eisschnelllaufstrecke. Diese wird auch von Vereinen genutzt.

⊙ **Breitscheidplatz (Charlottenburg)** – Kurfürstendamm/3,8 km (hier ist man mit Skates sogar in Cafés willkommen) – Rathenauplatz – ICC Kaiserdamm – Ernst-Reuter-Platz – Breitscheidplatz

⊙ **Adenauerplatz** – Kurfürstendamm – Breitscheidplatz – Hardenbergstraße – Ernst-Reuter-Platz – Straße des 17. Juni, Richtung Brandenburger Tor – Unter den Linden – Alexanderplatz

Hinweis: *Ungeübte Fitness-Skater sollten nur Teilstrecken der vorgeschlagenen Routen nachskaten. Die ganze Route wäre zu anstrengend. Oder aber man skatet die vorgeschlagene Route bis zum Ende und tritt die Rückfahrt mit den Berliner Verkehrsbetrieben an.*

Rollschuhbahn

⊙ Im **Sport- und Erholungszentrum** (SEZ) Berlin gibt es eine Rollschuhbahn. Im Winter wird diese zur Eisbahn. Die Anlage befindet sich in der Landsberger Allee 77, 10249 **Friedrichshain,** Telefon 0 30/42 28 33 22.

Speed-Skating

⊙ Nach Auskunft der Senatsverwaltung für Schule, Jugend und Sport gibt es im **Sportforum Berlin (Hohenschönhausen)** eine asphaltierte 250-m-Rundlaufbahn, die ursprünglich für das Sommertraining der Eissprinter konzipiert wurde. Das Training findet heute mit Inline-Skates im Sommer statt. Die Öffentlichkeit kann die Anlage auf Antrag und Maßgabe freier Nutzungszeiten benutzen.

Skatehallen

⊙ **Skate Inn** Skatehalle, Schichauweg 48, 12307 Berlin, Telefon 0 30/7 21 50 70. Öffnungszeiten: tägl. 10.00–22.00 Uhr – montags geschlossen

⊙ **Rollerhouse,** Miraustraße 62–80, 13509 Berlin-Reinickendorf, Telefon 0 30/43 55 13 94. Öffnungszeiten: Mo.–Do. 15.00–22.00 Uhr, Fr. 15.00–24.00 Uhr, Sa. 11.00–24.00 Uhr und So. 11.00–22.00 Uhr. Eintritt: Kinder 5 DM, Erwachsene 8 DM. Mittwochs wird zum halben Preis geskatet.

⊙ **Yaam,** Eichenstraße 4, 12435 Treptow: geöffnet jeden Freitag von 8.00–24.00 Uhr (Eintritt 3 DM)

Eissporthalle

⊙ Das **Eisstadion Wilmersdorf,** Fritz-Wildung-Straße 9, 14199 Berlin, ist im Sommerhalbjahr für Skater geöffnet. Der Eintritt ist kostenlos. Öffnungszeiten: Mo.–Do. 9.00–14.45 Uhr und Fr. 9.00–13.00 Uhr

Vereine

⊙ **1. Berliner Skateboardverein e.V.,** c/o Michael Thummerer, Körtestraße 18, 10967 Berlin
Hinweis: *Dieser Verein ist auch für Inline-Skater offen. Volljährige Mitglieder können die vereinseigenen und -betreuten Halfpipes und Rampen benutzen. Der Verein organisiert auch Wettkämpfe, Workshops und Shows.*

⊙ **Berliner Turn- und Sportclub** (TSC), Rollschnelllauf, Paul-Heyse-Straße 25, 10407 Prenzlauer Berg, Telefon 0 30/21 10 11
Trainingsort: Asphaltbahn im Sportforum Hohenschönhausen

⊙ Seit 1993 gibt es das **»Mobile Team Erlebnisräume«.** Dieses wird von der Stadt Berlin sowie diversen Wohnungsbaugesellschaften getragen. Das »Mobile Team Erlebnisräume« baut zusammen mit Jugendlichen Skateanlagen. Mehr Informationen zu den Projekten kann man anfordern bei:
Mobiles Team Erlebnisräume, Hanns-Braun-Straße Haus 9, 14053 Berlin, Telefon 0 30/30 09 85-15, Telefax 0 30/30 09 85-11

⊙ Der **Sport-Club Charlottenburg,** Telefon 0 30/3 02 53 70, arbeitet mit dem Deutschen Inline-Skate-Verband (D.I.V.) zusammen, vorrangig bei der Organisation von Inline-Skate-Wettbewerben, z. B. der Deutschen Marathon-Meisterschaft.

Kurse

⊙ **AIR TEAM,** Spandauer Damm 111, 14059 Charlottenburg, Telefon 0 30/8 23 93 14. Kurstermine und Preise auf Anfrage.

⊙ **Manuel's Sportstudio,** Joachim-Friedrich-Straße 37/38, 10711 Charlottenburg, Telefon

0 30/8 92 20 80. Kostenloses Inline-Skate-Fahren mit Trainer: jeden Mi. ab 19.00 Uhr. Treffpunkt am Studio. Skates werden verliehen.

⊙ **Berliner Inline-Schule,** Blissestraße 30, 10713 Berlin, Telefon 0 30/82 70 30 87. Es werden Anfänger-, Aufbau-, Fortgeschrittenen- und Familienkurse angeboten. Die Kurse werden von D.I.V.-geschulten Lehrern durchgeführt. Kursort: Rollerhaus, Miraustraße 62–80, in Berlin-Reinickendorf. Termine: Di. und Do. jeweils 18.00 Uhr; Familienkurse: So. 11.00 Uhr. Preise auf Anfrage. Leih-Skates und Schutzausrüstung gegen Gebühr.

Veranstaltungen

⊙ 7. 8. 1999: **Berlin-Marathon** (Straße), 8. City-Nacht auf dem Kurfürstendamm, Infos: SCC Berlin, Telefon 0 30/3 02 84 84

⊙ 17. 8.–22. 8. 1999: **6. Berliner Kinderfestival** (Straße) in 10623 Berlin. Infos: D.I.V., Telefon 0 62 57/96 22 36

⊙ 4. 9. –5. 9. 1999: **Deutsche Meisterschaft D.I.V. Sprint** (Speed/Straße) und **D.I.V.-German Inline-Cup.** Infos: D.I.V., Telefon 0 62 57/96 22 36

⊙ 17. 9.–19. 9. 1999: **Herbstfinale** (Fitness-Skaten/Straße) in 14055 Berlin. Infos: SCC Berlin, Telefon 0 30/3 02 84 84

⊙ 26. 9. 1999: **26. Alberto Berlin-Marathon** (Speed/Straße) in 14055 Berlin. Infos: SCC Berlin, Telefon 0 30/3 02 84 84

Fachgeschäfte

In den nachfolgenden Fachgeschäften sind Leih-Skates erhältlich:

⊙ **In-Sport,** Lietzenburger Straße 53, Am Rankeplatz, 10719 Charlottenburg, Telefon 0 30/8 81 96 61

⊙ **Mike's & Billie's,** Motzstraße 9, 10777 Schöneberg, Telefon 0 30/ 2 15 70 70

⊙ **Sport Hoppe,** Konrad-Wolf-Straße 77, 13055 Hohenschönhausen, Telefon 0 30/9 75 88 60

⊙ **Strawberry,** Emser Straße 45, 10719 Wilmersdorf, Telefon 0 30/ 8 81 30 96

⊙ **Strike,** Alexanderhaus, Am Alexanderplatz, 10178 Berlin Mitte, Telefon 0 30/24 72 07 09

⊙ **Windchiefs,** Horststraße 33–35, 14059 Charlottenburg, Telefon 0 30/32 60 17 77

Übernachtungen

⊙ **Jugendgästehaus** am Wannsee, Badeweg 1, 14129 Berlin, Telefon 0 30/8 03 20 35. ÜF: Junioren 32 DM, Senioren 41 DM. Anmeldungen nur über die Zentralreservierung des Landesverbandes Berlin-Brandenburg e. V., Kluckstraße 3, 10785 Berlin, Telefon 0 30/2 62 30 24.

⊙ **Jugendgästehaus** Wannsee-Süd, Badeweg 7, 14129 Berlin, Telefon 0 30/8 03 55 03. Preise auf Anfrage.

⊙ **Jugendgästehaus** »Haus Europa«, Schwarzspechtweg 46, 13505 Berlin, Telefon 0 30/4 31 40 12. Preise auf Anfrage.

⊙ **Jugendherberge** Ernst Reuter, Hermsdorfer Damm 48–50, 13467 Berlin, Telefon 0 30/4 04 16 10. ÜF: Junioren 26 DM, Senioren 33 DM. Halbpension (warmes Abendessen) buchbar.

⊙ **Jugendtouristenhotel,** Franz-Mett-Straße 7, 10319 Berlin, Telefon 0 30/5 12 91 27. Preise auf Anfrage

BIBERACH an der Riss

Biberach an der Riss liegt verkehrsgünstig in der Mitte zwischen Ulm und Bodensee, im Herzen Oberschwabens. Von hier lassen sich Ausflüge zur Schwäbischen Alb, dem Allgäu, den Alpen und der Bodenseeregion unternehmen.

TIPPS

⊙ **Turmbesteigung** auf den Weißen Turm. Von hier hat man einen herrlichen Blick über die Altstadt.

⊙ Besuch des **Biberacher Schützenfestes** mit historischem Festzug, jeweils im Juli

AUSKUNFT

⊙ **Städt. Fremdenverkehrsstelle,** Theaterstraße 6, 88400 Biberach an der Riss, Telefon 0 73 51/ 5 14 83, Telefax 5 15 11

TREFFPUNKTE

⊙ am **Marktplatz**

⊙ am **Holzmarkt**

⊙ vor der **Stadthalle** (Treppen)

⊙ am **Berufsschulzentrum** (Leipzigstraße) – Treppen und Geländer

SKATEPARK UND SKATEHALLE

⊙ Beim **Stadion an der Mali-Schule** (Wilhelm-Leger-Straße) befinden sich: Funbox, Pyramide, Quarterpipe, Double Hip, 1 Rail (5 m), 1 riesiges Flat und 2 Monster-Hips (3–4 m hoch).

FITNESS – SKATEN

⊙ Biberach an der Riss ist Station des **Radwanderwegs Donau–Bodensee,** der von Ulm über mehrere Routen (Ost-, West- und Hauptroute) an den Bodensee führt. Die Verbindungsstrecke von Ochsenhausen über Biberach nach Bad Buchau verbindet die Hauptroute mit der Westroute. Bei der Tour nach Ochsenhausen bietet sich die Rückfahrt mit der Museumsbahn »Öchsle« an. Diese steht nur am Wochenende zur Verfügung.

FACHGESCHÄFT

⊙ **Kull Sport,** Pfluggasse 7, 88400 Biberach an der Riss, Telefon 0 73 51/1 20 05. Hier kann man seine Skates reparieren lassen. Erwachsene können sich hier Inline-Skates ausleihen.

ÜBERNACHTUNG

⊙ **Jugendherberge,** Heusteige 40, 88400 Biberach an der Riss, Telefon 0 73 51/2 18 85. ÜF: Junioren 22 DM, Senioren 27 DM

Bochum

Im Herzen des Ruhrgebietes liegt die Universitätsstadt Bochum. Die Stadt galt einst als Bergbaumetropole. Sie weist neben ausgedehnten industriellen Ballungszonen auch große, durchgrünte, z. T. fast ländlich wirkende Zonen auf. Das Bild von der grauen Revierstadt trifft schon lange nicht mehr zu.

Tipp

- **Gussstahlglockenspiel** tägl. 7.00, 8.00, 12.00, 16.00, 18.00, 19.00, 20.00, 21.00 und 22.00 Uhr am Rathausplatz

Auskunft

- **Verkehrsverein,** im Hauptbahnhof, 44787 Bochum, Telefon 02 34/9 63 02-0, Telefax 9 63 02 55
- **Informationszentrum** Ruhr-Bochum, Rathausplatz, 44787 Bochum, Telefon 02 34/9 10 39 77

Treffpunkte

- Gelände der **Ruhr-Universität** (am Wochenende treffen sich die Skater bei schlechtem Wetter im Parkhaus an der Ruhr-Uni – dies ist jedoch nicht gestattet!)
- in der **gesamten Fußgängerzone;** wird von der Stadtverwaltung nicht gerne gesehen
- vor dem **Rathaus** (Willy-Brandt-Platz)
- **Parkplatz Kirmesgelände** (Max-Greve-Straße)
- **Hauptbahnhof**
- vor der **Starlight-Halle**
- beim **Jugendzentrum** (Akademiestraße)
- Auf den riesigen **Parkplätzen rund um das Einkaufszentrum Ruhr-Park** (A 430 Abfahrt BO-Werne); diese werden am Wochenende – bevorzugt von Anfängern – als Übungsplätze genutzt (idealer Belag, glatt geteert).

Ramps

- Grünanlage **Schmechtingwiese:** 1 Pool, 1 Halfpipe
- Grünanlage **Ümminger See:** 1 Funpipe, 1 Roll-Hockey-Fläche (super Belag)
- Grünanlage **Indunaweg:** Coping-Ramp mit Innen-Corner
- Rollschuhbahn am **Nordbad:** Coping-Ramp

Nach Meinung des Jugendamtes sind in verschiedenen Stadtbezirken weitere Skate-Möglichkeiten in Planung. So wird es, nach Aussage des Sportamtes in Bochum, auf dem Außengelände der neuen Handelsschule (voraussichtlich fertig gestellt im Jahre 2001) eine neue Rollschuhbahn geben. Diese Anlage wird die Rollschuhbahn am Nordbad ablösen.

Skatepark

- Im Ort **Witten-Herbede** befindet sich ein Outdoor-Skatepark. Dieser ist ab April wieder geöffnet (freier Eintritt!). Dort zu finden: Miniramp, Quarterpipe, Funbox, Curb. Infos bei T-NUTS, Telefon 02 34/9 16 06 20.

Inline-Hockey

- Eine Roll-Hockey-Fläche befindet sich in der **Grünanlage Ümminger See**.
- Im Ort **Witten-Herbede** kann Inline-Hockey in der oben genannten Outdooranlage gespielt werden.

Rollschuhbahn

⊙ 1 Rollschuhbahn gibt es am **Nordbad.**

Fitness-Skaten

⊙ Rund um den **Kemnader Stausee** (ca. 15 km langer Rundkurs); hier gibt es getrennte Wege für Radfahrer und Fußgänger. Parken kann man am Haus Kemnade. Am Kemnader Stausee kann man sich auch Inline-Skates ausleihen (Bootshalle/Zeche Gibraltar).

⊙ Am Wochenende lohnt sich ein Besuch des **Baldeneysees in Essen**. Hier ist es ideal zum Fitness-Skaten. Am See kann man sich Inline-Skates ausleihen.

Skatehalle und Kurse

⊙ **»Skate-Area«/SportArt-Area:** Der Verein SportArt betrieb drei Jahre lang eine mobile Skate-Schule auf Ruhrpark-Parkplätzen. Seit Anfang Mai 1997 wird in einer ehemaligen Maschinenbauhalle auf 1000 qm trainiert, ausgestattet mit einem flexibel gestaltbaren Skateparcours. Die Halle befindet sich an der Kulmer Straße, unweit der ehemaligen Radrennbahn. Insgesamt stehen den Skatern zwölf Inline-Skate-Lehrer zur Verfügung. Dieses nordrhein-westfälische Schulungszentrum wird von Frank Fischöder und Britta Kohlhaase geleitet. In der vom Verein Sport-Art angemieteten Halle können Einsteiger bis zum geübten »Freerider« ihre Fahrkünste mittels eines umfangreichen Kursangebotes perfektionieren. Das Kursangebot reicht von Anfängerkursen (2 × 3 Std. am Wochenende) bis zu Fortgeschrittenenkursen (2 × 2,5 Std. am Wochenende). Es gibt noch Street-Basic-Kurse (2 × 2 Std. am Wochenende) und Street-Avanced-Kurse (2 × 2 Std. am Wochenende). Preise auf Anfrage. Außerdem werden noch Workshops angeboten. Termine und Preise auf Anfrage. »Skate-Area« NRW-Schulungszentrum, Friederikastraße 148, 44789 Bochum, Büro: Telefon 02 34/9 37 52 31. T-NUTS Funsport, Schulungsabteilung: Skate fit – Inline-Schulungen, Telefon 02 34/9 16 06 20.

⊙ **Sport Voswinkel** vermittelt Inline-Skate-Kurse. Diese werden von Sport Voswinkel in Dortmund veranstaltet. Kurse finden aber auch in Bochum statt. Termine und Kursgebühren auf Anfrage.

Ausleihservice

⊙ Das Fachgeschäft **T-NUTS Funsport** bietet einen Skate-Verleihservice am Baldeneysee, Hardenbergufer 130 (Telefon 02 01/40 74 46) und am Kemnader Stausee, Bootshalle/Zeche Gibraltar (Telefon 02 34/70 53 43) an.

Veranstaltungen

⊙ Wie in den Jahren 1997 und 1998 werden auch für 1999 im Rahmen der hiesigen Ferienpassaktion Inline-Skate-Kurse angeboten.

⊙ 21. 8.–22. 8. 1999: **D.I.V.-German Inline-Cup** (Speed/Straße) am Kemnader See. Infos: D.I.V., Telefon 0 62 57/96 22 36

Fachgeschäfte

⊙ **Sporthaus Koch,** Willy-Brandt-Platz 2, 44787 Bochum, Telefon 02 34/1 32 18. Skates können zur Reparatur abgegeben werden.

Leih-Skates sind im Sporthaus Koch nicht erhältlich.

⊙ **Sport Voswinkel,** Kortumstraße 80–84, 44787 Bochum, Telefon 02 34/91 47-0. Hier können Inline-Skates zur Reparatur abgegeben werden. Auch Inline-Skates können bei Sport Voswinkel geliehen werden. Pro Tag werden 10 DM und von Fr.–Mo. 20 DM – jeweils inkl. Schützer – berechnet.

⊙ **T-NUTS,** Nordring 65, 44787 Bochum, Telefon 02 34/9 16 06 20, bietet die Vermietung von Rampen und Promotionevents an.

Übernachtung

⊙ Nächste JH: **Jugendherberge,** Pastoratsberg 2, 45239 Essen, Telefon 02 01/49 11 63.
ÜF: Junioren 22,50 DM/25 DM.
Senioren 27,50 DM/30 DM.

Bonn

Die Stadt Bonn liegt am Rhein, eingebettet in zahlreiche Grünflächen und umrahmt von attraktiven Naherholungsgebieten. Bonn hat eindrucksvolle, natürliche Sehenswürdigkeiten zu bieten. So zum Beispiel die Rheinpromenade mit der reizvollen Silhouette des Siebengebirges im Hintergrund oder den Freizeitpark Rheinaue.

Tipps

⊙ **Rhein-Schifffahrt:** Bonner Personen-Schifffahrt, Brassertufer, Am Alten Zoll, 53111 Bonn, Telefon 02 28/63 63 63

⊙ erster Sa. im Mai: **»Rhein in Flammen«** mit fünf Höhenfeuerwerken

Auskunft

⊙ **Tourismus & Congress** GmbH, Friedrich-Ebert-Allee 26, 53113 Bonn, Telefon 02 28/ 9 10 41-0, Telefax 9 10 41 11

⊙ **Tourist-Information**, Cassius-Passage, Münsterstraße 20 (gegenüber dem Hauptbahnhof), Telefon 02 28/77 34 66, Telefax 69 03 68

Treffpunkte

⊙ Die **Fußgängerzone** ist weniger geeignet, da hier sehr viel Kopfsteinpflaster zu finden ist.

⊙ Im **Freizeitpark Rheinaue** (U-Bahn Rheinaue) gibt es Treppen und Geländer.

⊙ am Brunnen auf dem **Kaiserplatz** (U-Bahn Uni/Markt)

⊙ U-Bahn-Wege um den **Hauptbahnhof**

⊙ auf der **Friedrich-Ebert-Allee** (U-Bahn Heussallee)

⊙ in Höhe der **Beethoven-Halle** (Theaterstraße) – Treppen

⊙ Parkplatz des **Messegeländes**

⊙ In der Nähe des Messegeländes, bei der **Gesamtschule Langwasser,** ist eine BMX-Bahn, die von Inline-Skatern genutzt wird. Hier befindet sich auch eine Miniramp und ein Rail zum Grinden.

Ramps

- **Freizeitpark Rheinaue:** 1 Spine-Halfpipe, soll die größte der Stadt sein
- im Stadtteil **Bad Godesberg:** 1 Ramp bei der Rigal'schen Wiese
- **Rhein-Sieg-Gymnasium** (außerhalb der Stadt in St. Augustin): auf dem Schulgelände steht 1 Ramp.
- In **Hardtberg** befindet sich unter der Autobahnbrücke (A 565) eine Metallrampe (1,80 m hoch).

Inline-Hockey

- Hockeyspieler treffen sich am Universitätsparkplatz im Stadtteil **Poppelsdorf**.

Fitness-Skaten

- von der **Kennedybrücke zur Rheinaue,** über die Konrad-Adenauer-Brücke nach Beuel und zurück zur Kennedybrücke
- die **Radwege entlang des Rheins,** auf der Promenade des **Plenarsaals** und der **Villa Hammerschmidt**
- auf dem Gelände der ehemaligen **Bundesgartenschau** (U-Bahn Rheinaue)

Skatehalle

- **Skater Park 2000 GmbH,** Krähenhorst 1, 53119 Bonn. Die Anlage wurde im November 1996 eröffnet. In der Halle wird auf 2 Ebenen geskatet. Den Besuchern werden mehrere Miniramps, Streetparcours, Funboxen, Banks und Doppelrails, 3 Quarterpipes u. v. a. zur Verfügung gestellt. Öffnungszeiten:
  Mo.–Fr. 14.00–21.00 Uhr,
  Sa. 10.00–22.00 Uhr und So., Feiertag 10.00–21.00 Uhr.

Eissporthalle

- Eissporthallen stehen den Skatern im Sommerhalbjahr nicht zur Verfügung, da es die oben genannte professionelle Skatehalle gibt, deren Betreiber gleichzeitig Veranstalter von verschiedensten Contests ist. So z. B. der westdeutschen Amateur Inline-Skate Contest Serie.

Veranstaltung

- Alljährlich findet hier der **German Inline Cup** – mit Halbmarathon (Straße), Offroad-Rennen, Einzelzeitfahren und Halfpipe-Contest – statt. Info: D.I.V., Frau Schaupp, Telefon 0 62 57/ 96 22 36

Kurse

- Anfängerkurse werden vom **Fachgeschäft Skate House** (Villichgasse 16) angeboten. Die Kurse dauern 3 Stunden und kosten 49 DM pro Teilnehmer. Veranstaltet werden die Kurse meistens sonntags. Die Kurse finden ab 5 Personen statt. Anmeldung unter Telefon 02 28/36 33 66.
- **Baduffys** (Maxstraße 10). Inline-Skate-Kurse können unter Telefon 02 21/1 30 00 31 (bei der Niederlassung Köln) gebucht werden. Veranstaltungsort ist Bonn.

Fachgeschäfte

- Firma **Sport Partner,** Wenzelgasse, 53111 Bonn, Telefon 02 28/ 98 39 30. Skates können zur Reparatur abgegeben werden. Leih-Skates sind erhältlich.
- **Baduffys,** Maxstraße 10, 53111 Bonn, Telefon 02 28/ 69 60 89. Reparaturarbeiten werden durchgeführt. Skates und

Protektoren können von Fr.–Mo. ausgeliehen werden. Dafür werden 39 DM berechnet.

⊙ **Skate House,** Villichgasse 16, 53173 Bonn, Telefon 02 28/ 36 33 66. Hier werden Skates repariert. Leih-Skates sind erhältlich. Pro Tag werden 18 DM und fürs Wochenende 30 DM inkl. Schützer berechnet. Es muss eine Kaution hinterlegt werden. Diese richtet sich nach dem Wert des ausgewählten Modells.

Übernachtungen

⊙ **Jugendgästehaus,** Haager Weg 42, 53127 Bonn-Venusberg (4 km bis zur Innenstadt Bonn), Telefon 02 28/28 99 70.
ÜF: Junioren 37 DM.

⊙ **Jugendgästehaus** Bonn-Bad Godesberg, Horionstraße 60, 53177 Bonn,
Telefon 02 28/31 75 16.
ÜF: Junioren 37 DM
(Hinweis: Nichtraucherhaus!)

Borken

Borken – die freundliche Kreisstadt im Münsterland – liegt nahe der holländischen Grenze und ist eingebettet in die westmünsterländische Parklandschaft.

Tipp

⊙ **Führung »Wasserburg Gemen«,** Dauer 1 Std., buchbar beim Verkehrsamt

Auskunft

⊙ **Verkehrsamt,** Bahnhofstraße 22 (im Bahnhof), 46325 Borken, Telefon 0 28 61/93 92 52, Telefax 6 67 92

Treffpunkte

⊙ in der **gesamten Innenstadt**

⊙ Beliebtester Treffpunkt ist die **Skateboardanlage Stadtpark** (Siegenweg/Parkstraße).

⊙ **Roncalli-Schule** (Im Thomas 2)

Ramps

⊙ **Skateboardanlage Stadtpark** (Siegenweg/Parkstraße) – diese umfasst 600 qm. Es befinden sich dort: 1 Bank (L: 3,00 m, B: 3,00 m, H: 0,98 m), 1 Pyramide (Tablemaße: H: 0,60 m, B: 0,90 m, L: 1,40 m; Grundfläche: 4,30 × 4,80 m), 1 Jumpramp (H: 0,75 m, B: 1,25 m) und 1 Curb (Bordsteinsimulat. L: 3,00 m).

⊙ In **Borken-Weseke** (Roncalli-Schule) befindet sich eine Skatebahn mit Funbox, Bank und Curbs.

Fitness-Skaten

⊙ Borken ist ein Paradies für Fitness-Skaten; beliebt ist das Skaten auf den **asphaltierten Wirtschaftswegen**. Hier werden Skater in der Regel geduldet. Man sollte jedoch daran denken, daß hier rechts vor links gilt und dies dringend beachtet werden muss.

Sportvereine

⊙ Sportvereine, deren Gelände nach Absprache benutzt werden könnte, gibt es in Borken nicht.

Allerdings wird im Ausschuss für Jugend und Familie zur Zeit darüber beraten, die Schulhöfe nachmittags zum »Skaten« freizugeben. Dies soll dann in allen Ortsteilen gelten.

Kurse

⊙ Kurse werden vom **Kreissportbund Borken e.V.,** Geschäftsstelle Burloer Straße 93, Telefon 0 28 61/82-22 05 oder Telefon 0 28 61/9 80 58 41 angeboten. Die Kurse sind für Freizeitskater gedacht und beinhalten das richtige Fitness-Skaten. Die Kursdauer beträgt 2–3 Stunden. Der Unterricht findet nachmittags oder auch abends statt. Die Kursgebühr beträgt 25 DM. Skates und Protektoren müssen mitgebracht werden.

⊙ Beim **Multi-Sport Borken,** Fitness-, Badminton- und Gesundheitszentrum, Heinrich-Hertz-Straße 20, Telefon 0 28 61/ 90 59-0, können Anfängerkurse absolviert werden. Diese finden immer montags von 19.00–20.00 Uhr statt. Skates und Protektoren können geliehen werden. Für Nichtmitglieder werden hierfür 15 DM berechnet.

Veranstaltungen

⊙ 21. 8.–22. 8. 1999: In 47574 Goch findet das **1. D.I.V. Niederrhein-Inline-Hockey-Tour 1999 – Junior Finale** statt. Veranstaltungsort: Fun & Action Park, Telefon 0 28 23/1 84 44

⊙ 28. 8. 1999: In 47574 Goch findet das **1. D.I.V. Niederrhein-Inline-Hockey-Tour 1999 – Senior Finale** statt. Veranstaltungsort: Fun & Action Park, Telefon 0 28 23/1 84 44

⊙ 3. 10. 1999: In Borken findet die **3. Inline-Pättkes-Tour** (Speed/Straße), Halbmarathon und Marathon, ohne Zeitnahme, statt. Ansprechpartnerin: Frau Selhorst vom KSB Borken, Telefon 0 28 61/9 80 58 41

Fachgeschäft

⊙ **Sporthaus Schlüter,** Vennehof EKZ, 46325 Borken, Telefon 0 28 61/9 18 88. Skates können zur Reparatur abgegeben werden. Leih-Skates sind erhältlich, jedoch nur zwei bis drei Paar. Sollte die passende Größe nicht im Geschäft vorhanden sein, so kann diese in der Hauptfiliale angefordert werden. Man sollte Leih-Skates möglichst 2–3 Tage vorher bestellen.

Übernachtung

⊙ Beim Verkehrsamt nach günstigen Pensionen fragen.

Braunschweig

Die niedersächsische Großstadt liegt an der Ocker, zwischen Mittellandkanal und Harzvorland. Ihr Stadtbild wird vom harmonischen Miteinander von Geschichte und Gegenwart geprägt.

Auskunft

⊙ **Städtischer Verkehrsverein** Braunschweig e. V., Langer Hof 6, 38100 Braunschweig, Telefon 05 31/2 73 55-0, Telefax 2 73 55 19

⊙ **Tourist-Büro** Bohlweg, Pavillon, 38100 Braunschweig, Telefon 05 31/2 73 55 30, Telefax 2 73 55 39

⊙ **Tourist-Büro** Hauptbahnhof, Berliner Platz 1, 38102 Braunschweig

Treffpunkte

⊙ Gelände der **Technischen Universität** – Treppen und Plattenbelag

⊙ **Burgplatz und Altstadtmarkt** – trotz Kopfsteinpflaster

⊙ **Hauptbahnhof und Stadthalle**

⊙ **Stöckheim:** InterSpar, Parkplatz

⊙ **Stöckheim:** Flora Apotheke, Leipziger Straße – Treppen

Ramps

⊙ Im **Prinzenpark** – nahe der Kirche St. Michaelis – gibt es Ramps, Curbs.

⊙ **Sportplatz »Rote Wiese«** (beim Zuckerbergweg) – Halfpipe

⊙ Ramp – **Sportplatz Heidberg**

Inline-Hockey

⊙ Inline-Hockey wird gespielt auf dem InterSpar-Parkplatz in **Stöckheim**.

Fitness-Skaten

⊙ Fitness-Skaten kann man auf der Rollschuhbahn im **Prinzenpark** (bei der Kirche St. Michaelis).

Kurse

⊙ Kurse werden von Andreas Eckert im **Body-Fitness-Center** Braunschweig, Telefon 05 31/ 50 58 59, angeboten. Es finden Kurse für Kinder und Erwachsene statt. Die Kursgebühr beträgt für Kinder 70 DM und für Erwachsene 100 DM. Es handelt sich um Tageskurse. Diese beginnen um 10.00 Uhr und enden um 16.30 Uhr.

Fachgeschäfte

⊙ **Sporthaus Olympia GmbH,** Münzstraße 16, 38100 Braunschweig, Telefon 05 31/4 30 27. Hier werden Skates repariert. Skates können für 15 DM pro Tag inkl. Schützer geliehen werden.

⊙ **Sport Voswinkel GmbH & Co. KG,** Otto-von-Güricke-Straße 1, 38122 Braunschweig, Telefon 05 31/8 37 79. Hier können Skates zur Reparatur abgegeben werden. Leih-Skates sind erhältlich. Pro Tag werden 10 DM und von Fr.–Mo. 20 DM – jeweils inkl. Schützer – berechnet.

Übernachtung

⊙ **Jugendgästehaus,** Salzdahlumer Straße 170, 38126 Braunschweig, Telefon 05 31/6 22 68. ÜF: auf Anfrage

Bremen

Die Freie Hansestadt an der Weser besitzt den zweitgrößten deutschen Seehafen. Seine optimale Struktur und seine perfekte technische Ausstattung haben den Hafen zu einem der schnellsten Umschlagplätze der Welt gemacht.

Tipps

- Teilnahme an einer **Stadtrundfahrt**: ab ZOB Hauptbahnhof täglich 10.30 Uhr
- Teilnahme an einem **Stadtrundgang**: ab Tourist-Information am Hauptbahnhof täglich 14.00 Uhr
- **Hafenrundfahrten** ab Martini-Anleger. Von April bis Ende September tägl. 11.45, 13.30, 15.15 Uhr, Mai bis Mitte September auch 10.00 und 16.45 Uhr.
- **Helgolandfahrten**: Mit der Bremerhaven-Helgoland-Linie. Täglich ab Bremerhaven von Mai bis Ende September. Buchbar bei der Tourist-Information Bremen.

Auskunft

- **Bremer Touristik Zentrale GmbH,** Hillmannplatz 6, 28195 Bremen, Telefon 04 21/3 08 00-0, Telefax 3 08 00 30

Treffpunkte

- **Universitätsgelände** – Steinkanten und Treppengeländer
- **Bahnhofsplatz**
- **Marktplatz** – Treppen
- **Domhof** –Treppen
- **Passage Bischofsnadel**
- bei den **Stadtwerken** – Steinkanten
- **Weserstadion-Osterdeich** – Treppen und Geländer
- Kulturzentrum **Schlachthof**

Ramps / Skateboardanlagen

- Ramps und Skateboardanlagen befinden sich am Kulturzentrum **Schlachthof,** direkt hinter dem Bahnhofsgelände.
- Eine Rampenanlage befindet sich auf dem Schulhof der Schule an der **Hemelinger Straße**.
- Eine Skatefläche befindet sich auf dem Dach des **Karstadt-Sporthauses** (Sögestraße). Im Sommer kann hier kostenlos geskatet werden. Hier sind u. a. Street-Obstacles und Spine zu finden.
- Diverse Rampen und Street-Obstacles befinden sich im Sommerhalbjahr in der **Eissporthalle Paradise,** Waller Heerstraße.
- Im Juni 1999 wird mit dem Bau des 7000 qm umfassenden Skateparks im **Pauliner Marsch** begonnen. Auf der Anlage entsteht eine Halfpipe und eine Rampenlandschaft mit Pool. Informationen sind erhältlich beim gemeinnützigen Verein Sportgarten, Telefon 04 21/7 58 08, im Internet unter www.sportgarten.de.

Inline-Hockey

- Ein Inline-Hockey-Spielfeld befindet sich in der **Eissporthalle Paradise** (Waller Heerstraße).
- Inline-Hockey wird auf dem **Wertkauf-Gelände** (Duckwitzstraße 55) gespielt.
- An der **Universität – Fachbereich Sportwissenschaft** – engagiert man sich im Streethockeybereich.
- Interessierte Spieler können ihre Adresse bei **Jump'n Jibe Trendsport**

& Fashion (Am Wall 118) hinterlassen. Sobald ausreichend viele Teilnehmer zusammen sind, trifft man sich zum Inline-Hockey-Spiel.

Fitness-Skaten

⊙ Fitness-Skaten kann man auf den **asphaltierten Wegen,** vor allem an den Deichen der Flüsse in **Bremen und dem Umland**. Geeignet ist die Deichroute an der **Lesum bis an die Weser** (ca. 8 km), beginnend ab **Burg-Grambke** (Grambker Heerstraße).

⊙ Beliebt ist auch die Route entlang der **Wümme**; der Weg beginnt ab der Stader Landstraße und führt zur Borgfelder Heerstraße nach 28865 Lilienthal.

⊙ auch auf den **asphaltierten Wegen am Werdersee**

Eissporthalle

⊙ In Bremen wurden zwei neue Eissporthallen fertiggestellt. Die Betreiber haben eine der beiden Hallen für eine Nutzung durch Skater in den Sommermonaten freigegeben. Es handelt sich um die **Eissporthalle Paradise,** Waller Heerstraße (Stadtteil Walle). Tägl. 9.00 -21.00 Uhr, Fr. und Sa. 9.00–23.00 Uhr.

Vereine

⊙ Es gibt Sportvereine in Bremen, die darüber nachdenken, Skateanlagen auf ihrem Gelände zu errichten. So z. B. der **Turnverein Horn** von 1899, Berckstraße 87, 28359 Bremen.

⊙ **Der Sportgarten e. V.,** Schildstraße 12–19, 28203 Bremen, plant für 1999 die Eröffnung des Skateparks im Pauliner Marsch. Das Projekt wird mit Unterstützung der Stadt Bremen finanziert.

Kurse

⊙ **Happy Skate,** Braunschweiger Straße, Telefon 04 21/4 34 09 56, veranstaltet Einsteiger- und Aufbaukurse. Anfängerkurse finden jeden 1. So. im Monat statt. Kursdauer: 3 Stunden. Pro Teilnehmer werden 49 DM berechnet.

⊙ Inline-Skate-Kurse finden im Sommer in der **Eissporthalle Paradise** statt. Skates und Protektoren können geliehen werden.

Fachgeschäfte

⊙ **Sport Voswinkel,** Weserpark, Hans-Bredow-Straße 19, 28307 Bremen, Telefon 04 21/40 13 80. Hier werden Skates repariert. Leih-Skates sind erhältlich. Pro Tag werden 20 DM inkl. Schützer berechnet.

⊙ **Jump'n Jibe Trendsport & Fashion,** Am Wall 18, 28195 Bremen, Telefon 04 21/17 08 36. Skates können zur Reparatur abgegeben werden. Skates und Protektoren können für 25 DM pro Tag geliehen werden.

Übernachtungen

⊙ **Jugendgästehaus,** Kalkstraße 6 (in der Innenstadt, etwa 15 Min. vom Bahnhof entfernt), 28195 Bremen, Telefon 04 21/17 13 69. ÜF: Junioren 27 DM, Senioren 32 DM. Anmeldezeiten: 14.00–22.00 Uhr, Gruppen sollten bis 18.00 Uhr angemeldet sein. Das Haus ist durchgehend geöffnet.

⊙ **Jugendherberge** Blumenthal, Bürgermeister-Dehnkamp-Straße 22, 28777 Bremen, Telefon 04 21/ 60 10 05. Je Bett: 20 DM.

⊙ **Camping,** Am Stadtwaldsee 1, 28359 Bremen,Telefon 04 21/21 20 02. Geöffnet vom 30. 3.–31. 10.

Bruchsal

Die Große Kreisstadt Bruchsal liegt rechts des Rheins, am Westrand des Kraichgaus, nur wenige Kilometer entfernt von den Städten Heidelberg, Speyer und Karlsruhe.

Auskunft

⊙ **Stadtinformation,** Am Alten Schloss 2, 76646 Bruchsal, Telefon 0 72 51/7 27 71, Telefax 7 27 71

Treffpunkte

⊙ am **Bürgerzentrum** – Treppen

⊙ bei der **Stadtkirche** »Unsere Liebe Frau«

⊙ **Kaiserstraße** (Fußgängerzone)

⊙ **Messplatz**

Hinweis: *Verbotsschilder für Skater befinden sich am Platz vor dem Rathaus/Marktplatz.*

Ramp

⊙ In Bruchsal gibt es keine Skateanlage (Halfpipe, Ramps etc.); deshalb fahren die Skater der Stadt zur nächstgelegenen Skateanlage in 76356 **Weingarten**. In der dortigen Ringstraße, beim Festplatz, befindet sich eine Kombination aus Table (98 cm hoch) und Ramps.

Inline-Hockey

⊙ Wer daran interessiert ist, kann seine Adresse beim Geschäft **Sport-Fabrik-Bruchsal** (Huttenstraße 26) hinterlassen.
Bei ausreichender Spielerzahl werden Hockeyturniere organisiert.

Fitness-Skaten

⊙ auf dem **Radweg parallel der B 3 Bruchsal–Weingarten**

⊙ auf dem **Radweg parallel der B 3 Bruchsal–Ubstadt**

⊙ **Industriestraße Richtung Karlsdorf**

⊙ **Straße Richtung Büchenau-Neuthardt** (Nebenweg parallel zur Straße)

Kurse

⊙ Anfängerkurse werden vom **Fachgeschäft Sport-Fabrik Bruchsal** (Huttenstraße 26) veranstaltet. Die Kurse finden alle 14 Tage, jeweils samstags von 14.30–17.00 Uhr statt und kosten pro Teilnehmer 14 DM. Wer keine eigene Ausrüstung besitzt, kann sich diese für 5 DM leihen. Die Anmeldung und die Entrichtung der Kursgebühr erfolgt im Geschäft.

⊙ Bei **Skater's Corner** können ab Pfingsten 1999 wieder Inline-Skate-Kurse gebucht werden. Der Anfängerkurs beinhaltet 4 Doppelstunden. Die Kursgebühr beträgt 79 DM pro Teilnehmer.

Hinweis: *Werden bei Skater´s Corner Inline-Skates der Marke K2 gekauft, so erhält der Käufer einen Gutschein für einen Anfängerkurs. Dieser wird von K2 veranstaltet. Veranstaltungsorte und Termine auf Anfrage. Aber auch Skater, die bereits Inline-Skates – egal welcher Marke – besitzen, können an den K2-Kursen teilnehmen. Der Kurs kostet dann 39 DM pro Person. Informationen gibt es bei Skater´s Corner, Telefon 0 72 51/1 79 64.*

Fachgeschäfte

⊙ **Intersport Schlenker,** Friedrichstraße 47–49, 76646 Bruchsal, Telefon 0 72 51/30 00 24. Geplant sind Leih-Skates. Die Leihgebühr soll beim späteren Kauf angerechnet werden. Inline-Skate-Kurse werden nicht angeboten.

⊙ **Skater's Corner,** Wörthstraße 1a, 76646 Bruchsal, Telefon 0 72 51/1 79 64. Hier werden Inline-Skates repariert. Leih-Skates sind erhältlich, müssen jedoch in der gewünschten Größe bestellt und reserviert werden. Pro Tag werden für die Skates inkl. Schützer 10 DM berechnet.

⊙ **Sport-Fabrik Bruchsal,** Huttenstraße 26, 76646 Bruchsal, Telefon 0 72 51/8 25 52. Skates werden hier repariert. Leih-Skates sind erhältlich. Am ersten Ausleihtag werden 10 DM, an jedem weiteren Tag 8 DM berechnet.

Übernachtung

⊙ Nach günstigen Pensionen bei der Stadtinformation fragen.

Brunsbüttel

Brunsbüttel ist flächenmäßig die größte und nach ihrer Einwohnerzahl die zweitgrößte Stadt des Kreises Dithmarschen.

Auskunft

⊙ **Fremdenverkehrsverein** Brunsbüttel u. UMG e.V., Koogstraße 68, 25541 Brunsbüttel, Telefon 0 48 52/91 77, Telefax 91 45

Treffpunkte

⊙ **Parkplatz Elbeforum** (keine Treppen, nur Asphalt)

⊙ **Koogstraße** (über einen Kilometer lange Einkaufsstraße)

⊙ am **Haus der Jugend** (Schulstraße)

⊙ Im **Citybereich** befindet sich das neue Zentrum Brunsbüttels. Hier haben sich die großen Super- und Einkaufsmärkte angesiedelt, auf deren Parkplätzen nach Ladenschluss geskatet wird. Sonntags wird hier auch Streethockey gespielt.

Hinweis: *Bevor man auf solchen Parkplätzen skatet, sollte man immer erst den Besitzer um Erlaubnis fragen.*

Ramps

⊙ Pipes/Ramps etc. gibt es in Brunsbüttel nicht. Aber im Ort 25746 **Heide** (Kreis Dithmarschen) besteht die Möglichkeit, in der Pipe trainieren zu können. Im dortigen Jugendzentrum (am Bahnhof) befindet sich eine Halfpipe und auch ein Streetballplatz.

⊙ Der Männer-Turnverein (MTV) **Heide** (Am Sportplatz 1) besitzt eine 400-m-Inline-Skating-Bahn. Diese ist nur für Vereinsmitglieder zugänglich.

Fitness-Skaten

⊙ auf dem **Elbdeich**

⊙ In **Heide,** auf der dortigen Strandpromenade. Hier absolviert auch der MTV Heide sein Inline-Skating-Training.

Kurse

⊙ **MTV Heide,** Am Sportplatz 1, 25746 Heide, Telefon 04 81/ 6 36 19, führt Inline-Skate-Kurse durch. Diese finden immer sonntags um 14.00 Uhr am Strandpavillon, **Richtung Büsum** statt. Ansprechpartner: Frank Marten, Telefon 0 48 30/5 79.

⊙ **Kreissportverband Dithmarschen e.V.,** Waldschlösschenstraße 39, 25746 Heide, Telefon 04 81/50 53. Es wurde im Juni 1998 ein Inline-Skate-Kurs angeboten. Dieser fand jedoch wegen mangelnder Teilnehmer nicht statt. Bei entsprechender Nachfrage wird dieser Kurs jedoch abgehalten.

Fachgeschäft

⊙ **Sport Haltermann,** Koogstraße 92, 25541 Brunsbüttel, Telefon 0 48 52/46 64. Skates werden hier repariert, vorausgesetzt die erforderlichen Ersatzteile sind im Geschäft vorhanden. Leih-Skates werden nur im Sommer angeboten.

Übernachtung

⊙ nächste **Jugendherberge**: Büsum, Dr.-Martin-Bahr-Straße 1, 25761 Büsum, Telefon 0 48 34/24 36.
ÜF: Junioren 20 DM, Senioren 25 DM

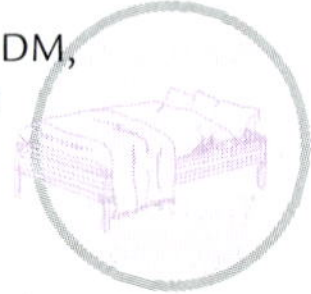

Chemnitz

Die sächsische Industriestadt Chemnitz liegt im Erzgebirgischen Becken in einem weiten Talkessel, der von der Chemnitz durchflossen wird.

Tipp

⊙ **City-Musik-Park,** Paul-Grunen-Straße 72b, 09120 Chemnitz, Telefon 03 71/41 07 58

Auskunft

⊙ **Tourist-Information** in der Stadthalle, Rathausstraße 1, 09111 Chemnitz,
Telefon 03 71/ 1 94 33 oder 03 71/45 08-7 50, Telefax 45 08-7 25

Treffpunkte

⊙ Vermehrt sind Inline-Skater im mittleren Teil des **Stadtparks** und in der Nähe von **Einkaufszentren** (z. B. Kaufland, Burkhardtsdorfer Straße) anzutreffen.

⊙ Standort **Kaufland** (Burkhardtsdorfer Straße) – großer Parkplatz, Gefällestrecken, Treppen und Fußwege

⊙ Standort **Stadtpark** – ca. 5 km asphaltierter Weg

⊙ **Neubaugebiet Heckert** – Fußwege mit Treppen

⊙ auf **Schulhöfen**

⊙ an den **Skateboardanlagen der Stadt**

Ramps

⊙ Skateboardanlagen am **Jugendclub »B-Plan«,** Bernsdorfer Straße 218 (gegenüber dem Sommerbad Bernsdorf): 2 Halfpipes mit Flutlichtanlage; Öffnungszeiten: durchgängig

⊙ große Skateboardanlage – **Spielplatz Marie-Tilch-Straße:** 1 Halfpipe

⊙ kleine Skateboardanlage – **Spielplatz »Am Harthwald«:** Skateboardelemente, terrassenförmige Treppen

⊙ BMX-Strecke mit Skateboardmöglichkeiten im Außengelände am **Jugendhaus »UK«,** Straße Usti nad Labem 40

⊙ Eissportkomplex – Rollhockeystadion und 250-m-Rundbahn (Bitumen), **Wittgensdorfer Straße 2a**

Hinweis vom Amt für Jugend und Familie: *Eine Ausleihe von Skates ist im begrenzten Umfang im Kinderclub »Känguruh«, Straße Usti nad Labem 121, möglich.*

Fitness-Skaten

Das Amt für Jugend und Familie macht folgende Vorschläge:

⊙ **Stadtpark:** ca. 5 km asphaltierter Weg, davon 1,5 km neuer, ebener Belag

⊙ **Schlossteich**: asphaltierter Weg

⊙ **Küchwald:** asphaltierter Weg

⊙ **Forststraße:** asphaltierte Straße, leichter Anstieg Zeisigwald

⊙ **Kaufland,** Burkhardtsdorfer Straße

⊙ Außengelände des **Jugendhauses »UK«,** Straße Usti nad Labem 40: asphaltierte BMX-, auch Inline-Skate-Bahn, kurvenreich, leichte Höhenunterschiede, ca. 400 m

Eissporthalle

⊙ Der Eissportkomplex, **Wittgensdorfer Straße 2a,** Telefon 03 71/3 38 97 00, ist im Sommerhalbjahr für Rollschuhfahrer und Skater geöffnet. Jeden Sa. findet ab 19.00 Uhr die Rollerdisco statt.

Inline-Hockey

Wird gespielt im Eissportkomplex **Wittgensdorfer Straße 2 a:**

- Rollhockeystadion
- 250-m-Rundbahn

Vereinsgelände

- Es gibt keine Sportvereine, auf deren Gelände nach Rücksprache mit Inline-Skates trainiert werden kann. Kein Verein in Chemnitz verfügt über diese Voraussetzungen. Somit ist das Skaten nur auf kommunalem Gelände möglich. Zu nennen der Eissportkomplex Chemnitz.

Verein

- **Chemnitzer Skatergemeinschaft e.V.,** Wittgensdorfer Straße 2 a, 09114 Chemnitz, Vorsitzender: Herr Taube, H.-Vieth-Weg 4, 09114 Chemnitz

Kurse

- **Nicolai Steffen** führt u. a. für verschiedene Fitness-Clubs Inline-Skate-Kurse durch. Pro Stunde werden 40 DM berechnet. Einzelunterricht ist ebenfalls möglich. Termine auf Anfrage, Telefon 03 71/37 26 04.

Fachgeschäfte

- **Nicolai Steffen** – Eis- und Rollsportartikel, Leipziger Straße 55, 09113 Chemnitz und Wittgensdorfer Straße 2 a, 09114 Chemnitz, Telefon 03 71/37 26 04. Skates können zur Reparatur abgegeben werden. Leih-Skates stehen zur Verfügung. Es werden für 2 Std. 5 DM, pro Tag 10 DM, von Fr.–Mo. 20 DM und für eine Woche 30 DM berechnet.
- **Sport Shop Müller,** Rathausstraße 7, 09111 Chemnitz, Telefon 03 71/63 14 45. Skates werden hier repariert. Leih-Skates sind erhältlich. Pro Tag werden 15 DM, fürs Wochenende 20 DM – jeweils inkl. Schützer – berechnet.

Übernachtungen

- **Jugendherberge,** Augustusburger Straße 369, 09127 Chemnitz, Telefon 03 71/7 13 31. ÜF: Junioren 17 DM/22 DM, Senioren 22 DM/27 DM
- **Campingplatz,** Thomas-Müntzer-Höhe 10, 09117 Chemnitz, Telefon 03 71/85 06 08

Cottbus

Cottbus, mit ihren rund 120 000 Einwohnern, ist die zweitgrößte Stadt Brandenburgs. Die junge Universitäts- und traditionelle Parkstadt ist heute das dynamische Wirtschafts-, Wissenschafts- und Kulturzentrum der Niederlausitz.

Tipp

⊙ **Fürst-Pückler-Park Branitz mit Schloss** (Mai bis Oktober 14.00 Uhr Schlossführung)

Auskunft

⊙ **Cottbus-Information,** Karl-Marx-Straße 68, 03044 Cottbus, Telefon 03 55/2 42 54/5, Telefax 79 19 31

Treffpunkte

⊙ **Puschkinpromenade**: kleiner Parcours

⊙ vor der **Stadthalle:** Treppen

⊙ **Stadtpromenade:** Treppen und Geländer

⊙ im Stadtteil **Sachsendorf** (03048) – Gelsenkirchner Allee: Treppen und Bänke

Ramps

⊙ **Puschkinpromenade** (kleiner Parcours)

⊙ Freizeitzentrum, **Poznaner Straße,** Sachsendorf

⊙ **Messehalle** zu Trainingszeiten

Inline-Hockey

⊙ Wird jeden Mi., meist abends, auf dem Parkplatz beim Sportzentrum **Madlow** gespielt.

Fitness-Skaten

⊙ im **Spreewald**

⊙ auf dem Rad- bzw. Feuerwehrweg rund um den **Spreeberger Stausee**

⊙ der sehr gut ausgebaute Radweg zwischen **Burg/Spreewald** und Cottbus

Skatehalle

⊙ Einige Male im Jahr werden die Messehallen zum Skateboard-Mekka, allerdings nur für wenige Tage. So fand am 20. 12. 1997 in den Messehallen ein »Xmas-Jam-Skater-Treff« statt.

Verein

⊙ **Cottbuser Scate- und BMX-Verein,** Ansprechpartner: Andreas Johne, Zuschka 1, 03044 Cottbus, Telefon 03 55/86 21 14

Kurse

⊙ Kurse für Anfänger und Fortgeschrittene werden vom **Sporthaus Reinke** angeboten. Der Einsteigerkurs kostet 40 DM und findet samstags von 14.00–17.30 Uhr statt. Die Falltechnik wird in der Halle beigebracht. Das Lauftraining findet dann im Freien statt, ebenso das Erlernen der richtigen Bremstechnik. Skates und Protektoren müssen mitgebracht werden, da sie im Sporthaus Reinke nicht geliehen werden können.
Für den Aufbaukurs werden ebenfalls 40 DM berechnet. Termine auf Anfrage.

Fachgeschäfte

⊙ **Drogan und Schneider Sportgeschäft,** Ortsteil Groß Gaglow, Telefon 03 55/52 45 30. Hier werden Skates repariert. Ab sofort gibt es bei Drogan und Schneider auch Leih-Skates.

⊙ **Sporthaus Reinke,** Mühlenstraße 9, 03046 Cottbus, Telefon 03 55/2 48 55. Skates können zur Reparatur abgegeben werden. Leih-Skates sind nicht erhältlich.

Übernachtung

⊙ **Jugendherberge,** Klosterplatz 2–3, 03046 Cottbus, Telefon 03 55/2 25 58. ÜF: Junioren 20 DM, Senioren 25 DM

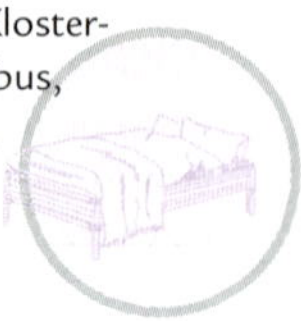

Cuxhaven

Die Stadt Cuxhaven ist ein umweltorientierter Ferienort und anerkanntes Nordseeheilbad. Seine Lage als Halbinsel weit im Meer schafft fast ein Inselklima. Zu den Kureinrichtungen zählen neben dem 12 km langen Sand- und Grünstrand das Kurmittelhaus, das Meerwasser-Hallen-Wellenbad sowie eine 10 km lange Strandpromenade.

Tipp

⊙ Der **Seefischmarkt** ist einer der größten Fischumschlagplätze in Europa. Man muss jedoch Frühaufsteher sein, um an den morgendlichen Führungen und Versteigerungen in den Hallen des Seefischmarktes teilzunehmen.

Auskunft

⊙ **Touristik GmbH,** Lichtenbergplatz, 27472 Cuxhaven, Telefon 0 47 21/3 60 46, Telefax 5 25 64

Treffpunkte

⊙ **Cuxhaven** – Bahnhof

⊙ **Fußgängerzone** (Nordersteinstraße; Nähe Bahnhof)

⊙ am **Haus der Jugend** (Abendrothstraße 25)

⊙ **Strandpromenade**

⊙ **Messeplatz**

Hinweis: *Nach Auskunft der Kurverwaltung ist das Skaten in Cuxhaven auf den Fußgängerwegen gestattet. Jedoch ist es auf der Straße, dem Radweg und auf dem Deich untersagt!*

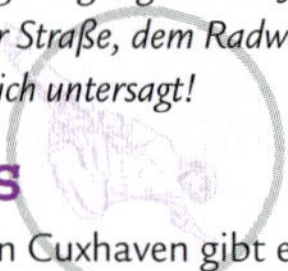

Ramps

⊙ Auch in Cuxhaven gibt es immer mehr Inline-Skate-Begeisterte. So sind innerhalb der Stadtverwaltung Gespräche geführt worden, eine Skateboardanlage mit Ramps und Funboxes auf einem städtischen Grundstück in Cuxhaven zu errichten.

⊙ Auf dem Schulgelände der Franzenburger Schule in **Altenwalde** (Wohlsenstr. 41, 27478 Cuxhafen) befinden sich mehrere kleine Rampen.

Skaterbahn

⊙ Die Skaterbahn in Groden (Grodener Mühlenweg) wurde beschädigt und kann nun nicht mehr benutzt werden.

Inline-Hockey

⊙ am Wochenende auf dem Parkplatz des **Einkaufszentrums in der Abschnede** (Ritzebüttel)

Skatehalle

⊙ Trainingscenter oder öffentliche Plätze für Skater gibt es zur Zeit noch nicht.

Verein

⊙ **Funsport-Club Cuxhaven e.V.,** Schillerstraße 49, 27472 Cuxhaven

Hinweis:

- *Vereinsangebot: Dieses umfasst die Sportarten Wassersport, Radsport, Inline-Skating, Snowboarden.*
- *In der Mehrzweckhalle sind Ramps vorhanden, Pipes nicht. Der Hauptteil des Programms liegt beim Rollhockey. 2 Jugendmannschaften und 1 Erwachsenenmannschaft.*
- *Der Verein bietet in einer Mehrzweckhalle mit Asphaltfußboden Trainingsstunden für Skater an. Dieses Angebot gilt nur für Mitglieder. Vom Verein werden weder Leih-Skates noch Schutzausrüstungen zur Verfügung gestellt.*
- *Im Sommer wird vom Verein ein kostenloser Lauftreff (Freestyle) für Skater organisiert, und geplant sind Skate-Rennen in der Halle und im Freien.*

Kurse

⊙ Ende Juni 1998 fand ein kostenloses Sicherheitstraining für Skater statt. Organisiert wurde diese Veranstaltung vom **Sport-Center Pauls** (Schillerstraße 51). Bei entsprechender Nachfrage könnte aus dieser einmalig stattgefundenen Veranstaltung eine regelmäßige Einrichtung werden.

Fachgeschäft

⊙ **Sport-Center Pauls,** Schillerstraße 51, 27472 Cuxhaven, Telefon 0 47 21/3 47 55. Hier werden Skates repariert. Skates können für 8 DM inkl. Schützer bei Paulsen (Fahrradgeschäft), Schillerstraße 47, 27472 Cuxhaven, geliehen werden.

Übernachtung

⊙ **Jugendherberge,** Schlensenweg, 27476 Cuxhaven-Duhnen, Telefon 0 47 21/4 85 52.
ÜF: Junioren 22 DM, Senioren 27 DM. JH liegt in Strandnähe – Bademöglichkeiten im Meer!

Darmstadt

Darmstadt, die kleine Großstadt an den nordwestlichen Ausläufern des Odenwaldes, nennt sich nicht ohne Stolz »Großstadt im Walde«, denn die Darmstädter genießen den nahen Odenwald und die Bergstraße.

Tipp

- **»Heinerfest«** (jeweils am 1. Juliwochenende); rings um das Schloss werden Kirmesstände aufgebaut.

Auskunft

- **Verkehrsamt** Luisen-Center, 64283 Darmstadt, Luisenplatz 5, Telefon 0 61 51/13 27 80, Telefax 13 20 75
- **Tourist-Information** am Hauptbahnhof, 64293 Darmstadt, Telefon 0 61 51/13 27 82, Telefax 13 27 83

Treffpunkte

- Beliebtester Treffpunkt ist die Skateboardanlage **Lindenhofstraße an der Stadtmauer** – hier finden auch Skate-Wettbewerbe statt.
- auf dem Gelände der **Technischen Hochschule**
- am **Luisenplatz,** obwohl hier der Belag zum Skaten nicht ideal ist (moderne Pflasterung)
- auf dem **Marktplatz, beim Alten Rathaus**
- am **Staatstheater** – Treppen

Ramps

- An der **Stadtmauer beim Zentralbad** befindet sich ein Skatepark mit 1 Halfpipe (3,20 m hoch), 1 Funbox, mehreren Ramps und Street-Obstacles (Curbs, Rails).
- In **Weiterstadt** an der B 42 ist eine stillgelegte Straße. Diese wird einfach nur **»Platz«** genannt. Dort befinden sich 2 Railboxes, Low Rails, Jumpramps und eine Miniramp.
- **Pfungstadt:** 1 Miniramp
- **Erzhausen:** 2 kleine Miniramps
- **Darmstadt-Kranichstein:** 1 Pipe

Speed-Skating

- **Speed-Skating-Hallenbahn** (4,5 m breit, mit einer Pistenlänge von 162 m). Info: Ilse Häuser, Landskronstraße 57, 64285 Darmstadt, Telefon 0 61 51/6 57 07

Fitness-Skaten

- entlang der Stadtmauer in der **Lindenhofstraße**
- ansonsten auf allen Radwegen **außerhalb des Stadtgebietes** – Routentips gibt es beim Verkehrsamt

Eissporthalle

- Die **örtliche Eissporthalle** steht den Skatern im Sommerhalbjahr nicht zur Verfügung, da in diesem Zeitraum die Hallennutzung bereits anderweitig durch Vereine erfolgt.

Vereine

- **Speed-Skating-Verein:** ERSG Darmstadt, Landskronstraße 57, 64285 Darmstadt. Ansprechpartnerin: Ilse Häuser, Telefon 0 61 51/ 6 57 07
- **1. Darmstädter Skate- & BMX-Verein,** Ansprechpartner Herr Gaidzik, Pestalozzistraße 12, 64297 Darmstadt (keine eigene Sportanlage)

⊙ **Sport-Gemeinschaft (SG) Arheilgen e.V.,** Abt. Rad- u. Rollsport. Auf der Hardt 80, 64291 Darmstadt, Telefon 0 61 51/ 37 63 30. Es gibt hier zwar kein spezielles Angebot bzw. regelmäßiges Training für Inline-Skater, aber der Verein hat bereits in den Osterferien 1997 Schnupperkurse für Inline-Skater angeboten. Anfrage unter: F. R. Tham, Schmittweg 33, 64291 Darmstadt, Telefon dienstl. 0 61 51/72 57 87.

⊙ **Deutscher Inline-Skate Verband e.V.,** Bergstraße 20, 64342 Seeheim-Jugenheim, Telefon 0 62 57/96 22 36

Kurse

⊙ Das **Fachgeschäft Skate-Inside** bietet Kurse für Anfänger und Fortgeschrittene an.
Die Kurse umfassen zwei 2 bis 3 Stunden und kosten jeweils 35 DM. Die Kurse werden von zwei begleitenden Skatelehrern durchgeführt.

⊙ Im Sommerhalbjahr finden **Schnupperkurse für Anfänger** statt – Anmeldung und Info: **Herr Zschätzsch,** Telefon 06 11/ 5 33 63 97.

⊙ Anfängerkurse werden von **Skate-Shop Lutz,** 64342 Seeheim-Jugenheim, Telefon 0 62 57/ 86 81 81, veranstaltet. Die Kurse dauern 2,5 bis 3 Stunden. Pro Teilnehmer werden 15 DM berechnet. Benötigt man Skates und Protektoren, so kann man diese für insgesamt 10 DM leihen. Es stehen verschiedene Termine zur Auswahl. Für Gruppen werden aber auch individuelle Termine vereinbart. Die Kurse sind speziell für Erwachsene konzipiert. Kinder können aber auch teilnehmen.

Veranstaltungen

⊙ 12. 6.–13. 6. 1999: **Hessische Bahnmeisterschaften** in **Seeheim** (Speed). Weitere Termine und Infos: D.I.V., Telefon 0 62 57/ 96 22 36

⊙ **Multi-Event-Inline** auf dem **Messplatz**. Weitere Termine sind geplant und werden kurzfristig bekannt gegeben. Infos: Sportamt Darmstadt, Telefon 0 61 51/ 13 28 76

⊙ 11. 8.–14. 8. 1999: **Inline-Schnupperwoche** in **64521 Groß-Gerau.** Ansprechpartner: B. Zschätzsch, Telefon 0 61 52/ 71 92 79

⊙ 29. 8. 1999: **Marathon** (Speed/Straße) in **64521 Groß-Gerau**. Ansprechpartner: B. Zschätzsch, Telefon 0 61 52/ 71 92 79

⊙ 12. 9. 1999: **Heegbachlauf** 0,4 km, 2,1 km und 6,7 km (Speed/Straße) in **64390 Erzhausen**. Ansprechpartner: Stefan Seibold, Telefon 0 61 50/8 60 78

Fachgeschäfte

⊙ **Mroczek, Kay,** Heidelberger Landstraße 202, 64297 Darmstadt, Telefon 0 61 51/5 73 26. Hier können Skates zur Reparatur abgegeben werden. Es wird auch ein so genannter Überholservice für Skates angeboten. Hierfür werden 19 DM berechnet.

⊙ **Skate Inside,** Wilhelminenstraße 9, 64283 Darmstadt, Telefon 0 61 51/29 48 53. Dieser empfehlenswerte Skater-Laden wurde hier geschlossen und nach Gernsheim verlegt. In Gernsheim werden weiterhin Skates repariert. Leih-Skates sind ebenfalls erhältlich. Pro Tag werden 15 DM und fürs

Wochenende 30 DM berechnet. Das Skate Inside ist in 64579 Gernsheim unter Telefon 0 62 58/5 22 13 zu erreichen.

⊙ **Skate-Shop Lutz,**
64342 Seeheim-Jugenheim, Telefon 0 62 57/86 81 81. Skates werden repariert. Leih-Skates sind erhältlich. Pro Tag werden 10 DM berechnet.

Übernachtung

⊙ **Jugendherberge,** Landgraf-Georg-Straße 119, 64287 Darmstadt (in der Nähe des Bahnhofs Darmstadt-Ost), Telefon 0 61 51/ 4 52 93. ÜF: Junioren 23,50 DM, Senioren 28,50 DM. Hinweis: Freibad und Bootsverleih direkt an der JH

Dortmund

Dortmund ist die zweitgrößte Stadt des Ruhrgebietes sowie das Wirtschafts- und Handelszentrum Westfalens. Die Stadt widerlegt längst die Vorurteile vom »grauen Kohlenpott«, denn fast die Hälfte ihres Gebietes ist von Grünanlagen, Parks, forst- und landwirtschaftlichen Flächen bedeckt.

Tipp

⊙ **Stadtrundfahrten** durch Dortmund – von Ostern bis Ende Oktober immer So. und Mi., jeweils 14.00 Uhr ab Rathaus

Auskunft

⊙ **Tourist-Information** am Hauptbahnhof, Königswall 20, 44137 Dortmund, Telefon 02 31/ 5 02 56 66, Telefax 16 35 93

Treffpunkte

⊙ Auf dem **Bahnhofsvorplatz** sind immer Streetskater anzutreffen.

⊙ Fußgängerzone in der **Innenstadt.** Ab 22.00 Uhr trifft man sich zwischen **Ostenhellweg, Westenhellweg** und **Kleppingstraße.**

⊙ auf dem Parkplatz vor der **Reinoldikirche, nähe Kleppingstraße**

⊙ auf dem Parkplatz des Einkaufszentrums Plaza in **Dortmund-Aplerbeck**

⊙ **Ruhrwaldallee** (B 54), **Radrennbahn** – Treffpunkt der Fitness-Skater

⊙ vor der **Dortmunder Westfalenhalle**

⊙ auf dem Parkplatz von Wertkauf und Möbelmarkt Mann im **Indupark in DO-Oespel**

Ramps

⊙ TuS Sportplatz Lücklemberg am **Waldhausweg**: 1 Funpipe

⊙ bei der Gesamtschule **Gartenstadt Kipsburg, Nähe Bunzlaustraße**: 1 Funpipe aus Beton mit Stahlcoping

⊙ am Fußballplatz in **Dortmund-Wichlinghofen**: 3,30 m hohe Halfpipe mit korrektem Belag

⊙ **Freizeitstätte Brackel,** Brauksweg 15: 1 Funpipe

⊙ **Dietrich-Keunig-Haus,** Leopoldstraße 50–58: Funpipe und Halle. Hier können auch Inline-Skating-Kurse absolviert werden.

⊙ **Freizeitstätte West,** Neuer Graben 167: 1 Halfpipe

⊙ **Jugendfreizeitstätte Marten,** Wischlinger Weg 239

⊙ **Abenteuerspielplatz Scharnhorst,** Flughafenstr. 512: 1 Funpipe

⊙ **Abenteuerspielplatz Rahm,** Jungferntalstraße 47c: Betonlandschaft für Skater, BMX, Rollschuhe, Inline-Skating etc.

Inline-Hockey

⊙ **Parkplatz Möbel Mann:** Hier treffen sich Hockeyfans freitags nach Ladenschluss.

⊙ Im **Ruhr-Park in Bochum** treffen sich die Hockeyfans dienstags ab 19.30 Uhr.

⊙ **Sport Voswinkel,** Brandtschachtstraße 2, Telefon 02 31/ 65 68 48, zeigt sich sehr engagiert im Bereich Inline-Hockey (Vereinsgründung).

Skateboardbahnen

⊙ **Jugendfreizeitstätte Burgholzstraße** 150

⊙ **Jugendfreizeitstätte Eving,** Württembergerstraße 8

⊙ **Abenteuerspielplatz Scharnhorst,** Flughafenstraße 512

⊙ **Jugendfreizeitstätte Brackel,** Brauksweg 10

⊙ **Spielplatz Am Grimmelsiepen,** 44263 Dortmund-Hörde

⊙ **Gesamtschule Hörde,** Steinkühlerweg/Rathenaustraße

⊙ **Jugendfreizeitstätte Schüren,** Bergpathe 5

⊙ **Jugendfreizeitstätte Kath. St. Remigius Gemeinde,** Burgring 33, 44359 Dortmund-Mengede

⊙ **DKH, Dortmund 1,** Dietrich-Keuning-Haus, Leopoldstraße 50–58

Fitness-Skaten

⊙ Ideal zum Fitness-Skaten ist der Rundkurs (etwa 10 km) um den **Hengsteysee** in Dortmund-Syburg.

⊙ Viele Fitness-Skater zieht es am Wochenende nach **Bochum** an den **Kemnader Stausee**. Dort kann man fast einen Rundkurs (etwa 15 km) skaten. Nur fast, da die letzten 500 m der Strecke nicht asphaltiert sind. Die Wege für Radfahrer und Fußgänger sind hier getrennt. Parken kann man am Haus Kemnade. Am Kemnader Stausee kann man sich auch Inline-Skates ausleihen (Bootshalle/Zeche Gibraltar).

Skatehallen

⊙ 1. Kinder-Aktionshalle Deutschlands in **Holzwickede.** Eröffnet wurde das »freshFantasy« am 8. Dezember 1997. Öffnungszeiten: Mo.–Fr. 12.00–18.00 Uhr; an Feiertagen und Wochenenden ab 11.00 Uhr.
Eintritt: Tageskarte 5 DM.
Adresse: freshFantasy – Kinderhalle, Gewerbegebiet Wilhelmstraße 22, 59439 Holzwickede, Telefon 0 23 01/91 20 80

⊙ Ein **Trainingscenter** gibt es im **Dietrich-Keuning-Haus,** Leopoldstraße 50–58, 44147 Dortmund, Telefon 02 31/50-2 51 45 (nur im Sommer).

Kurse

⊙ **Deutscher Inline-Skate-Verband** – Referat Ausbildung, Bergstraße 20, 64342 Seeheim-Jugenheim, Telefon 0 62 57/96 22 36. Es werden Anfänger-, Fortgeschrittenen- und Seniorenkurse angeboten. Termine auf Anfrage.

⊙ **Dietrich-Keuning-Haus,** Leopoldstraße 50–58. Hier können auch Inline-Skating-Kurse absolviert werden.

⊙ **Sport Voswinkel** bietet Kurse für Anfänger und Fortgeschrittene an. Die Kurse dauern jeweils 1,5 bis 2 Stunden. Für beide Kurse werden jeweils 20 DM berechnet. Die Kurse finden freitags ab 17.50 Uhr oder samstags ab 13.50 Uhr statt. Skates und Protektoren werden zur Verfügung gestellt. Veranstaltungsort und Termine auf Anfrage. Man sollte sich rechtzeitig für die Kurse anmelden, da diese sehr gefragt sind. Anmeldung unter Telefon 02 31/65 68 48.

Veranstaltung

⊙ 14. 8. 1999: **German Inline-Cup Halbmarathon** (Speed/Straße). Infos: D.I.V., Telefon 0 62 57/96 22 36

Fachgeschäfte

⊙ **Kaufhof Mode & Sport,** Westenhellweg 68–84, 44137 Dortmund, Telefon 02 31/18 29 61 29. Hier werden Inline-Skates repariert.

⊙ **Sporthaus Gelhar,** Brückstraße 5, 44135 Dortmund, Telefon 02 31/52 80 39. Hier werden Skates repariert. Leih-Skates sind erhältlich. Pro Tag werden 10 DM inkl. Schützer berechnet.

⊙ **Sport Voswinkel,** Brandtschachtstraße 2, 44149 Dortmund, Telefon 02 31/65 68 48. Hier können Skates zur Reparatur abgegeben werden.

Übernachtungen

⊙ **Campingplatz** in 44265 Dortmund-Syburg, Syburger Dorfstraße 62 (Gaststätte Weitkamp), Telefon 02 31/77 43 74

⊙ **Hotelzimmervermittlung:** Königswall 20, 44137 Dortmund, Telefon 02 31/5 02 21 74, Telefax 16 25 93

Dresden

Die sächsische Landeshauptstadt Dresden ist die nördlichste Stadt Süddeutschlands und liegt in einem weiten Talkessel der oberen Elbe. Spätestens bis zur 800-Jahr-Feier der Stadt im Jahr 2006 soll Dresden städtebaulich wieder zu dem werden, was es vor dem Zweiten Weltkrieg war: eine Großstadt mit pulsierendem Zentrum.

Tipp

- Besuch der **Milchbar** in der Bautzner Straße 67 (schönster Milchladen der Welt)

Auskunft

- **Tourist-Information,** Prager Straße 10, 01069 Dresden, Telefon 03 51/49 19 20, Telefax 4 95 12 76
- **Tourist-Information,** Neustädter Markt (Fußgängertunnel), 01097 Dresden, Telefon 03 51/ 49 19 20, Telefax 4 95 12 76

Treffpunkte

- Fußgängertunnel am **Neustädter Markt** – beliebtester Treffpunkt der Inline-Skater
- **Brühlsche Terrassen** (nähe Fußgängerzone) – mindestens 40 Treppenstufen
- Fußgängertunnel unter dem **Pirnaischen Platz**
- **Fußgängerzone** (Prager Straße und Kulturpalast)
- **Lingnerallee**
- Großer Garten im **Volkspark**
- zwischen **Hygiene-Museum** und **St. Petersburger Straße**
- Ausstellungshallen am **Straßburger Platz**
- Nahe der Elbe, auf Höhe der **Carolabrücke,** ist eine gute Freifläche – ideal für Anfängerübungen.
- Bei schlechtem Wetter wird der überdachte Parkplatz an der **Breitscheidstraße** genutzt.

Ramps

- **Hugo-Brückner-Platz**: 1 Miniramp
- Skateanlage im **Industriegelände, Straße C:** Skatepark des Skateboardvereins Skate-Union Dresden – der Verein lässt aber auch Inline-Skater auf der Anlage trainieren.

Inline-Hockey

- An den Ausstellungshallen am **Straßburger Platz** wird regelmäßig Inline-Hockey gespielt. Oftmals donnerstags ab 16.00 Uhr.
- Parkplatz **Breitscheidstraße:** Hier wird ebenfalls Inline-Hockey gespielt; hier meist schon ab 14.00 Uhr.
- Am Wochenende wird gelegentlich auf dem Wertkauf-Parkplatz (Hauptstraße 3) **in Dresden/Heidenau** Inline Hockey gespielt.

Fitness-Skaten

- Der **»Große Garten«** ist mitten in Dresden – eine barocke Parkanlage mit asphaltierten, autofreien Straßen.
- **Elb-Radweg** von Dresden bis nach Rathen in die Sächsische Schweiz hin und zurück (über 75 km). Hinweis: Durch die parallel verlaufende S-Bahnstrecke sind Teilabschnitte individuell möglich. So z. B. von der Marienbrücke entlang des Elbufers bis zum Rosengarten oder auch von

der Carolabrücke bis zum Blauen Wunder, ebenfalls entlang der Elbe.

⊙ vom **Hauptbahnhof über die Prager Straße,** vorbei am Kulturpalast bis zum Albertplatz

Skatehallen

⊙ **U.S. Play Brunswick GmbH,** Peschelstraße 31, Telefon 03 51/ 8 51 16 66 (Verwaltungsadresse). Hallenstandort: Im Elbe Park Dresden Kaditz/Mickten, Lomatzscher Straße 98

⊙ **XXL-Factory,** Breitscheidstraße 40. Die Halle gibt es zwar noch, jedoch steht die Skateanlage nicht mehr zur Verfügung.

Vereine

Nach Auskunft des Beigeordneten für Kultur und Jugend der Stadt Dresden wurden zwischenzeitlich Sportvereine gegründet, die sich dieser Trendsportart widmen:

⊙ **Dresden-Skaters e. V.,** Herrn Reinhard Jurisch, Vorsitzender, Kurt-Fröhlich-Straße 3, 01219 Dresden, Telefon 03 51/4 76 51 21

⊙ **Skate-Union Dresden,** Herrn Lars Kluger, Josephinenstraße 4/315, 01067 Dresden, Telefon 03 51/4 90 03 51

Hinweis: *Der Verein organisiert Skatetouren auf dem Elb-Radweg. Diese finden im Zeitraum von März bis Oktober, jeweils am letzten Sonnabend im Monat, statt. Treffpunkt ist die Dampferanlegestelle Blasewitz in der Nähe des »Blauen Wunders«.*

Der Verein hat auch Erfahrung in der Durchführung von Fahrten auf dem Donau-Radweg von Passau bis nach Wien.

⊙ **Speed-Skating-Verein,** ESC Dresden e. V., Ansprechpartnerin: Silke Stein, Heinrich-von-Taube-Straße 8, 01728 Bannewitz, Telefon dienstl. 03 51/4 19 05 15

Kurse

⊙ **Dresden-Skaters e. V.,** Telefon 01 72/3 51 22 05. Der Verein führt auch Inline-Skate-Schulungskurse durch. Der stellvertretende Vereinsvorsitzende Mario Lange betreibt die 1. Dresdener Inline-Skate-Schule. Er und vier weitere Sportfreunde des Vereins, alles D.I.V.-Instruktoren, führen Basic-, Licence-Lehrgänge sowie Anfänger- und Fortgeschrittenenkurse durch, zudem noch Aggressive-Kurse. Preise und Termine auf Anfrage. Es gibt Rabattpreise für Mitglieder!

⊙ Anfänger-, Fortgeschrittenen-, Kunstlauf-, Slalom-, Street- und Stuntkurse werden vom **Fachgeschäft Wild East** angeboten. Die Kurse finden im Stadtpark/ Elbufer statt. Preise und Termine auf Anfrage – Telefon 03 51/ 2 59 18 05.

Veranstaltung

⊙ 28. 8.–29. 8. 1999: **Internationaler Wettkampf (Speed/Piste)** in 01558 Großenhein. Infos: D.I.V., Telefon 0 62 57/96 22 36

Fachgeschäfte

⊙ **Frenzel-Sport,** Schandauer Straße 82, 01277 Dresden, Telefon 03 51/3 10 47 07. Skates können hier zur Reparatur abgegeben werden.

⊙ **Skatershop Wild East,** Bodenbacherstraße 16c, 01277 Dresden, Telefon 03 51/2 59 18 05. In diesem Skatershop kann man sich Inline-Skates und Schutzausrüstungen gegen Gebühr ausleihen.

Übernachtungen

- **Jugendherberge,** »Rudi Arndt«, Hübnerstraße 11, 01069 Dresden, Telefon 03 51/4 71 06 67. ÜF: Junioren 22 DM, Senioren 27 DM
- **Jugendherberge** Oberloschwitz, Sierksstraße 33, 01326 Dresden, Telefon 03 51/2 68 36 72. ÜF: Junioren 24 DM, Senioren 27 DM
- **Jugendgästehaus** Dresden, Maternistraße 22, 01067 Dresden, Telefon 03 51/4 92 62-0. Junioren 33 DM/40 DM, Senioren 38 DM/45 DM

Düsseldorf

Die Landeshauptstadt Nordrhein-Westfalens ist heute ein Wirtschaftszentrum und Messestandort, eine Kulturmetropole und Universitätsstadt, eine Stadt internationalen Zuschnitts, aber besonders in der Altstadt auch noch provinziell-rheinisch geprägt.

Auskunft

- **Verkehrsverein,** Konrad-Adenauer-Platz, 40210 Düsseldorf, Telefon 02 11/17 20 20, Telefax 16 10 71

Treffpunkte

- in der **Altstadt:** Vorplatz des Carsch-Hauses, Heinrich-Heine-Allee und unterhalb des Schlossturmes
- am **Rheinturm,** am Eingang zum Landtag
- Am **Ende der Rheinuferpromenade** – hier befindet sich eine Treppe mit über 30 Stufen. Man trifft hier immer Skater an.
- das **Burghof Restaurant am Rheinufer**
- unter der **Kniebrücke am rechten Rheinufer**
- **Messeparkplatz beim Rheinstadion**
- vor der **Stadtbücherei am Hauptbahnhof**
- **Parkplatz der Philippshalle** beim S-Bahnhof Düsseldorf-Oberbilk
- **Ecke Kölner Straße/Werdenerstraße,** am U-Bahnhof Handelszentrum
- zwischen **Theodor-Heuss-Brücke,** Rotterdamer Straße
- bei schlechtem Wetter: alte **Flughafenparkhäuser am Rhein-Ruhr-Flughafen**
- in **Haan-Ost:** auf dem **Ostermann-Parkplatz**
- **Rating: Parkplätze** von NOVA (Rating-Zentrum) und Allkauf/Stinnes-Baumarkt (Rating-Breitscheid)

Hinweis: *Verbotsschilder für Inline-Skater befinden sich in der Station »Heinrich-Heine-Allee«, in der Kö-Galerie und den Schadowarkaden.*

Ramps

- Vor dem **Schauspielhaus** (Schadowstraße/Jan-Wellem-Platz) gibt es auf einem abgegrenzten Gelände einen kleinen Skater-Parcours mit Miniramp und Funboxes. Diese Anlage wurde von der Stadt für Skateboarder gebaut.

⊙ **Universitätsgelände** (hier befinden sich diverse Ramps)

Fitness-Skaten

⊙ Auf der kilometerlangen **Rheinpromenade** (komplett asphaltiert) – hier sind inzwischen mehr Skater als Fußgänger anzutreffen. Man kann z. B. über Golzheim nach Kaiserwerth skaten.

⊙ Empfehlenswert ist die Tour von **Oberkassel bis Neuss** entlang der Rheinwiesen.

Inline-Hockey

⊙ auf den **Messeparkplätzen** (beim Rheinstadion)

⊙ auf dem Gelände zwischen **Bonner Straße** und **Henkelstraße**

⊙ wird in den Schulhöfen von **Eller** und **Holthausen** geübt

⊙ Skater-Hockey-Vereine trainieren auf der Rollsportanlage des **TuS Nord** oder in der **Niederheid**.

Skater-Hockey-Vereine

⊙ **Bullskater-Düsseldorf 85 e. V.** (1. Düsseldorfer Skater-Hockey-Verein), Graudenzer Straße 9, 40599 Düsseldorf, Telefon 02 11/7 48 88 52

⊙ **Skaterhockey-Club Crash Eagles Kaarst e. V.,** Schwarzer Weg 4, 41564 Kaarst, Telefax 0 21 31/6 35 82

Skatehallen

⊙ **Alma Inline Action Park,** Hansaallee 189, 40549 Düsseldorf, Telefon 02 11/5 21 33 33. Öffnungszeiten: Sa. 12.00–19.00 Uhr und So. 12.00–19.00 Uhr

⊙ **Fun Fabrik,** Hitdorferstraße 10 c, 40764 Langenfeld, Telefon 0 21 73/91 96 36. Öffnungszeiten: in den Ferien 11.00–22.00 Uhr, ansonsten tägl. 14.00–22.00 Uhr

⊙ **Factory Freizeitwelt,** Wehnerstraße 1, 41068 Mönchengladbach, Telefon 0 21 61/83 70 83. Öffnungszeiten: in den Ferien 11.00–20.00/21.00 Uhr, ansonsten Mo.–Fr. 14.00–20.00 Uhr, Sa. und So. 11.00–20.00 Uhr

Kurse

⊙ **Skate & Parts** (Skate-Shop mit Schulungsangeboten und Skate-Verleih), Oberbilker Allee 57b, Telefon 02 11/34 03 71. Veranstaltet werden Kurse für Anfänger und Fortgeschrittene. Termine und Kursgebühren auf Anfrage. Skates und Protektoren können geliehen werden.

⊙ Inline-Skate-Kurse können auch in der **Skatehalle Alma Inline Action Park** absolviert werden. Der Einsteigerkurs umfasst zwei Unterrichtseinheiten, jeweils von 18.00–21.00 Uhr. Die Kursgebühr beträgt 70 DM pro Teilnehmer.

Veranstaltungen

⊙ **German Inline Cup in Düsseldorf** (Marathon/Straße). Infos und Termine 1999: Frau Schaupp, Telefon 0 62 57/96 22 36

⊙ **»Rund um die Kö« Inline-Cup,** Damen 4,4 km und Herren 9,9 km (Straße). Infos und Termine 1999: SG Radschl. Düsseldorf, M. Reichert, Telefon bis 16.00 Uhr: 02 11/8 99 79 02

Fachgeschäfte

⊙ **Skate Heaven's Gate,** Burgplatz 2–3, 40213 Düsseldorf, Telefon 02 11/3 23 00 11. Skates können zur Reparatur abgegeben werden. Leih-Skates und Protektoren sind erhältlich.

⊙ **Skate O-Mania,** Liesegangstraße 7, 40211 Düsseldorf, Telefon 02 11/35 89 19.
Hier werden Skates repariert. Skates können geliehen werden.

⊙ **Skate & Parts,** Oberbilker Allee 57 b, 40223 Düsseldorf, Telefon 02 11/34 03 71.
Skate-Verleih und Schulungskurse

Übernachtung

⊙ **Jugendherberge** und **Jugendgästehaus,** Düsseldorfer Straße 1 (Rheinufer, unmittelbar an der Rheinkniebrücke), 40545 Düsseldorf, Telefon 02 11/55 73 10.
ÜF: Junioren 33,30 DM/37 DM.
Pauschalprogramm **»Düsseldorf-Weekend«** buchbar.

Duisburg

Wo sich die Ruhr und das nordwestdeutsche Kanalnetz mit dem Rhein verbinden, liegt der Duisburger Hafen, der größte Binnenhafen der Welt. Die durch alle Hafenbecken und über den Rhein führende Hafenrundfahrt gehört zu den eindrucksvollsten Erlebnissen, die Duisburg vermitteln kann.
Die Königstraße, Duisburgs attraktive Haupteinkaufsstraße, erstreckt sich von der Mercatorstraße bis zum Sonnenwall, der an die historische Altstadt grenzt. Wegen ihrer sechs Brunnenskulpturen wird sie auch »Brunnenmeile« genannt.

Tipp

⊙ **Hafenrundfahrt** mit der »Weißen Flotte« – Anlegestellen: Steiger Schwanentor (Duisburg Stadtmitte), Steiger Schifferbörse (Duisburg-Ruhrort) und Steiger Rheingarten (Duisburg-Homberg). Fahrplanmäßige Rundfahrten finden täglich von April bis Oktober statt. Duisburger Hafenrundfahrtgesellschaft mbH, Postfach 100452, 47004 Duisburg, Telefon 02 03/6 04 45 45

Auskunft

⊙ **Stadtinformation,** Königstraße 53, 47051 Duisburg, Telefon 02 03/ 3 05 25-61, Telefax 3 05 25 62

Treffpunkte

⊙ **Königstraße** (»Brunnenmeile«)

⊙ **Hauptbahnhof** (Haupteingang und am Ostausgang)

⊙ Gelände der **Gerhard-Mercator-Universität**/(Lotharstraße)

⊙ auf dem Gelände des **Musical-Theaters »Les Misérables«** (Heerstraße/Plessingstraße)

⊙ **Innenhafen** – Promenade

Ramps

⊙ Duisburg-**City,** Königstraße, Brückenplatte: Dort befinden sich einige Geräte zum Skaten.

⊙ Duisburg-**Innenstadt/Dellviertel,** Schulhof Gesamtschule Mitte II, Gottfried-Könzgen-Straße: Funbox

⊙ Duisburg-**Rheinhausen,** Jugendzentrum »Haus der Jugend«, Friedrich-Alfred-Straße: Funbox und kleine Halfpipe

⊙ Duisburg-**Rheinhausen,** Spielplatz Neue Krefelder Straße: Skaterfläche

In Planung/Bau

⊙ Duisburg-**Rheinhausen,** Hochfelder Straße: Skaterfläche, Quarterpipe, Bank, Curb

⊙ Duisburg-**Süd/Serm,** Am Rübenkamp: Einrichtung einer Kinderspielstraße (für Skater)

Restriktionen: *Es ist dem Sportamt nicht bekannt, dass bisher Fahreinschränkungen für Skater durch Verbotsschilder ausgewiesen worden sind. Das Amt könnte sich jedoch vorstellen, dass dies in nächster Zukunft geschehen wird, da die Polizei in der Innenstadt bereits mehrfach die jugendlichen Skater von der so genannten »Brunnenmeile« weggeschickt hat.*

Fitness-Skaten

⊙ am **Innenhafen** – Promenade

Skatehallen

⊙ **Skater's Paradise** (Inline-Skating-Bahn), Konrad-Adenauer-Ring 17, ist inzwischen geschlossen. In den Schulferien oder am Wochenende lohnt sich der Besuch folgender Skatehallen:

⊙ **Skate Factory,** Max-Keith-Straße 25, 45136 Essen, Telefon 02 01/25 52 33. Öffnungszeiten: Mo.–Do. 14.00–21.00 Uhr, Fr. 14.00–22.00 Uhr, Sa.–So. 10.00–22.00 Uhr, Sa. 8.00–10.00 Uhr »only for girls«. Vormittags oder von 22.00–1.00 Uhr auch Gruppen/Schulklassen. Eintritt: 10 DM für den ganzen Tag

⊙ **Fun- & Action-Park,** Ketteler Straße 38, 47574 Goch, Telefon 0 28 23/1 84 44. Öffnungszeiten: Mo.–Fr. 14.00–22.00 Uhr, Sa. und So. 10.00–22.00 Uhr. Eintritt: Mo.–Fr. 6 DM, Sa. 9 DM und So. 10 DM. Montags ist Lady-Day. Skaterinnen zahlen dann nur 3 DM Eintritt.

Kurse

⊙ Die Sportgeschäfte **Weyands Hockey-Store** und **Freestyle Sportartikel** führen Inline-Skate-Kurse in Zusammenarbeit mit dem Stadtsportbund durch. Der Anfängerkompaktkurs umfasst 3 Unterrichtsstunden und kostet pro Teilnehmer 50 DM mit eigener Ausrüstung und 60 DM mit Leihausrüstung. Die Kurse finden immer samstags – je nach Wetterlage – im Freien statt.

Fachgeschäfte

Die jeweiligen Geschäftsinhaber sind aktive Inline-Skater bzw. Inline-Hockeyspieler:

⊙ **Freestyle Sportartikel** (Geschäftsinhaber: Herr Hildebrandt), Tonhallenstraße 11b, 47051 Duisburg, Telefon 02 03/28 86 02 oder 28 78 94

⊙ **Weyands Hockey-Store** (Geschäftsinhaber: Herr Weyand), Bergstraße 33, 47137 Duisburg, Telefon 02 03/44 21 40

Übernachtung

⊙ **Jugendherberge,** Kalkweg 148 E (im Sportpark Wedau), 47279 Duisburg, Telefon 02 03/72 41 64. ÜF: Junioren 22,50 DM/25 DM. Senioren 27,50 DM/30 DM

Eisenach

Die Wartburgstadt Eisenach liegt am Nordwestrand des Thüringer Waldes, unterhalb des Wartberges. Eisenach ist Geburtsstadt von Johann Sebastian Bach und ein beliebtes Ziel für Touristen.

Auskunft

⊙ **Eisenach-Information,** Markt 2, 99817 Eisenach, Telefon 0 36 91/67 02 60-2 63, Telefax 67 09 60

Treffpunkte

⊙ am **Karl-Alexander-Denkmal**

⊙ am **Markt bei der Pfarrkirche St. Georg**

Ramp

⊙ Eine Halfpipe befindet sich im **Sportgelände Katzenaue** bei der Werner-Assmann-Sporthalle nahe der Julius-Lippold-Straße.

Fitness-Skaten

⊙ Eine Möglichkeit, bei Klärung verkehrsrechtlicher Fragen, wäre die Nutzung des Radweges Hörseltalradweg (Thüringer Städtekette) Hörschel-Eisenach. Die zur Zeit vorliegende Variante der Stadt Eisenach zur Führung des **Radweges durch die Innenstadt** gestaltet sich wie folgt: Siebenbornstraße, Gaswerkstraße, Spickenstraße zum Westplatz. Dort erfolgt die Überquerung der Kasseler Straße und die Weiterführung bis zum »Brückchen über den Michelsbach«. Diese Brücke wird überquert, dann geht es weiter entlang der Hörsel und dem Sport- und Freizeitzentrum Katzenaue bis zur Unterquerung der Brücke Mühlhäuser Straße. Danach geht es weiter wie folgt: Tiefenbacher Allee, Grabental, Karolinenstraße über Hörsel- und Mühlgrabenbrücke bis »Am Wehr«. An dieser Stelle befindet sich ein auszubauender Feldweg entlang der Hörsel bis zur Holzbrücke »Am Köpping«. Nach Überquerung der Holzbrücke geht es weiter auf der Landgrafenstraße bis zur Kreuzung Gothaer Straße. Nachdem die Gothaer Straße überquert ist, folgt der Radweg z. Zt. einem asphaltierten Nebenweg entlang den Bahnschienen. Dann mündet der Weg auf die Bundesstraße 7, wo der Radweg diese ca. 200 m begleitet, um dann durch die Unterführung des Rothenhofer Weges nach Rothenhof zu führen.

Inline-Skating-Bahn

⊙ Die Stadt Eisenach besitzt eine Skatebahn in der Nähe des **Wartburgstadions** bei der Werner-Assmann-Sporthalle (nahe der Julius-Lippold-Straße).

Skatehalle

⊙ In der **Jahnsporthalle** in Eisenach besteht während der Schulferien die Möglichkeit, vormittags Inline-Skating zu betreiben. Man sollte sich mit der Sportstättenverwaltung, Telefon 0 36 91/79 85 25, Ansprechpartner Herr Illert, in Verbindung setzen.

Verein

⊙ **Speed-Skating-Verein:** SV Einheit Eisenach, Ansprechpartner: Dieter Arnold, Geschäftsstelle:

Goethestraße 1, 99817 Eisenach, Telefon dienstl. 0369/1-203091. Im Verein SV Einheit Eisenach wird die einzige Abteilung Skaten betreut.

Veranstaltung

⊙ 4. 9. 1999: **Landesmeisterschaften Thüringen** (Speed/Piste). Infos: D.I.V., Telefon 0 62 57/ 96 22 36

Fachgeschäfte

⊙ **Sportwelt Eisenach,** Querstraße 14, 99817 Eisenach, Telefon 0 36 91/74 28 10. Skates werden hier, abhängig von der Herstellerfirma, repariert. Inline-Skates können hier jedoch nicht geliehen werden.

⊙ **Kaufhaus Schwager,** Johannisstraße 13/Sport Georgenstraße 6–8, 99817 Eisenach, Telefon 0 36 91/23 84-50. Hier können Skates zur Reparatur abgegeben werden. Leih-Skates sind nicht erhältlich.

Übernachtungen

⊙ **Jugendherberge** »Arthur Becker«, Mariental 24, 99817 Eisenach, Telefon 0 36 91/ 20 36 13. ÜF: Junioren 23 DM, Senioren 27 DM. Öffnungszeiten: 7.00–23.00 Uhr

⊙ **Jugendherberge,** Bornstraße 7, 99817 Eisenach, Telefon 0 36 91/ 73 20 12. ÜF: Junioren 20 DM, Senioren 24 DM. Öffnungszeiten: 7.00–22.00 Uhr

Emden

Emden, an der Emsmündung gelegen, ist ein beliebtes Erholungsgebiet mit See-Schwimmbad und verfügt über einen der bedeutendsten Automobilverladehäfen der Welt. Des Weiteren spielt der Seebäderverkehr nach Borkum eine wichtige Rolle.

Tipps

⊙ **Hafenrundfahrt** ab Delfttreppe von März bis Ende Oktober: Mo.–So. 10.00, 11.00, 13.00, 14.00, 15.00 und 16.00 Uhr

⊙ **Fahrt mit dem Katamaran** »Nordlicht« nach Helgoland

⊙ **Diskothek »Madison«** (In- und Szene-Disco), Neuer Markt 20, 26721 Emden, Telefon 0 49 21/2 22 55

Auskunft

⊙ **Verkehrsverein,** Pavillon am Stadtgarten, 26703 Emden, Telefon 0 49 21/9 74 00, Telefax 9 74 09

Treffpunkte

⊙ **Nordseehalle**

⊙ **Freibahn des Rollsportclubs**

Ramps

⊙ In der **Nordseehalle** befinden sich 2 Miniramps.

⊙ **Skateanlage des RSC** mit kleiner Ramp und Halfpipe (12 m breit und 3,10 m hoch); die Anlage des RSC am Ende der Pillauer Straße ist montags bis freitags jeweils von 15.00–20.00 Uhr geöffnet, jedoch nur für Vereinsmitglieder. Nur samstags ist die Halfpipe für die Öffentlichkeit zugänglich. Leider wurde das Gelände von Jugendlichen auch außerhalb der Öffnungszeiten betreten. Die Jugendlichen klettern über den dortigen Zaun, um auf der Halfpipe üben zu können. Der Verein warnt davor, denn wenn die Jugendlichen keine Mitglieder im Verein sind, gibt es ein versicherungsrechtliches Problem. Außerdem begehen die Jugendlichen mit der illegalen Nutzung der Anlage Hausfriedensbruch. Mancher Jugendliche überlegt deshalb schon, dem Verein beizutreten, um die Anlage erlaubterweise benutzen zu können.

Inline-Hockey

⊙ **Rollschuhbahn** (Freibahn) 40 × 20 m bei der **Jugendherberge**

Fitness-Skaten

⊙ Langlaufstrecken für Skater finden sich um das **Uphuser Meer** sowie am **Seedeich** (Katastrophenstraße)

Eissporthalle

⊙ Die **Nordseehalle** (Sielweg) ist eine Mehrzweckhalle. Hier laufen die Inline-Skater des RSC Emden 2 × wöchentlich ab 16.00 Uhr (ca. 60–70 Aktive).

Skatehalle

⊙ Seit dem 18. Oktober 1997 hat der Ort **Aurich** im Finkenburgweg 9 seinen eigenen Indoor-Skaterpark: Inline Center Aurich (ICA). Dieser wurde in einer ehemaligen Fabrikhalle einer Stahlbaufirma untergebracht. Die Halle umfasst insgesamt 3000 qm. Zum Skaten stehen insgesamt 2400 qm zur direkten Verfügung. Die kommerziell von der Inline Center Aurich GmbH und Co. KG betriebene und mit einem Investitionsvolumen von 1,8 Millionen Mark aufgebaute Skatehalle ist vorrangig für Inline-Skater entwickelt worden. Aber auch Skateboarder, Snakeboarder und BMX-Fahrer dürfen hier trainieren. Technische Ausstattung: Halfpipe (3,50 m hoch, 6 m breit und 14 m lang), Miniramp, Quarterpipes, Funbox zum Jumpen, Sprungschanzen und Geräte zum Grinden. Serviceleistungen: Bistro, Skater-Shop, Metallspinde, Tischfußball, E-Dartspiel, Bänke und Tische. Täglich skaten hier bis zu 200 Jugendliche. In der Halle können auch Inline-Skate- Kurse absolviert werden. Der Anfängerkurs umfasst 2 Unterrichtsstunden und kostet pro Teilnehmer 29 DM. Die Ausrüstung kann geliehen werden (Inline-Skates 5 DM, Protektorenset 2,50 DM). Inzwischen steht auch ein Hockeyfeld zur Verfügung. Öffnungszeiten: Mo.–Fr. von 14.00–22.00 Uhr; Sa. und So. ab 10.00 Uhr. Eintritt: Kinder bis 15 Jahre: 4 DM, ab 16 Jahren: 6 DM. Samstags ist hier übrigens Disco angesagt.

Verein

⊙ **Rollsport-Club Emden e. V.,** Stuttgarter Straße 3, 26721 Emden

Informationen zum Verein

- *Der Rollsport-Club Emden umfasst Rollkunstlauf, Rollhockey und Inliner.*
- *Bei Stadtfesten etc. tritt der Verein in Aktion, z. B. mit Darbietungen in der Nordseehalle. Der Verein veranstaltet aber auch Straßenläufe mit unterschiedlichen Entfernungen oder einen Rundkurs um die dortigen Gewässer.*

E

- *Dienstags und donnerstags erfolgt das Training in der Nordseehalle, im Sommer auf der Rollschuh-Freibahn. Eine kleine Rampe (Eigenbau) steht zur Verfügung.*
- *Inline-Hockey kann hier trainiert werden.*
- *Seit Ende Juli 1997 besitzt der Rollsport-Club seine eigene Halfpipe: 12 m breit und 3,10 m hoch. Die Anlage muss einen Tag pro Woche der Öffentlichkeit zur Verfügung gestellt werden.*

Kurse

⊙ **Sport Frank** veranstaltet Einsteigerkurse. Die Kurse beginnen meist um 14.00 Uhr und dauern – je nach Begabung der Teilnehmer – bis 18.00 Uhr. Die Kursgebühr beträgt 30 DM. Dieser Betrag wird dem Rollsport-Club Emden e. V. zur Finanzierung seiner Halfpipe zugeführt.

Fachgeschäfte

⊙ **Sport Frank,** Emsstraße 11, 26721 Emden, Telefon 0 49 21/ 2 98 98. Skates können zur Reparatur abgegeben werden. Leih-Skates sind erhältlich. Pro Tag werden 20 DM und fürs Wochenende 30 DM berechnet. Die Gebühr wird beim Kauf von Skates im Geschäft verrechnet.

⊙ **Sporthaus am Stadtgarten,** Neuer Markt 6, 26721 Emden, Telefon 0 49 21/3 25 00. Hier werden Skates repariert. Leih-Skates sind vorhanden. Pro Tag werden 15 DM inkl. Schützer berechnet.

Übernachtung

⊙ **Jugendherberge,** An der Kesselschleuse 5, 26725 Emden, Telefon 0 49 21/2 37 97. ÜF: Junioren 20 DM, Senioren 25 DM. Zur Stadtmitte: ca. 15 Min. zu Fuß

Erfurt

Erfurt

Erfurt ist die Landeshauptstadt Thüringens und liegt in einem weiten Talbogen des Flusses Gera, im Süden des Thüringer Beckens. Erfurt ist eine der ältesten Städte Deutschlands.

Auskunft

⊙ **Tourist-Information,** Fischmarkt 27, 99084 Erfurt, Telefon 03 61/5 62 62 67, Telefax 5 62 33 55

⊙ **Fremdenverkehrsamt,** Krämerbrücke 3, 99084 Erfurt, Telefon 03 61/5 62 34 36, Telefax 5 62 11 16

Treffpunkte

⊙ Nach Auskunft des Sportamtes Erfurt gibt es in der Stadt zahlreiche Stellen, an denen sich Inline-Skater treffen. Dies sind vor allem **Parkflächen vor Einkaufszentren im Stadtgebiet** bzw. Plätze mit Stufen etc. Eine Konzentration dabei ist, abgesehen von den Stunt-Fahrern an den Ramps (siehe unter Ramps), nur an wenigen Stellen zu finden. Eine dieser Stellen befindet sich mitten im Zentrum der Stadt, nämlich **vor dem Gebäude der Commerzbank** (Juri-Gagarin-Ring

86). Dort sind um 90° versetzte Treppenstufen vorhanden.

Ramps

Verschiedene Ämter der Stadtverwaltung Erfurt (Sportamt, Jugendamt und Garten- und Friedhofsamt) haben eine Reihe von Maßnahmen zur Förderung der »neuen« Sportart Inline-Skating eingeleitet. Zu nennen sind Anschaffung und Aufstellung mehrerer Ramps und Pipes.
Diese Skateanlagen sind an den nachfolgenden Standorten zu finden:

⊙ **Nordpark Erfurt vor dem Nordbad:** 1 Quarterpipe, 1 Miniramp, 1 Spine Ramp

⊙ **Warschauer Straße/Gera-Aue:** 1 Halfpipe, 1 Miniramp

⊙ **Spielplatz Kranichfelder Straße unterhalb des Wiesenhügels:** 1 Miniramp,

⊙ **Jugendhaus Roter Berg:** 1 Miniramp

⊙ **Spielplatz Johannesplatz/Ammertalweg:** 1 Curb, 1 Miniramp

⊙ Eine Spine Ramp ist z. Zt. noch nicht aufgestellt, befindet sich jedoch im Lager des Erfurter Sportamtes.

⊙ Eine Ramp befindet sich außerdem im Fachgeschäft **ORANGE JUNGLE** (Pergamentergasse 21).

Inline-Hockey

⊙ Zwei Inline-Hockey-Mannschaften trainieren regelmäßig im Sommer auf der abgetauten **Eissportanlage in der Arnstädter Straße 53.**

Fitness-Skaten

⊙ Fitness-Skater nutzen seit geraumer Zeit die Bitumenwege der Erfurter **Gartenbauausstellung »ega«.** Da es sich um ein geschlossenes Ausstellungsgelände handelt, werden die Skater zwar geduldet, eine regelrechte Öffnung der Anlage für Inline-Skater ist jedoch, abgesehen von der im Gelände befindlichen Bitumenlauffläche an der Nordseite der Anlage, nicht relevant.

Eissporthalle

⊙ In Erfurt wurde unlängst eine neue **400-m-Eisschnelllaufbahn** errichtet, wobei bereits während der Planung der Bauausführung darauf geachtet wurde, dass die Betonoberfläche des Kühlringes so ausgeführt wird, dass keine Absätze o. ä. vorhanden sind, um auch eine Sommernutzung gewährleisten zu können. Nach dem Abtauen der Eisbahn kann diese Fläche durch Inline-Skater, Rollschuh- und Skateboardfahrer genutzt werden.

⊙ Innerhalb des Eisschnelllauf-Ovals befindet sich eine 30 × 60 m große **Eishockey-Freifläche,** die nach dem Abtauen ebenfalls von Inline-Skatern genutzt werden kann.

Die Eisschnelllaufbahn und das Eishockeyfeld sind Bestandteile des Eissportzentrums Erfurt und befinden sich im Sportzentrum Erfurt Süd. Anschrift: Eissportzentrum Erfurt, Arnstädter Straße 53, 99096 Erfurt, Telefon 03 61/34 43 46 95

Vereine

In der Stadt Erfurt gibt es zwei Sportvereine, auf deren Sportanlagen befestigte Bitumenflächen vorhanden sind. Zur Zeit werden diese noch nicht von Jugendlichen zum

Inline-Skaten oder Skateboardfahren genutzt. Von beiden Sportvereinen wurde jedoch zugesagt, dem Inline-Skating positiv gegenüberzustehen. Bei Interesse kann man sich mit diesen Vereinen in Verbindung setzen. Bei den Vereinen handelt es sich um

⊙ **SC Medizin Erfurt e.V.** Vorsitzender Herr Wolfram Dietz, Vereinsanschrift: Im Klinikum Erfurt, Postfach 595, 99012 Erfurt

⊙ **ESV Lokomotive Erfurt e. V.** Vorsitzender Herr Dieter Brohn, Vereinsanschrift: Am Güterbahnhof 2, 99085 Erfurt

Kurse

⊙ Eine Mitarbeiterin von **ORANGE JUNGLE**, Pergamentergasse 21, erteilt Inline-Skate-Kurse. Termine werden individuell vereinbart. Kursgebühr auf Anfrage, Telefon 03 61/2 60 12 38

Fachgeschäfte

⊙ **Hoffmeyer Sport und Freizeit,** Johannesstraße 144, 99084 Erfurt, Telefon 03 61/6 42 11 12. Skates werden hier repariert, vorausgesetzt die erforderlichen Ersatzteile sind im Geschäft vorhanden.

⊙ **ORANGE JUNGLE,** Pergamentergasse 21, 99084 Erfurt, Telefon 03 61/2 60 12 38. Im Geschäft befindet sich eine Rampe zum Üben. Skates können hier zur Reparatur abgegeben werden. Leih-Skates sind erhältlich. Fürs Wochenende werden 40 DM inkl. Schützer berechnet.

Übernachtung

⊙ **Jugendherberge,** Hochheimerstraße 12, 99094 Erfurt, Telefon 03 61/5 62 67 05. ÜF: Junioren 24 DM, Senioren 28 DM. Öffnungszeiten: 7.00–22.00 Uhr

Erlangen

Erlangen ist Universitätsstadt und besitzt die zweitgrößte Hochschule Bayerns.

Die Erlanger Innenstadt weist fast nur rechtwinklig zueinander verlaufende Straßen auf, an denen gleichförmige Häuser stehen. Sie ist eine fast bis in die letzte Einzelheit geplante Stadt, eine der wenigen, noch erhalten gebliebenen barocken Planstädte Deutschlands. Ein Rundgang macht dies deutlich.

Auskunft

⊙ **Tourist-Information,** Rathausplatz 1, 91052 Erlangen, Telefon 0 91 31/8 95 10, Telefax 89 51 51

Treffpunkte

⊙ **Fußgängerzone** (Hauptstraße und Nürnberger Straße)

⊙ auf dem **Universitätsgelände**

⊙ **Skateboardanlage** (Michael-Vogel-Straße/Unter der Hochbrücke)

Ramps

⊙ Es gibt eine Skateboardanlage nahe dem **Jugendclub Omega e.V.,** Michael-Vogel-Straße 1 g, Telefon 0 91 31/20 93 47. Diese Skateboardanlage wird von Inline-Skatern immer mehr frequentiert. Dies wird sich in absehbarer Zeit nicht ändern, da die Gruppe der Inliner massiv zunimmt, die der Skateboarder jedoch stagniert oder sogar abnimmt.

Vorhaben

⊙ Auf dem Parkplatz für städtische Mitarbeiter, zwischen dem Jugendclub Omega und der jetzigen Skateboardanlage, ist eine ständige Anlage für Inliner geplant. Für die Standortwahl spricht, dass hier bereits eine geteerte Fläche vorhanden ist und dazu noch überdacht. Sponsoren aus dem Fachhandel haben bereits ihr Interesse bekundet.

Inline-Hockey

⊙ An Feiertagen und am Wochenende wird Streethockey auf dem **Mitarbeiterparkplatz, zwischen dem Jugendclub Omega und der Skateboardanlage** gespielt.

Fitness-Skaten

⊙ Erlangen ist eine radelnde Metropole. Das Radwegenetz ist hier vorbildlich ausgebaut und bietet überall gute Möglichkeiten, das Fitness-Skaten zu praktizieren.

Kurse

⊙ **Checkpoint Charly** bietet Einsteigerkurse an. Die Kursdauer beträgt 2 Stunden. Pro Teilnehmer werden 30 DM berechnet. Termine nach Absprache. Auch bei schlechtem Wetter finden die Kurse statt. Trainiert wird dann im Sportstudio City Fitness.

Fachgeschäft

⊙ **Checkpoint Charly** Inlineskate & Snowboard, Wasserturmstraße 8, 91054 Erlangen, Telefon 0 91 31/20 46 26. Hier können Inline-Skates zur Reparatur abgegeben werden. Leih-Skates sind erhältlich.
Es werden von Fr.-Mo. 45 DM, von Sa.-Mo. 30 DM und für 24 Std. 30 DM berechnet.

Übernachtung

⊙ **Jugendherberge,** Südl. Stadtmauerstraße 35, 91054 Erlangen, Telefon 0 91 31/86 21 19.
ÜF: Junioren 18 DM

Essen

Der Besucher vermutet hier Spuren der Bergbauindustrie, aber die letzte Zeche hat längst geschlossen. An allen Ecken, vor allem in den ehemals kohleschwarzen Stadtteilen des Nordens, entstehen Freizeit- und Erholungsparks.

Auskunft

⊙ **Tourist-Information** im Hauptbahnhof, Südseite, 45127 Essen, Telefon 02 01/1 94 33, Telefax 8 87 20 44

Treffpunkte

⊙ am **Rathaus** in der **Innenstadt** (Porscheplatz)

⊙ am **Europahaus** (Kennedyplatz)

⊙ auf dem **Messegelände**

⊙ auf dem **Universitätsgelände**

⊙ **Jugendzentrum** (Papestraße)

⊙ im **Haus der Jugend** (Hammacherstraße 33)
⊙ **Interspar-Parkplatz in Essen-Borbeck** – superglatter Asphalt
⊙ Am Wochenende trifft man sich am **Baldeneysee,** meist an der Treppe bei der Schleuse.

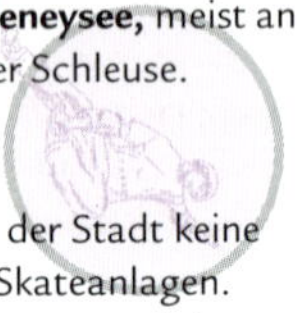

Ramps

⊙ Es gibt in der Stadt keine öffentlichen Skateanlagen.
⊙ Wer auf Ramps trainieren möchte, kann dies in der kleinen Skateboardhalle **»lead sled boarding«** (Ruhrtalstraße 333) tun oder in der Skatehalle **»Skate Factory«** (Max-Keith-Straße 25).
⊙ Diverse Ramps befinden sich im Sommerhalbjahr in der **Eissporthalle Essen e.V.** (Curtiusstraße 2).

Inline-Hockey

⊙ In Essen gibt es noch keinen Inline-Hockey-Verein. Auf den Schulhöfen treffen sich derzeit die jugendlichen Streethockey-Spieler.
⊙ Ein Inline-Hockeyfeld steht den Skatern im Sommerhalbjahr in der **Eissporthalle Essen e.V.** (Curtiusstraße 2) zur Verfügung.

Fitness-Skaten

⊙ Um den **Baldeneysee.** Eine Runde um den See ist etwa 15 km lang. Vor der Tribüne am See kann man prima Slalom fahren, da hier einige Skater Punkte auf die Fahrbahn aufgesprüht haben. Wer keine Inline-Skates besitzt, kann sich am See welche leihen. Fahrrad- und Inline-Verleih: Hardenberg-ufer, Baldeneysee, Telefon 02 01/46 62 38. Das Fachgeschäft T-NUTS fun sport organisiert den Verleih. Für Skates inkl. Schützer werden pro Stunde 6 DM, bis 5 Stunden 15 DM und für 24 Stunden 20 DM berechnet.
⊙ auf den **Radwegen parallel zum Rhein-Herne-Kanal** oder **entlang der Ruhr**

Rollschuhbahn

⊙ Rollschuhbahn im **Grugapark/Ortsteil Rüttenscheid,** Eingang Rollschuhbahn, Külshammerweg 32

Skatehallen

⊙ **Skate Factory,** Max-Keith-Straße 25, Telefon 02 01/25 52 33. Die Skatehalle liegt 5 Minuten vom Hauptbahnhof Essen entfernt und ist zu erreichen mit der Straßenbahn Linie 104, 105, 115, 160, 161 – Haltestelle Töpferstraße. Öffnungszeiten: Mo.–Do. 14.00–21.00 Uhr, Fr. 14.00–22.00 Uhr, Sa.–So. 10.00–22.00 Uhr, Sa. 8.00–10.00 Uhr »only for girls«. Vormittags oder von 22.00–1.00 Uhr auch Schulklassen und sonstige Gruppen.
⊙ Kleine Skateboardhalle **»lead sled boarding«,** Ruhrtalstraße 333, Telefon 0 20 54/8 48 51. Öffnungszeiten: Mo.–Fr. 12.00–20.00 Uhr, Sa. 10.00–16.00 Uhr. Die Nutzung der Halle ist kostenlos.
⊙ Rollschuhbahn, Gräwenkolkstraße 85, 45770 Marl, Telefon 0 23 65/8 36 94. Öffnungszeiten: Mi., Do. 15.00–20.00 Uhr, Fr., Sa. 15.00–24.00 Uhr und So. 15.00–22.00 Uhr

Eissporthalle

⊙ Im Sommerhalbjahr ist die **Eissporthalle Essen e.V.,** Curtiusstraße 2, für Skater geöffnet. Öffnungszeiten: Mo.–Fr. 13.00–21.00 Uhr, Sa., So. 11.00–21.00 Uhr

Kurse

⊙ **Inline-Skate-Schule Essen,** Simonstraße 58, Telefon 02 01/ 70 50 42. Leitung: Eric Beyer. Das Kursangebot reicht vom Einsteigerkurs bis zum Fortgeschrittenenkurs. Es finden auch D.I.V.-Basic-Licence-Kurse statt. Die Kurse werden meist am Wochenende erteilt. Kursgebühren: Anfängerkurse 40 DM, Basic-Licence-Kurse 45 DM, Fortgeschrittenenkurse 100 DM (zweitägig inkl. Video-Fehlerkorrektur)

⊙ Inline-Skate-Kurse können im Sommer in der **Eissporthalle Essen e. V.** (Curtiusstraße 2) absolviert werden. Buchbar unter Telefon 02 01/8 76 48 82. Skates und Protektoren können geliehen werden.

Fachgeschäfte

⊙ **Heavens Gate,** Kapstadtplatz 21, 45127 Essen, Telefon 02 01/2 40 84 46. Skates können zur Reparatur abgegeben werden. Kein Skate-Verleih.

⊙ **Lead sled boarding,** Ruhrtalstraße 333, 45219 Essen, Telefon 0 20 54/8 48 51

Übernachtungen

⊙ **Jugendherberge,** Pastoratsberg 2, 45239 Essen, Telefon 02 01/49 11 63.
ÜF: Junioren 22,50 DM/25 DM, Senioren 27,50 DM/30 DM

⊙ **Emil-Frick-Heim** (für Gruppen ab 10 Personen), Baldeney 42, 45276 Essen, Telefon 02 01/ 44 24 02

Eutin

Eutin ist heilklimatischer Kurort im Herzen der Holsteinischen Schweiz. Fünf Seen zeugen vom schweizerischen Charakter der Holsteinischen Schweiz. Des Weiteren ist Eutin auch bekannt als Rosenstadt und Geburtsort von Carl Maria von Weber.
Eutin ist nicht nur ein beliebter Ferienort, sondern auch der kulturelle Mittelpunkt der Holsteinischen Schweiz. Jedes Jahr im Sommer finden die bekannten Sommerspiele »Oper im Schlosspark« statt.

Tipps

⊙ **Eutiner Seerundfahrt**

⊙ **Besuch der Stadtwindmühle** (beinhaltet ein Kneipenrestaurant mit Biergarten)

Auskunft

⊙ **Tourist-Information,** Haus des Kurgastes, 23701 Eutin, Telefon 0 45 21/7 09 70, Telefax 70 97 20

Treffpunkte

⊙ **Parkhaus Kreisverwaltung**

⊙ Platz vor der **Schwimmhalle**

Hinweis: *Nach Auskunft der Stadtverwaltung gibt es bei beiden Treffpunkten große Probleme mit Skatern und Passanten.*

Ramp

⊙ 1 kleine Halfpipe befindet sich an der Grund- und Hauptschule am **Kleinen Eutiner See.** Weitere Anlagen gibt es nicht.

__Hinweis:__ Der Nachbarort Malente bemüht sich, ein Gelände für Skater herzurichten.

Inline-Hockey

⊙ Sonntags wird Streethockey auf dem **Parkplatz der LMK Einkaufswelt** (Peterstraße 18–22) gespielt.

Fitness-Skaten

⊙ In Richtung der **Ortsteile Neudorf** und **Fissau/Sielbeck** sind gut ausgebaute Fahrradwege vorhanden, die sich auch zum Inline-Skaten eignen.

Kurse

⊙ Bei Axel Sommer vom **Inlinecenter Ostseetherme** in 23683 Scharbeutz können Anfängerkurse im Bereich Fitness-Skaten gebucht werden. Die Kursdauer beträgt etwa 2 Stunden. Skates und Protektoren können geliehen werden. Kursgebühr und Termine auf Anfrage – Telefon 0 45 03/3 12 44.

Fachgeschäfte

⊙ **Sport Mielke,** Peterstraße 13, 23701 Eutin, Telefon 0 45 21/ 7 80 25. Hier können Skates zur Reparatur abgegeben werden.

⊙ **Inlinecenter Surf & Fashion,** Ostseetherme, 23683 Scharbeutz, Telefon 0 45 03/3 12 44. Skates werden hier gewartet und repariert. Leih-Skates und Protektoren sind erhältlich. Pro Tag werden 30 DM für die komplette Ausrüstung berechnet.

Übernachtung

⊙ **Jugendherberge,** Jahnhöhe 6, 23701 Eutin,
Telefon 0 45 21/ 21 09.
ÜF: Junioren 20 DM,
Senioren 25 DM.
Geöffnet bis 23.00 Uhr

Feuchtwangen

Feuchtwangen ist eine sehenswerte fränkische Festspielstadt und anerkannter Erholungsort an der Romantischen Straße.
Durch die zentrale Lage der Stadt bieten sich zahlreiche Ausflugsziele wie Rothenburg o. d. T., Dinkelsbühl, Ansbach, Nördlingen oder das Altmühltal an.

Auskunft

⊙ **Verkehrsbüro,** Marktplatz 1, 91555 Feuchtwangen, Telefon 0 98 52/9 04 44, Telefax 90 42 60

Treffpunkte

⊙ **Freibadparkplatz** Feuchtwangen (Zum Schleifweiher) – Grinden und Jumpen ist hier angesagt.
⊙ Auf den großen, asphaltierten Parkplätzen mehrerer Einkaufsmärkte entlang der **Dinkelsbühler Straße.** Diese sind zum Teil mit Treppen und Betonabgrenzungsrabatten versehen. Die Skater treffen sich hier zum Jumpen.
⊙ am **Jugendhaus** (Jahnstraße 4)

Ramps

⊙ Parkplatz des **städtischen Freibades,** Zum Schleifweiher: 1 Funbox, 1 Rail, 1 Ramp, 1 Table
⊙ **Sittlingen** bei 91550 Dinkelsbühl: 1 Halfpipe

Inline-Hockey

⊙ Inline-Hockey wird am Wochenende auf den Parkplätzen mehrerer Einkaufsmärkte entlang der **Dinkelsbühler Straße** gespielt.

Fitness-Skaten

⊙ Asphaltierte Wege des **»Sulzachparks«,** die quasi einen Rundkurs entlang des Heimatflüsschens Sulzach ergeben und eine Länge von ca. 3–3,5 km umfassen.
⊙ Eine weitere Möglichkeit bietet das meist asphaltierte **Radwegenetz rund um Feuchtwangen.** Dieses verbindet auch die Nachbarorte mit Feuchtwangen.

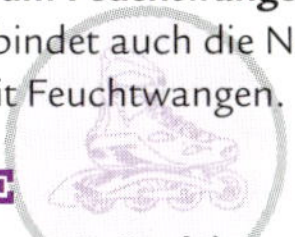

Kurse

⊙ **Sporthaus Bräunlein** erteilt Einsteigerkurse. Diese finden immer samstags von 17.00–18.00 Uhr in 91626 Schopfloch (rechts der Bundesstraße) statt. Die Kursgebühr beträgt 10 DM. Hat man seine Skates bei Bräunlein gekauft, so ist die Teilnahme an dem Einsteigerkurs gratis. Je nach Zusammensetzung der Kursgruppe kann die Schulung auch für fortgeschrittene Skater interessant sein.

Fachgeschäft

⊙ **Sporthaus Bräunlein,** Marktplatz 13, 91555 Feuchtwangen, Telefon 0 98 52/23 58. Hier können Skates zur Reparatur abgegeben werden. Leih-Skates sind erhältlich. Pro Tag werden 15 DM, für zwei Tage 20 DM und für drei Tage 24 DM – jeweils inkl. Schützer – berechnet.

Übernachtung

⊙ **Jugendherberge** Feuchtwangen, Dr.-Hans-Güthlein-Weg 1, 91555 Feuchtwangen, Telefon 0 98 52/6 70 99-0.
ÜF: Junioren 20 DM.

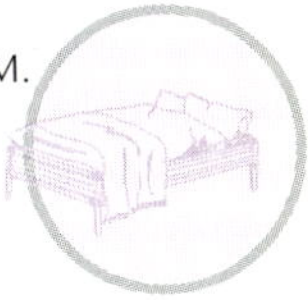

Flensburg

Die über 700 Jahre alte Handels- und Hafenstadt Flensburg ist regionales Oberzentrum und liegt im inneren Winkel der Flensburger Förde. Sehenswert ist die sanierte historische Altstadt mit dem Nordertor, dem Wahrzeichen der Stadt. Das Glockenspiel der Nikolaikirche ist das klingende Wahrzeichen der Stadt.

Tipps

⊙ **Fördefahrten** – Abfahrten: Schiffsbrücke Flensburg. Tägl. außer montags von Mai bis Oktober. Este Reederei GmbH, Ahornweg 3, 21614 Buxtehude, Telefon 04 61/18 23 64

⊙ **Internationale Flensburger Rum-Regatta:** Jedes Jahr im Mai treffen sich über 100 historische Segelschiffe zum großen Hafenfest.

Auskunft

⊙ **Tourist-Information,** Speicherlinie 40, 24937 Flensburg, Telefon 04 61/2 30 90, Telefax 1 73 52

Treffpunkte

⊙ **Stadtteil Weiche:** An der dortigen Halfpipe sind immer Jugendliche anzutreffen.

⊙ auf dem **Festplatz Hafenspitze**

⊙ **Hafenpromenade**

⊙ in der **Altstadt** zwischen »Rote Straße« und »Nordertor«

⊙ am **Rathausplatz**

⊙ Skateanlage im **Stadtteil Engelsby**

Ramps

⊙ In **Flensburg-Weiche,** Alter Husumer Weg, befindet sich eine große Skateanlage u. a. mit einer Halfpipe. Diese soll die größte Halfpipe in Norddeutschland sein, die bislang von einer Stadtverwaltung aufgestellt wurde. Die Halfpipe wird vom Verein Jugendtreff Weiche e. V., Jägerweg 2, Telefon 04 61/9 36 36 betreut. Kostenpunkt 3 DM pro Tag. Die Skateanlage ist für Könner ideal. Anfänger sollten eher die kleinere Skateanlage im Stadtteil Engelsby aufsuchen. In der Nähe der Halfpipe befindet sich das Freibad.

⊙ Im **Stadtteil Engelsby,** in der Brahmsstraße, befindet sich eine kleine Skateanlage. Diese ist mit kleinen Rampen und drei Skate-Elementen zum Grinden ausgestattet.

Inline-Hockey

⊙ Inline-Hockey wird montags im **Sportland** (Raiffeisenstraße 13) gespielt. Es können auch Anfänger mitspielen, Infos unter Telefon 04 61/6 54 54.

Fitness-Skaten

⊙ auf den teilweise befestigten Radwegen um die **Flensburger Förde**

Eissporthalle

⊙ 1998 wurde die **Eissporthalle beim Hotel des Nordens,** Alte Zollstraße, 24955 Harrislee, eröffnet. Sie steht zukünftig im Sommerhalbjahr den Skatern zur Verfügung. Im Winter wird diese zur Eisbahn. Infos unter Telefon 04 61/7 02-0.

Kurse

⊙ **Sportland,** Raiffeisenstraße 13, Telefon 04 61/5 10 47. Das Unternehmen Sportland veranstaltet die Kurse nicht selbst, sondern vermittelt diese bei der Inline-Skate-Schule, die sich im selben Gebäude befindet. Diese bieten Anfänger- und Fortgeschrittenenkurse an. Die Kursdauer beträgt jeweils 3 × 1,5 Stunden. Als Kursgebühr werden 75 DM pro Kurs berechnet. Sollte man eine Leihausrüstung benötigen, so erhöht sich der Betrag auf 85 DM. Infos sind unter Telefon 04 61/6 54 54 oder Telefon 01 71/4 64 60 06 erhältlich.

Veranstaltung

⊙ **Nordfriesland auf Inline-Skates:** Wattenblick-Tour und zwei Insel-Touren, Info: Hans-Dieter Gesewsky, 25917 Leck, Telefon 0 46 62/7 74 06. Die Skatetouren finden bei ausreichender Teilnehmerzahl (7 bis 8 Personen) jederzeit statt.

Fachgeschäfte

⊙ **Sport Möller,** Rote Straße 2, 24937 Flensburg, Telefon 04 61/2 58 67. Skates können zur Reparatur abgegeben werden. Leih-Skates sind aber nicht erhältlich.

⊙ **Surf Collection,** Engelsbyer Straße 65, 24943 Flensburg, Telefon 04 61/6 44 66. Hier werden Skates repariert. Leih-Skates sind erhältlich. Für diese werden 15 DM pro Tag berechnet.

Übernachtung

⊙ **Jugendherberge,** Fichtestraße 16, 24943 Flensburg, Telefon 04 61/3 77 42

Frankfurt am Main

Frankfurt am Main ist eine der wichtigsten Schaltstationen für Handel, Verkehr und Tourismus in Mitteleuropa: das internationale Banken-, Kongress- und Messezentrum mit dem größten Flughafen Kontinentaleuropas.
Bei allem Drang der Stadt nach Größe und Bedeutung, die sich in den zahlreichen Hochhäusern der Banken zeigt, im Volksmund »Mainhattan« genannt, ist der Hang zum Kleinbürgerlichen und Gemütlichen geblieben. Dies ist vor allem im Apfelweinviertel Sachsenhausen anzutreffen.

Tipps

⊙ **Palmengarten,** 1871 eröffneter Park im englischen Stil, mit Palmenhaus und anderen Pflanzenschauhäusern. Öffnungszeiten: tägl. 9.00–20.00 Uhr

⊙ **Frankfurter Zoo,** am östlichen Ende der Zeil, 1858 gegründet, bekannt durch seinen ehemaligen Leiter Bernhard Grzimek.
Der Zoo besitzt wohl den artenreichsten Tierbestand aller deutschen Zoos. Öffnungszeiten: tägl. 8.00–18.00 Uhr

Auskunft

⊙ **Verkehrsamt im Hauptbahnhof** (Nordseite), 60329 Frankfurt, Telefon 0 69/21 23 88 49, Telefax 21 24 05 12

⊙ **Verkehrsamt im Römer,** 60311 Frankfurt, Telefon 0 69/2 12-3 87 08/9

Treffpunkte

- Der beliebteste Treffpunkt ist an der **Hauptwache im Stadtzentrum** (U-Bahn Hauptwache). Hier sind immer zahlreiche Inline-Skater anzutreffen. An der Hauptwache findet man eine riesige Steinplattenfläche (etwa 350–400 qm) und Treppen und Geländer.
- Der **Platz an der alten Oper,** nur zwei Minuten von der Hauptwache entfernt, wird gerne von den Skatern genutzt.
- Auch das **Gelände rund um die Frankfurter Börse** (U-Bahn Eschenheimer Tor) wird bevorzugt zum Skaten aufgesucht. Ideal sind hier die zahlreichen Steinkanten und der glatte Belag.
- Das **Universitätsgelände** bietet mehrere Plätze mit unterschiedlichem Bodenbelag (U-Bahn Bockenheimer Warte).
- Beliebter Treffpunkt: das **Mainufer auf der Sachsenhauser Seite.**
- Neuerdings trifft man sich in der Sandwichbar **»Zwischendurch«** (Dreieichstraße 34).

Ramps

- **Preungesheim,** Gießener Straße, an der Endhaltestelle der U 5: 1 Halfpipe
- im **Nordwestzentrum** (U-Bahn Nordweststadt): Rampe, Halfpipe, Treppen und Rails
- auf dem **Abenteuerspielplatz Riederwald** (U-Bahn Johanna-Tesch-Platz): 1 Halfpipe
- in **Nieder-Erlenbach,** Straße Alt-Erlenbach: Ramps, Halfpipe
- in **Sindlingen,** vor der Sportanlage, am Sindlinger Kreisel: 1 Halfpipe
- In 61184 **Karben** gibt es einen kleinen Outdoor-Skatepark. Dieser ist im »Niddafreizeitpark« (Robert-Bosch-Straße) zu finden. Der Skatepark ist mit einer Miniramp mit Spine und zusätzlichen Street-Obstacles ausgestattet. Es handelt sich hier um eine städtische Anlage.

Funboxen

- im **Günthersburgpark,** nördlicher Ausgang
- **Kalbach,** Fasanenweg
- **Bonames,** zwischen Holunderweg und Berkersheimer Weg
- **Nied, Park- und Kerbeplatz,** An der Wörthspitze
- **Innenstadt,** Eschenheimer Anlage
- **Ostend,** Luxenburg-Allee
- **Stadtpark Höchst,** Am Stadtpark

Inline-Hockey

- Wird in der **Eissporthalle** (Mörfelder Landstraße 362) trainiert.

Fitness-Skaten

- Am Wochenende im **Stadtteil Niederrad;** Gehwege und Straßen sind dort fast entvölkert.
- Am **südlichen Mainufer;** hier sind häufig Skater anzutreffen. Die Strecke ist asphaltiert. Befahrbar sind dort etwa 3 km.
- von der **Hauptwache** über die alte Oper und Westend zurück
- von der **Hauptwache** zum Eschenheimer Tor – zur Bergerstraße und zurück

Eissporthalle

- Die **Kunsteisbahn** (Mörfelder Landstraße 362) wird im Sommer für Skater zur Verfügung gestellt und entsprechend umfunktioniert. Mi., Fr. und Sa. wird die Anlage zur Inline-Disco. Skates können geliehen werden.

Skatehallen

⊙ **K2-Skaterworld,** im Nordwest-Zentrum (direkt neben der Titus-therme), Telefon 0 69/9 41 41 11. Öffnungszeiten: Fr. 15.00–22.00 Uhr, Sa. 10.00–22.00 Uhr und So. 10.00–20.00 Uhr

⊙ Am Wochenende lohnt sich die Anreise zur Skatehalle **»Colosseum«,** Elzerstraße 2–4, 65549 Limburg an der Lahn. Öffnungszeiten: während der Schulferien tägl. 11.00–22.00 Uhr; ansonsten Mo.–Fr. 13.00–21.00 Uhr und Sa.–So. 12.00–21.00 Uhr

⊙ **Skate & Roller,** Am Festplatz 4, 63674 Altenstadt-Lindenheim. Diese Skatehalle ist zwischenzeitlich geschlossen. Bereits 1998 wurde von den ehemaligen Hallenbetreibern eine kleine Halfpipe im Freigelände der ehemaligen Skatehalle aufgestellt.

Kurse

⊙ Kurse für Einsteiger und Fortgeschrittene werden vom **Sportpalast im Kaufhof** (Hauptwache) angeboten. Der Einsteigerkurs umfasst 2 bis 5 Stunden, abhängig von der Lernfähigkeit der Teilnehmer. Es werden, unabhängig von der Kursdauer, 30 DM pro Person berechnet.
Die Kursgebühr für den Fortgeschrittenenkurs beträgt ebenfalls 30 DM. Skates und Protektoren müssen mitgebracht werden. Termine auf Anfrage. Telefon 0 69/2 19 14 79.

⊙ Anfänger- und Fortgeschrittenenkurse werden in Frankfurt von der **Sportjugend Hessen** veranstaltet. Informationen sind erhältlich bei der Sportjugend Hessen (Geschäftsstelle Frankfurt), Otto-Fleck-Schneise 4, Telefon 0 69/67 89-2 47.

⊙ Workshops für Inline-Skater bietet der **Sportverein FTG Frankfurt,** Marburger Straße 28, Telefon 0 69/9 70 80 30, an. Die Kurse kosten etwa 20–30 DM pro Person.

⊙ **Juliane Figge und Partner** (erfahrene Skatelehrer) bieten Einzel- und Gruppenunterricht an. Termine nach Vereinbarung. Info: Jule, Telefon 0 69/77 64 85.

⊙ Inline-Skate-Kurse können auch in der Skatehalle **K2-Skaterworld** absolviert werden. Der Einsteigerkurs umfasst 3 Std. und kostet 45 DM inkl. der Gebühr für die Leihausrüstung. Infos unter Telefon 0 69/9 41 41 11.

Veranstaltung

⊙ Voraussichtlich findet 1999 die **Skate-Parade** auf dem Rebstockgelände statt. Termine liegen noch nicht vor, können jedoch unter 0 69/2 12-34 64 41 erfragt werden.

Fachgeschäfte

⊙ **Montimare,** Berger Straße 28, 60316 Frankfurt, Telefon 0 69/44 70 66. Hier werden Skates repariert. Leih-Skates sind erhältlich. Diese kosten pro Kalendertag 15 DM inkl. Schützer und Helm.

⊙ **Sportpalast im Kaufhof,** Hauptwache, 60313 Frankfurt, Telefon 0 69/2 19 14 79. Skates können zur Reparatur abgegeben werden. Keine Leih-Skates.

Übernachtung

⊙ **Jugendherberge** und Jugendgästehaus, Deutschherrnufer 12, 60594 Frankfurt/Main, Telefon 0 69/61 90 58. ÜF: Junioren 24 DM, Senioren 29,50 DM, Jugendgästehaus: 35 DM

FREIBURG im Breisgau

Freiburg im Breisgau liegt an den Hängen des Schwarzwaldes und ist eingebettet in die Oberrheinische Tiefebene.
Erholung finden die Freiburger in der herrlichen Schwarzwaldlandschaft. Im Winter nutzen sie die Skiabfahrten auf dem Feldberg und Schauinsland, und im Sommer ist der Schluchsee beliebtes Ausflugsziel.

Auskunft

- **Freiburg-Information,** Rotteckring 14, 79098 Freiburg, Telefon 07 61/3 88 18 80, Telefax 3 70 03

Treffpunkte

- Am **Karlsplatz** sind Treppen vorhanden. Beliebter Treffpunkt für Skater ist **hinter dem Hertie-Kaufhaus.**
- Am **Hauptbahnhof** trifft man sich beim Omnibusbahnhof, an der Kultur- und Tagesstätte (KST). Hier gibt es Steinkanten.
- am **Tierhygienischen Institut**
- auf dem **Universitätsgelände**
- bei Regen – Unterführung am **Siegesdenkmal**
- In der **Nähe des Seeparks,** am Bischofskreuz, treffen sich Stunt-Skater.
- Rollschuhbahn am **Mösle-Stadion** (Waldseestraße 75)
- Abends wird auf den **Parkplätzen im Gewerbegebiet Haid** (St. Georgen) geübt.
- Im **Dietenbach-Sportpark** (nahe des Dietenbachsees in Betzenhausen) steht den Inline-Skatern eine große Übungsfläche zur Verfügung.

***Hinweis:** Die Innenstadt eignet sich wegen des Kopfsteinpflasters weniger zum Skaten. Man muss hier höllisch aufpassen, dass man nicht stürzt.*

Ramps

- Im **Mösle-Stadion/Möslepark in Littenweiler** gibt es eine Halfpipe und eine Ramp.
- Im **Dietenbach-Sportpark** steht eine 2,40 Meter hohe Betonpipe und diverse Ramps.
- Hinter dem **Sportplatz in Kirchzarten** steht eine Ramp.
- In **Waldkirch** befindet sich hinter dem Bahnhof eine Miniramp.
- Eine Halfpipe befindet sich am **Tierhygienischen Institut** (Am Moosweiher 2).

Inline-Hockey

- Wer Inline-Hockey spielen möchte, trifft seinesgleichen eher in den **angrenzenden Ortschaften,** die über gut angelegte Radwege zu erreichen sind.

Inline-Hockey-Verein:

- **Freiburg Kangaroos e. V.,** Kirchbergstraße 16, 7911 Freiburg. Infos unter Telefon 07 61/80 85 01

Fitness-Skaten

- entlang der Dreisam auf **Radwegen zum Sternwald** bis nach Günterstal
- die **Wintererstraße** bis zum Panorama-Hotel bergauf, über Eichhalde bis Sonnenhalde, dann bergab ins Dorfzentrum Herdern (schöner Ausblick auf die Stadt)
- Speed-Skater mit guter Kondition finden von **Kappel nach Kirchzarten** einen langgezogenen, gut asphaltierten Radweg.

Rollschuhbahnen

⊙ Rollschuhbahn am **Mösle-Stadion** in Littenweiler, Waldseestraße 75, Telefon 07 61/7 38 89. Öffnungszeiten: tägl. 16.00–24.00 Uhr; Eingang: FFC-Sportplatz

⊙ Im **Dietenbach-Sportpark** (in Betzenhausen, am Dietenbachsee) befindet sich eine weitere Rollschuhbahn.

Eissporthalle

⊙ **Eissporthalle Freiburg,** Ensisheimer Straße 1, Telefon 07 61/80 71 40, ist im Sommerhalbjahr für Inline-Skater geöffnet. Zu erreichen mit der Straßenbahnlinie 4, Haltestelle Rennweg.

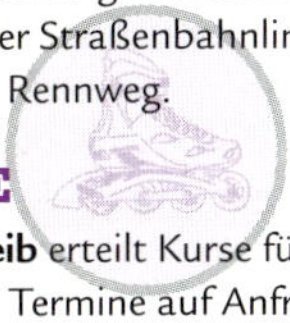

Kurse

⊙ **Alex Seib** erteilt Kurse für Anfänger – Termine auf Anfrage. Telefon 07 61/89 40 21

Verein

⊙ **EHC Freiburg e.V.,** Ensisheimer Straße 1, 79110 Freiburg, Telefon 07 61/89 10 92.
Im Sommerhalbjahr wird mit Inline-Skates in der Eissporthalle trainiert. Der Verein organisierte im Juli 1998 zusammen mit der BAUER Sports GmbH, Frauenhoferstraße 22, 82152 Martinsried, das BAUER Inline Hockey Festival in Freiburg. Rund um die Amateur- und Profi-Turnier-Events wurde für Spieler und Zuschauer jede Menge geboten, z. B. kostenloser Skate-Verleih, Inline-Fahrtechnik-Schulung, Hockeytrainingsstationen für Kinder und Erwachsene sowie NHL Schlag-Schluss-Wettbewerb.
Das Europa-Finale fand am 5./6. September 1998 in London statt.

Veranstaltung

⊙ **German Inline Cup** in Freiburg: Extreme Marathon (Straße)- und 24-h-Rennen, Multisportveranstaltung, Trendtriathlon mit Inline-Skating und Inline-Hockey-Turnier. Infos und Termine für 1999: D.I.V., Frau Schaupp, Telefon 0 62 57/96 22 36

Fachgeschäft

⊙ **Sporthaus Bohny,** Kaiser-Joseph-Straße, 79098 Freiburg, Telefon 07 61/3 11 09. Hier werden Inline-Skates repariert. Leih-Skates sind erhältlich. Pro Tag werden 30 DM inkl. Schützer berechnet.

Übernachtung

⊙ **Jugendherberge** und **Jugendgästehaus,** Kartäuserstraße 151, 79104 Freiburg/Brsg., Telefon 07 61/6 76 56. ÜF: Junioren 22 DM, Senioren 27 DM. Jugendgästehaus: auf Anfrage. Wichtig: Einzelgästen wird die vorherige Anmeldung empfohlen.

Friedrichshafen

Friedrichshafen wird wegen seiner Lage am Bodensee und dem Ausblick auf das Schweizer Ufer mit seinen mächtigen Bergen dahinter zu den attraktivsten Städten Deutschlands gezählt.

Auskunft

⊙ **Tourist-Information,** Bahnhofsplatz 2, 88045 Friedrichshafen, Telefon 0 75 41/30 01-0 und 1 94 12, Telefax 7 25 88

Treffpunkte

⊙ **Jugendzentrum »Molke«** (Meistershofener Straße 11)
⊙ **Uferpromenade**
⊙ **Stadtbahnhof**
⊙ am **Graf-Zeppelin-Museum**
⊙ **Adenauer-Platz**
⊙ **Pestalozzi-Schule** (Allmandstraße)
⊙ **Karl-Maybach-Gymnasium** (Maybachstraße)

Ramps

⊙ Bei der **Kitzenwiese,** die etwa 2 km vom Bahnhof in Richtung Flughafen entfernt ist, befinden sich unter der dortigen Brücke: Miniquarter (1,3 m), Spin (1,5 m), Curb (40 cm × 2 m) und noch eine Jumpramp (50 cm). Dort vorhanden ist außerdem ein Streetballplatz, dessen Belag zum Skaten geeignet ist.
⊙ Bei der **Molke** (Messe) steht eine Miniramp.
⊙ In **»Toms Skateladen«** in Lindau an der B 31 gibt es eine Indoor-Miniramp. Im Außengelände befinden sich Jumpramps.
⊙ Am Wochenende lohnt sich die Fahrt nach **Überlingen**. Hier befinden sich in der Nähe des Krankenhauses, etwa 200 m Richtung B 31, eine Alu-Miniramp, eine Funbox mit Rail und mehrere Curbs (30–50 cm hoch).

Inline-Hockey

⊙ Wird freitags ab 20.00 Uhr in der **Alten Feuerwehrhalle,** Scheffelstraße, gespielt. Uwe Severin von der Inline-Skate-Schule Friedrichshafen ist aktiver Mitspieler.

Fitness-Skaten

⊙ auf der **Friedrichshafener Uferpromenade** (reicht von der Rotachmündung bis zur Schlosskirche und ist die längste am Bodensee)
⊙ Auf dem **Bodenseeradweg** über Wasserburg (19 km) nach Nonnenhorn bis nach Lindau; diese Route ist jedoch nicht für ungeübte Fitness-Skater geeignet. Man sollte sich Teilstrecken, je nach Kondition, auswählen.

Kurse

⊙ Der Dipl.-Sportlehrer **Thomas Schieber,** Telefon 07 51/6 73 38, bietet Inline-Skate-Kurse (je 4 Std., Inhalt: Technik, Sicherheitstraining) zu verschiedenen Terminen an. Diese Inline-Skating-Veranstaltung ist auch für Anfänger geeignet. Trainiert werden kann aber auch in der Halfpipe. Auch Fitness-Skaten am Bodensee kann hier gebucht werden. Die Ausrüstung kann gegen Gebühr geliehen werden. Diese Kurse können auch bei der Tourist-Information Friedrichshafen, Telefon 0 75 41/30 01-0 und 1 94 12, gebucht werden.

⊙ **Inline-Skate-Schule** Uwe Severin, Paulinenstraße 36, Telefon 0 75 41/2 57 02. Es werden Anfänger- und Fortgeschrittenenkurse angeboten. Die Kurse finden samstags und sonntags statt und umfassen jeweils 3 Stunden. Die Kursgebühr beträgt jeweils 35 DM inkl. Schützer. Der Anfängerkurs enthält 45 Minuten Materialkundeunterricht. Das Training findet auf dem Parkplatz der Bodenseeschule in Fischbach statt.

Fachgeschäfte

⊙ **Trends & Co. Sport,** Paulinenstraße 94, 88046 Friedrichshafen, Telefon 0 75 41/7 50 51. Hier werden Inline-Skates repariert.

⊙ **Trimm Trapp,** Friedrichstraße 36, 88045 Friedrichshafen, Telefon 0 75 41/2 18 13. Skates können zur Reparatur abgegeben werden. Leih-Skates sind im Geschäft erhältlich. Pro Tag werden 15 DM inkl. Schützer berechnet.

Übernachtung

⊙ **Graf-Zeppelin-Jugendherberge,** Lindauer Straße 3, 88046 Friedrichshafen, Telefon 0 75 41/7 24 04. ÜF: Junioren 22,50 DM, Senioren 27,50 DM

Fulda

Die Barockstadt Fulda liegt zwischen Rhön und Vogelsberg. Mittelalterliche Häuschen, winklige Gässchen, der Hexenturm und Reste der Stadtmauer machen den Reiz der Altstadt aus.

Auskunft

⊙ **Städtisches Verkehrsbüro,** Schlossstraße 1, 36037 Fulda, Telefon 06 61/10 23 45 und 46, Telefax 10 27 75

Treffpunkte

⊙ **Bahnhofsplatz:** Steinfliesen, keine Treppen

⊙ **Freifläche am Behördenhaus,** Königstraße: glatte Flächen

⊙ **Gehwege des Landesgartenschaugeländes,** Johannisstraße

⊙ **Platz der »Weißen Rose«** – vor der Geschwister-Scholl-Schule, Goerdelerstraße

Ramps

⊙ Halfpipe-Anlage, **Ochsenwiese,** Fulda

⊙ Miniramps im **Schlossgarten**

⊙ Pipe am **Jugendtreff Esperantosstraße**

⊙ Ramps auf dem **Schulhof der Adolf-von-Dalberg-Schule**

Rollschuhbahnen

⊙ Eine Rollschuhbahn befindet sich im **Schlossgarten.**

⊙ Eine weitere Rollschuhbahn befindet sich in der Straße **An den Höfen.**

Inline-Hockey

⊙ Das engagierte Verkaufsteam bei **Sport-Mack** informiert über eine laufende Inline-Hockey-Vereinsgründung.

Kurse

⊙ **Fit & Fun,** Bellinger Straße 12, veranstaltet Anfängerkurse. Teilnehmen können auch Nichtmitglieder. Die Kurse finden immer donnerstags ab 10.30 Uhr statt. Kursgebühr auf Anfrage. Infos unter Telefon 06 61/9 41 14-11

⊙ Die **Volkshochschule** der Stadt, Schlossstraße 1, hat Inline-Skate-Kurse veranstaltet. Bei entsprechender Nachfrage werden die Kurse wieder ins Programm aufgenommen.

Fachgeschäfte

⊙ **Sporthaus Marquardt,** Heinrichstraße 11, 36037 Fulda, Telefon 06 61/7 50 84. Hier werden Inline-Skates repariert.

⊙ **Sport Mack,** Florengasse 3, 36037 Fulda, Telefon 06 61/ 7 70 14. Skates können zur Reparatur abgegeben werden. Leih-Skates sind erhältlich. Diese kosten 15 DM pro Tag (ohne Schützer). Protektoren können nicht geliehen werden.

Übernachtung

⊙ **Jugendherberge,** Schirrmannstraße 31, 36041 Fulda (Stadtteil Neuenberg, beim Sportstadion »Am Pröbel«),
Telefon 06 61/7 33 89.
ÜF: Junioren 23,50 DM,
Senioren 28,50 DM

Gera

Die ostthüringische Stadt Gera ist die zweitgrößte Stadt Thüringens und liegt in einer reizvollen Hügellandschaft entlang des Ufers der Weißen Elster.
Die Bürger der Stadt schätzen besonders die traditionelle Flanier- und Einkaufsmeile »Sorge« sowie die nordwestlich vom Stadtkern gelegenen Orangerie.

Tipp

⊙ Vom 57 m hohen **Rathausturm** hat man einen herrlichen Blick über die Stadt.

Auskunft

⊙ **Gera-Information,**
E.-Toller-Straße 14, 07545 Gera,
Telefon 03 65/61 93 01,
Telefax 61 93 04

Treffpunkte

⊙ im **Wohngebiet Lusan** und **Bieblach-Ost**
⊙ Rollschnelllaufbahn am **Stadion der Freundschaft**
⊙ Rollhockeybahn am **Stadion der Freundschaft**
⊙ Skateanlage am **Stadion der Freundschaft** (nahe der Schwimmsporthalle)
⊙ Skateanlage in der **Werner-Petzold-Straße 56, Stadtteil Lusan**

Hinweis: *Verbotsschilder für Skater gibt es in der Stadt nur in Geschäften (z. B. Kaufland) und in Parkhäusern.*

Ramps

⊙ Skateanlage in der Werner-Petzold-Straße 56, **Stadtteil Lusan**
⊙ Outdooranlage, **Küchengartenallee.** Hier zu finden: Quarterpipe (klein), Grindblock, Slidebalken, Pyramide, Große Bank, Funboxen, Funpipe, Quarterpipe (groß), Quarterpipe (klein) Rampe, Streetballkörbe, Steile Bank

Rollschnell-laufbahn

⊙ Rollschnelllaufbahn im **Sportforum Gera,** neben dem Skatepark

Inline-Hockey

⊙ Im **Sportforum Gera** befindet sich neben dem Skatepark ein Rollhockeystadion (siehe auch Rollsportclub Gera e. V.).

Fitness-Skaten

⊙ Wanderwege am **Elsterdamm** Richtung Bad Köstritz und Wünschendorf
⊙ Radweg **Langenberg** – Bad Köstritz
⊙ auf der **Rollschnelllaufbahn**

Vereine

⊙ **Great Gera Skates e. V.**
(Skatepark), Küchengartenallee 29, 07548 Gera,
Telefon 03 65/ 8 31 00 55,
(ab 12.00 Uhr)

Informationen zum Verein:

- *Am Stadion der Freundschaft (Küchengartenallee) befindet sich in unmittelbarer Nähe zum Rollhockeystadion das Sportgelände des Geraer Skateparks.*
- *Great Gera Skates e. V. ist Hauptnutzer dieser Sportanlage, die von den Abteilungen Skateboard und BMX für Training und Wettkämpfe genutzt wird.*

- *Die Outdooranlage steht den Vereinsmitgliedern von Mo.–So. von 12.00–20.00 Uhr – unter sozialer Betreuung – zur Verfügung. Aber auch Nichtmitglieder können hier trainieren. Jeder hat Zutritt. Die meisten Skater sind im Alter von 12 bis 25 Jahren.*
- *Im Skatepark wird eine Eintrittsgebühr von 1 DM pro Tag erhoben. Mit diesen Einnahmen finanziert der Verein die anfallenden Reparaturen an den Rampen.*
- *Das Skaten auf dieser Anlage ist jedoch wetterabhängig, da es keine Überdachung der Rampen gibt. Für die Wintermonate hofft man, die Halle der Electonicon GmbH (Wiesestraße 151) benutzen zu können.*

⊙ **Rollschnelllaufverein »Blau-Weiß« Gera e. V.** (Rollschnelllaufanlage), Küchengartenallee 29, 07548 Gera, Telefon 03 65/ 8 32 14 09

Informationen zum Verein:

- *Der Verein ist zahlenmäßig der größte Rollschnelllaufverein Deutschlands. Seine Mitglieder nehmen bereits erfolgreich an Junioren-EM und EM + WM der Aktiven teil (seit 1991).*
- *In Gera, Am Sommerbad, befindet sich eine Rollschnelllaufbahn (Länge 246 m). Diese wird für Veranstaltungen im Rollschnelllauf (Speedskating) genutzt.*

⊙ **Rollsportclub Gera e. V.** (Rollhockeystadion), Torsten Scholz, Birkenstraße 58, 07549 Gera, Telefon dienstl. 03 65/4 37 02 27

Informationen zum Verein:

- *In direkter Nähe am Stadion (Küchengartenallee) befindet sich eine Rollhockeyanlage mit den international vorgeschriebenen Abmessungen und Kennzeichnungen der Spielfläche.*
- *Die Anlage wird vom RSC Gera für den Trainings- und Spielbetrieb genutzt; der RSC spielt in der 2. Bundesliga.*
- *Auf der Anlage werden alle Bundesliga-Heimspiele des RSC ausgetragen und Nachwuchsturniere veranstaltet. Höhepunkt ist das alljährlich Ende August durchgeführte internationale Rollhockeyturnier um den »Gera-Cup«.*
- *Es ist durchaus möglich, sogar begrüßenswert, wenn die Rollhockeyanlage auch außerhalb der Trainings- und Spielzeiten des RSC Gera von Skate-Hockeyspielern genutzt werden würde. Aber auch im Nachwuchsbetrieb wäre – bei Interesse – ein gemeinsamer Trainings- und Freizeitbetrieb möglich.*

Kurse

⊙ Der **Rollschnelllaufverein »Blau-Weiß« Gera e. V.,** Küchengartenallee 29, veranstaltet u. a. auch Inline-Skate-Kurse auf der Vereinsanlage. Termine nach Absprache – Telefon 03 65/ 8 32 14 09.

Veranstaltung

⊙ 20. 11. 1999: **Internationaler Hallenwettkampf** (Speed/Indoor). Ansprechpartner: Uwe Berg, Telefon 03 65/7 11 22 66

Reparatur

⊙ **Diethard Schraps,** Haeckelstraße 17, 07548 Gera, Telefon 03 65/7 10 08 66, führt Reparaturen an Skates durch.

Fachgeschäft

⊙ **Intersport Gießübel,** Breitscheidstraße 3, 07545 Gera,

Telefon 03 65/8 33 23-0. Hier können Skates zur Reparatur abgegeben werden. Leih-Skates sind vorhanden. Diese kosten pro Tag 10 DM inkl. Schützer.

Übernachtungen

⊙ Preisgünstig sind **Privatzimmer.** Auskunft erteilt die Gera-Information.

⊙ **Jugendherberge** Weida, An der Aumatalsperre 1, 07570 Weida, Telefon 03 66 03/6 25 61

Giessen

Die Stadt Gießen, das Zentrum Mittelhessens, liegt inmitten einer reizvollen Landschaft an der Lahn.

Tipp

⊙ **Bootsverleih** an der Lahn: Sport Touring Bootsvermietung, Diebweg 19, 35396 Gießen, Telefon 06 41/5 53 11

Auskunft

⊙ **Touristikinformation,** Berliner Platz 2, 35390 Gießen, Telefon 06 41/1 94 33, Telefax 7 69 57

Treffpunkte

⊙ In dem vom Außenring umschlossenen **Innenstadtbereich** – allerdings ist die Pflasterung für ungeübte Skater gefährlich; beliebt ist der Kirchenplatz und der Kugelbrunnen am Kreuzplatz.

⊙ **Liebig-Museum** (Liebigstraße) – Treppen

⊙ Sonntags treffen sich Skate-Einsteiger zum Üben auf dem **Messeplatz** und auf dem **Wertkauf-Parkplatz** in der Gottlieb-Daimler-Straße.

⊙ am **Bahnhof**

⊙ Beliebter Treffpunkt ist die Halfpipe in der **Ringallee.**

Ramp

⊙ Eine große Halfpipe gibt es in der **Ringallee,** am Schwanenteich.

Inline-Hockey

⊙ Einen Hockeyplatz gibt es in der **Ringallee,** am Schwanenteich.

⊙ Wird auch auf dem **Messeplatz** gespielt.

Fitness-Skaten

⊙ Am **Schwanenteich** (Ringallee) kann man einen tollen Rundkurs skaten. Man skatet vom Schwanenteich in Richtung Schrebergarten, biegt rechts ab und kommt auf einen Weg Richtung Segelflugplatz (idealer Belag).

Skatepark und Skatehalle

⊙ Das **Sporthaus Kaps** unterhält in der Wetzlarer Straße 1 a, 35606 **Solms-Oberbiel,** einen kleinen Outdoor-Skatepark mit Miniramp, Halfpipe und Street-Obstacles.

⊙ In den Ferien fahren die Skater der Stadt Gießen auch gerne nach **Limburg an der Lahn** ins **»Colosseum«** (Elzerstraße 2–4). Die Skatehalle ist während der Schulferien von 11.00–22.00 Uhr, ansonsten Mo.–Fr. 13.00–21.00 Uhr und Sa.–So. 12.00–21.00 Uhr geöffnet.

Kurse

⊙ Bei der **Surfschule Diegelmann** können auch Inline-Skate-Kurse belegt werden. Der Einsteigerkurs kostet 45 DM und beinhaltet zwei Unterrichtseinheiten. Müssen Skates und Protektoren geliehen werden, so beträgt die Teilnahmegebühr 65 DM. Die Kurse finden meist samstags ab 14.00 Uhr am Heuchelheimer See statt. Infos unter Telefon 06 41/2 36 36

⊙ Die Firma **Hot Sport** veranstaltet bei schönem Wetter Abendtouren auf Inline-Skates in die Umgebung der Stadt. Termine: Jeden Di. und Do., Treffpunkt bei Hot Sport in der Frankfurter Straße. Infos unter Telefon 06 41/7 81 45

⊙ Bei **Sport Hugel** können Inline-Skate-Kurse für Anfänger und Fortgeschrittene gebucht werden. Die Kurse werden von D.I.V.-geprüften Lehrern durchgeführt. Termine auf Anfrage. Mittwochs ab 19.00 Uhr trifft man sich bei Sport Hugel zu gemeinsamen Skatertouren.

⊙ Die Firma **Sport Touring** bietet jeden dritten Sa. im Monat einen Inline-Skate-Grundkurs an. Des Weiteren fährt der Skatertreff mittwochs ab 18.00 Uhr gemeinsam aus. Infos: Sport Touring, Telefon 06 41/9 30 36 36. Hier kann man sich auch Skates und Protektoren für Tage, Wochenenden und ganze Wochen leihen.

⊙ **Bechthold & Rinn,** Bleichstraße 25, Telefon 06 41/ 9 70 97 32. Die Lehrer (Frank Bechthold und Christian Rinn) haben die C-Licence des D.I.V. und bieten Grundkurse an. Preise und Termine auf Anfrage. Skates und Protektoren können geliehen werden.

Veranstaltung

⊙ Am 20. 6. 1998 fand das Skate-Event **»Skatefieber«** – organisiert von der Jugendgemeinde Heuchelheim – statt. Leih-Skates waren erhältlich. Den Skatern standen eine Halfpipe und verschiedene Ramps zur Verfügung. Am 19. Juni 1999 findet diese Veranstaltung im Bibertal statt, da sich die betreffenden Gemeinden mit der Skateveranstaltung abwechseln. Termine für nächstes Jahr stehen noch nicht fest, können aber bei der Gemeindeverwaltung Heuchelheim erfragt werden.

Fachgeschäfte

⊙ **Karstadt/Sport,** Seltersweg 64, 35390 Gießen, Telefon 06 41/ 70 04-0. Hier können Inline-Skates zur Wartung und Reparatur abgegeben werden. Leih-Skates sind jedoch nicht erhältlich.

⊙ **Sport Hugel,** Am Marktplatz in Nidda, Telefon 0 60 43/21 99. Skate- und Protektoren-Verleih

Übernachtung

⊙ **Jugendherberge,** Richard-Schirrmann-Weg 53, 35398 Gießen, Telefon 06 41/6 58 79. ÜF: Junioren 20,50 DM, Senioren 25 DM

Göttingen

Göttingen, seit 1964 Großstadt, ist zweifellos eine der lebendigsten Städte Niedersachsens.

Auskunft

- **Touristinformation,** Altes Rathaus, Markt 9, 37073 Göttingen, Telefon 05 51/5 40 00, Telefax 4 00 29 98
- **Tourist Office,** vor dem Bahnhof, 27072 Göttingen, Telefon 05 51/5 60 00

Treffpunkte

- am **Jugendzentrum Innenstadt** (Bürgerstraße 41)
- vor der **Stadthalle** (gegenüber der Kirche St. Albani)
- auf dem **Universitätsgelände**
- vor dem **Hauptbahnhof**
- in der **Fußgängerzone** (beliebt ist der Marktplatz vor dem Alten Rathaus)
- vor dem **Neuen Rathaus** (Reinhäuser Landstraße)
- am Wochenende auf dem Parkplatz des **Allkauf-SB-Warenhauses** (Robert-Bosch-Breite-Straße 8)

Ramps und Skatehalle

- Bisher wurde in einer städtischen Halle **auf dem Gelände der ehemaligen Zietenkaserne** (Bertha-von-Suttner-Straße, Stadtteil Geismar) geskatet, ausgestattet mit einer Funramp und kleineren Rampen. Die Halle ist inzwischen geschlossen. Auf dem Gelände wurde aber bereits eine neue Skatehalle (privatwirtschaftlich) errichtet. Den Skatern stehen jetzt 2 Quarterpipes, 1 Minipipe, 1 Pyramide sowie 2 kleinere Quarterpipes zur Verfügung. Die Skatehalle **»Funbox«** ist von Mo.–Fr. von 14.00–20.00 Uhr geöffnet und am Wochenende von 12.00–20.00 Uhr. Die Tageskarte kostet 5 DM. Infos unter Telefon 01 77/ 3 92 76 97.
- Die Göttinger Skater nutzen das **Inliner World,** Hubenröder Straße 36, 37217 Witzenhausen (Telefon 0 55 42/99 93 45). Es handelt sich um eine große Anlage, die täglich von 11.00–22.00 Uhr geöffnet ist.

Inline-Hockey

- Inline-Hockey wird auf dem **Außensportgelände der IGS Geismar,** Schulweg, gespielt.

Fitness-Skaten

- am **Leinekanal**
- Ab dem **Erholungsgebiet Kiessee** befinden sich südwestlich der Stadt in Richtung Süden, parallel zur B 27 durch die Felder verlaufend, asphaltierte Wirtschaftswege.
- Beliebt bei den Skatern ist das Fitness-Skaten in 37124 **Rosdorf:** Hier sollte man sich im Ort nach der beliebten Skater-Strecke erkundigen und sich diese genau erklären lassen.

Vereine

- **84. Turn- und Sportverein von 1861 Göttingen e. V.,** Abteilung Rollsport Inline-Skating. Ansprechpartnerin: Dietlinde Limbach, Zum Hohen Brunnen 21, 37075 Göttingen, Telefon 05 51/29 29
- **Speed-Skating-Verein:** Sportivo Göttingen. Ansprechpartner:

Martin Franz, Schoppenweg 17, 37083 Göttingen

Kurse

⊙ Beim **ASC Göttingen von 1846 e. V.,** Danziger Straße 21, kann man spezielle Kurse zum besseren Beherrschen der Fahr- und Bremstechnik belegen. Infos unter Telefon 05 51/7 46 45.

⊙ Der **84. Turn- und Sportverein von 1861 Göttingen e. V.** (Tuspo) – Abteilung Rollsport Inline-Skating – bietet Inline-Skate-Kurse nach Vereinbarung an, auch für Nichtmitglieder. Kursgebühr variiert von 3 DM bis 10 DM pro Stunde. Infos unter Telefon 05 51/ 29 29 oder beim Sporthaus Müller, Telefon 05 51/5 94 23.

⊙ Der **Rollsportverein Sportivo** veranstaltet Einsteigerkurse. Diese finden immer montags von 19.00–20.30 Uhr in 37124 Rosdorf, an der Anne-Frank-Schule (Hinter den Höfen 12), statt. Die Kursgebühr beträgt 5 DM. Benötigt man Leih-Skates, dann kann man sich diese vor Kursbeginn auch telefonisch im Sportgeschäft Sportivo bestellen. Die Skates werden dann zum genannten Treffpunkt in Rosdorf gebracht.

Veranstaltung

⊙ 2. 9. 1999: In Kassel findet der **Abendlauf Niederzwehren** 1 km, 5 km und 10 km (Speed/Straße) statt. Ansprechpartner: Ernst Jung, Telefon 05 61/4 55 62

Fachgeschäfte

⊙ **Sporthaus Müller,** Weender Straße 27, 37073 Göttingen, Telefon 05 51/5 94 23. Skates können zur Reparatur abgegeben werden. Leih-Skates sind in der Filiale Intersport Müller, Große Breite, erhältlich.

⊙ **Sportivo,** Hanssenstraße 28, 37073 Göttingen, Telefon 05 51/ 4 47 46. Hier werden Inline-Skates repariert. Leih-Skates sind bei Sportivo erhältlich. Diese kosten 20 DM pro Tag.

Übernachtung

⊙ **Jugendherberge,** Habichtsweg 2, 37075 Göttingen, Telefon 05 51/5 76 22. ÜF: Junioren 22 DM, Senioren 27 DM

Hagen

Hagen, im Schnittpunkt großer Straßen gelegen, ist verkehrsgeographischer Mittelpunkt der Bundesrepublik Deutschland.

Auskunft

⊙ **Hagen Information,** Bürgerhalle im Rathaus, Friedrich-Ebert-Platz, 58042 Hagen, Telefon 0 23 31/2 07 33 83

Treffpunkte

⊙ **Rathausvorplatz** Hagen mit Treppen

⊙ **Rathaus** Hagen-Hohenlimburg

⊙ **Fritz-Steinhoff-Gesamtschule** Hagen-Helfe, Treppen und Hügel sind dort vorhanden.

⊙ **Hüttenplatz** Hapse, gestalteter Platz mit Höhen

⊙ weitere Treffpunkte im Bereich von **Schulhöfen in den Stadtteilen**

Ramps

Die Stadt Hagen bietet derzeit als »West-Ost-Achse« drei Standorte für Skater an:

⊙ **Haenelplatz Haspe:** Standort Hagen-Haspe, Haenelplatz: 2 Funboxen; die an diesem Standort seit Jahren betriebene Funbox ist im Herbst 1996 wegen nicht mehr vorhandener Verkehrssicherheit abgebaut worden. Inzwischen hat man eine neue Funbox aufgestellt. Des Weiteren befindet sich dort noch eine Funbox, die seinerzeit als Kooperationsprojekt der »feldorientierten Sozialarbeit« und der AWO-Ausbildungswerkstatt Metall erstellt wurde.

⊙ Standort **Hameckepark:** 1 Miniramp, ca. 1 m hoch mit Spine. Diese ist von den umliegenden Stadtteilen gut erreichbar und entsprechend frequentiert. Die Stadt Hagen denkt darüber nach, diese Anlage zu vergrößern.

⊙ Beim **Einkaufszentrum Eilpe** wird an die Errichtung einer Skateanlage gedacht. Diese wird es voraussichtlich sogar noch 1999 geben. Geplante Projekte am Sportpark Ischeland und Hohenlimburg-Kirchenberg wird es hingegen nicht geben.

⊙ **Kirchenberg-Stadion Hohenlimburg:** 1 Halfpipe. Am Ende des Kirchenbergstadions befindet sich eine im Jahr 1996 reparierte Halfpipe. Von den dortigen Skatern ist der abgelegene Standort heftig kritisiert worden.

Inline-Hockey

⊙ Wird regelmäßig auf dem Parkplatz des **Einkaufszentrums Eilpe** gespielt.

Fitness-Skaten

⊙ Ideal zum Fitness-Skaten ist der **Rundkurs** (etwa 10 km) **um den Hengsteysee**.

Halle

⊙ Die Ausübung der Rollsportart »Inline-Skating« wird in unregelmäßigen Zeitabständen in der so genannten **»Berlet«-Halle in Hagen-Hohenlimburg** angeboten.

Kurse

⊙ Im **Squash-Center Bechelte-Park,** Becheltestraße 14, finden Anfängerkurse für Kinder und Erwachsene statt. Die Kurse für Erwachsene werden samstags und sonntags von 10.00–15.00 Uhr abgehalten und kosten 55 DM für Nichtmitglieder. Die Einsteigerkurse für Kinder finden in den Ferien statt. Die Kurse werden meist samstags von 10.00–13.00 Uhr veranstaltet und kosten 25 DM für Nichtmitglieder. Skates und Protektoren kann man sich bei Funsports leihen. Die Kursteilnehmer können auch am regelmäßig stattfindenden Inline-Treff teilnehmen, d. h. man trifft sich zum gemeinsamen Fitness-Skaten. Infos unter Telefon 0 23 31/93 29 93.

Fachgeschäfte

⊙ **Funsports,** Kampstraße 17, 58095 Hagen, Telefon 0 23 31/ 1 67 70. Skates können zur Reparatur abgegeben werden. Bei Funsports sind Leih-Skates und Protektoren erhältlich. Pro Tag wird für eine komplette Skate-Ausrüstung 20 DM berechnet.

⊙ **Intersport,** Kampstraße 15, 58095 Hagen, Telefon 0 23 31/ 2 57 14. Hier werden Inline-Skates repariert.

Übernachtung

⊙ **Jugendherberge,** Eppenhauser Straße 65 a, 58093 Hagen, Telefon 0 23 31/5 02 54. ÜF: Junioren 21 DM, Senioren 26 DM

Hamburg

Ohne den Hafen wäre Hamburg nie zu dem geworden, was es heute ist: Eine internationale und weltoffene Wirtschafts-, Handels- und Kulturmetropole im Herzen Europas.
Die bedeutendsten Sehenswürdigkeiten Hamburgs befinden sich in der Innenstadt und in den ihr naheliegenden Stadtteilen.

Tipps

⊙ Besuch des **Fischmarktes,** der jeden So. von 6.00–10.00 Uhr auf dem Gelände zwischen St.-Pauli-Landungsbrücken und Großer Elbstraße stattfindet

⊙ Teilnahme an einer kombinierten **Stadt- und Hafenrundfahrt** – buchbar bei der Tourismus-Zentrale Hamburg GmbH

⊙ **Hagenbeck's Tierpark** (Tierparkallee), Telefon 0 40/ 54 00 01 47-48. Öffnungszeiten: tägl. ab 9.00 Uhr

Auskunft

⊙ **Tourismus-Zentrale** Hamburg GmbH, Postfach 10 22 49, 20015 Hamburg, Telefon 0 40/ 30 05 13 00, Telefax 30 05 13 33

⊙ **Tourist-Information** im Hauptbahnhof, Hauptausgang Kirchenallee, Telefon 0 40/ 3 00 51-2 00

⊙ **Tourist-Information** am Hafen, St.-Pauli-Landungsbrücken zwischen Brücke 4 und 5, Telefon 0 40/3 00 51-2 00 (-2 03)

Treffpunkte

⊙ Am **Michel** trifft sich die Skater-Szene. Zahlreiche Grindmöglichkeiten sind hier zu finden, vor allem Treppen.

⊙ Am **Jungfernstieg,** direkt an der Binnenalster. Geskatet wird hier auf dem etwa 300 qm großen Platz am Jungfernstieg. Der Platz hat einen idealen Belag und zudem noch Treppen und Geländer. Dieser Treffpunkt gehört zu einem der beliebtesten in Hamburg.

⊙ vor dem **CCH-Congress-Centrum Hamburg** (Tiergartenstraße)

⊙ Im **Alten Elbtunnel** (kürzeste Verbindung zwischen St. Pauli und dem gegenüberliegenden Elbufer in Steinwerder). Dieser Elbtunnel (Länge 426,5 m) ist auch für Fußgänger, Radfahrer etc. passierbar und wird gerne von Skatern genutzt.

⊙ auf dem **Universitätsgelände**

⊙ auf der **Ost-West-Straße,** direkt vor der Polizeistation in Höhe U-Bahn-Station Messberg

⊙ **Heiligengeistfeld,** neben dem Millerntorstadion, Ecke Glacischaussee/Budapester Straße: Hier treffen sich auch Anfänger zum Skaten.

⊙ **U-Bahn Feldstraße,** Parkdeck vom Continent-Markt

⊙ Geübt wird auf dem **Ikea-Parkplatz in Schnelsen-Nord** (Wunderbrunnen 1) und auf dem Wertkauf-Parkplatz in **Oststeinbek** (Willinghusener Weg 1).

⊙ **Truppenübungsplatz Höltigbaum** (stillgelegte Militäranlage) in Rahlstedt ist ein guter Übungsplatz für Skater. Den Platz erreicht man über die Sieker Landstraße. Der Eingang befindet sich gegenüber des dortigen McDonald's.

Ramps

⊙ **Vereinsgelände Grün-Weiß Elmsbüttel** (nähe Koppelstraße) zwischen Hagenbecks Tierpark und Sportstadion. Der Verein verfügt über eine eigene Halfpipe und Leih-Equipment.

⊙ auf dem **Playground in Steilshoop** zwischen Gründgensstraße und Alfred-Mahlau-Weg

⊙ Skatepark am **Königskinderweg in Schnelsen**

⊙ **i-Punkt Skateland** (in Hammerbrook, Amsinckstraße 70)

Hinweis: *Die neue Eingreifgruppe der Polizei, bestehend aus zwei skatenden Polizisten, betreibt Werbung in eigener Sache und Aufklärung. So werden an die Skater Informationsbroschüren verteilt. Vor allem das Tragen von Protektoren inkl. Helm wird empfohlen. Von der skatenden Polizei werden aber auch Skate-Rowdies verfolgt und belehrt. Die skatenden Polizisten der Fahrradstaffel sind auch 1999 auf Inline-Skates im Einsatz, jedoch eher sporadisch.*

Rollschuhbahn

⊙ In den **Großen Wallanlagen** (Wallringpark). Di. und Do. trainieren hier Speed-Skater. Man trifft sich hier ab 17.00 Uhr.

Inline-Hockey

⊙ Inline-Hockey kann auf dem Hockeyplatz, bei den **Wallanlagen,** gespielt werden.

Fitness-Skaten

⊙ Tour von den **Wallanlagen** in die Innenstadt über Valentinskamp und Jungfernstieg

⊙ Tour vom **Hafen** zum Jungfernstieg über Rödingsmarkt und Großer Burstah

⊙ Große Tour: **Rathausmarkt** – Alsterarkaden – Alsterfleet (am Ende des Alsterfleet muss man die Treppe rechts hoch zum Baumwall) – weiter bis in die Hafenstraße – hinter den St.-Pauli-Landungsbrücken geht die Tour durch die Davidstraße zur Reeperbahn – weiter zum Millerntorplatz – dort biegt man links zu den Wallanlagen ab – über den Gänsemarkt geht es dann zurück zum Rathaus.

⊙ Tour von **Eppendorf** zur Alster über Harvestehuder Weg und Alsterufer

⊙ Von **Wedel** nach Hohenhorst (etwa 16 km) – geskatet wird auf dem Deich. Diese Route ist auch für Anfänger geeignet.

Skatehalle

⊙ **i-Punkt Skateland,** Amsickstraße 70, Telefon 0 40/23 44 58. Öffnungszeiten: Mo.–Fr. 15.00–20.00 Uhr, Sa.–So. 13.00–20.00 Uhr und Mi. 15.00–23.00 Uhr

Verein

⊙ **Deutscher Inline-Skate-Verband e.V.,** Inline-Hockey, Magdalenenstraße 53, 20148 Hamburg, Telefon 0 40/44 02 03

Kurse

⊙ **H.I.S.** – Hamburger Inline-Skating-Schule, Mollerstraße 2, Telefon 0 40/41 23-36 05. Leitung: Volker Nagel. Kursorte: Uni-Halle (Turmweg) und Rollschuhbahn Wallanlagen. Es finden Anfänger- und Fortgeschrittenenkurse statt. Angeboten werden auch Inline-Hockey-Kurse. Skates und Protektoren können bei H.I.S. geliehen werden. Preise und Termine auf Anfrage. Für Erwachsene und Familien bietet H.I.S. eine Kurzschulung mit anschließender Tour durch die City und den Hafen/Speicherstadtbereich an. Treffpunkt: Rollschuhbahn in den Wallanlagen. Die Kurse können bei der Tourismus-Zentrale, Telefon 0 40/30 05 13 00, gebucht werden.

Veranstaltungen

⊙ In Hamburg fand im Sommer 1998 die **Skate-Parade** statt. Die Straßen waren für diesen Anlass gesperrt worden. Start und Ankunft der Skater war der Treffpunkt Heiligengeistfeld. Die Teilnehmer wurden von skatenden Polizisten begleitet.

⊙ 12. 9. 1999: **5. Hamburg-Mannheimer Cup** 2 km, 5 km und 10 km (Speed/Straße). Ansprechpartner: Karsten Schöllermann, Telefon 0 40/37 13 81

Fachgeschäfte

⊙ **ABC Borowski,** Alte Holstenstraße 53, 21031 Hamburg, Telefon 0 40/7 21 10 06

⊙ **Michael's Sportshop,** Schloostraße 10, 21129 Hamburg, Telefon 0 40/7 42 81 40

⊙ **Rough Riders,** Oberstraße 18 f, 20144 Hamburg, Telefon 0 40/4 22 68 40

⊙ **Sporthütte Behrens,** Rödingsmarkt 9, 20459 Hamburg, Telefon 0 40/36 75 76

⊙ **Sport Kaap,** Gänsemarkt 50, 20354 Hamburg, Telefon 0 40/35 74 91-88

Übernachtungen

⊙ **Jugendgästehaus »Horner Rennbahn«,** Rennbahnstraße 100, 22111 Hamburg, Telefon 0 40/6 51 16 71. ÜF: Junioren ab 27 DM, Senioren ab 32 DM

⊙ **Jugendherberge** »Auf dem Stintfang«, Alfred Wegener Weg 5, 20459 Hamburg, Telefon 0 40/31 34 88. ÜF: Junioren 24 DM, Senioren 29 DM

⊙ **bed & breakfast** – buchbar über Frau Witt/Frau Hildebrecht, Telefon 0 40/4 91 56 66

Hanau

Hanau, die Stadt an Main und Kinzig, ist bedeutendes Wirtschafts- und Einkaufszentrum im Rhein-Main-Gebiet. Die Stadt ist nicht nur ein hervorragender Industriestandort, sondern auch eine gastliche Stätte der Ruhe und Beschaulichkeit.

Tipps

- Am ersten Wochenende im September strömen jährlich Tausende zum **»Hanauer Bürgerfest«** im und um den Schlosspark Philippsruhe mit zahlreichen Darbietungen und Brillantfeuerwerk.
- **Johannisfeuer** und **Altstadtfest,** jährlich am 23. Juni im Hanauer Stadtteil Steinheim

Auskunft

- **Amtl. Verkehrsbüro Hanau,** Am Markt 14, 63450 Hanau, Telefon 0 61 81/25 24 00, Telefax 29 56 02

Treffpunkte

- Guter Übungsplatz ist die Rollschuhbahn im **Schlosspark Philippsruhe**. Die Umrandung der Bahn ist rund hochgezogen.
- **Platz des Friedens** (Mittelpunkt der Altstadt)
- Beliebter Treffpunkt ist vor dem **Deutschen Goldschmiedehaus** (Altstädter Markt 6).
- **Sporthaus Muscle Store** in der Römerstraße

Rollschuhbahnen

Hanau hat drei Rollschuhbahnen:

- eine ist öffentlich – Rollschuhbahn bei der **Lindenau-Schule**
- Rollschuhbahn im **Schlosspark**
- Rollschuhbahn nahe den **Dauerkleingärten bei der Maintaler Straße**

Fitness-Skaten

- rund um Hanau – **Mainuferweg** Hanau nach Frankfurt, der so genannte Leinpfad nach Frankfurt
- von **Hanau** nach Aschaffenburg (Mainuferweg)

Skatehallen

- **K2-Skaterworld,** im Nordwest-Zentrum (direkt neben der Titustherme), 60439 Frankfurt, Telefon 0 69/9 41 41 11. Öffnungszeiten:
Fr. 15.00–22.00 Uhr,
Sa. 10.00–22.00 Uhr und
So. 10.00–20.00 Uhr
- **Skate & Roller,** Am Festplatz 4, 63674 Altenstadt-Lindenheim. Diese Skatehalle ist zwischenzeitlich geschlossen. Die Hallenbetreiber führen jetzt einen Sport- und Freizeitartikelvertrieb. Bereits 1998 wurde von den ehemaligen Hallenbetreibern eine kleine Halfpipe im Freigelände der ehemaligen Skatehalle aufgestellt.

Verein

- **1. Hanauer Roll- und Eissport-Club 1924 e.V.**, Brucknerstraße 63, 63452 Hanau

Informationen zum Verein:

– *Der Hanauer REC gilt als Verein mit familiärem Anschluss. Sein Potential von Mitgliedern ist klein, doch der sportliche Ruf groß. Ergebnisse der DIHL-Teilnehmer: Deutsche Inline-Hockey-Liga 1996/1997 und Regionalliga Süd 1997; Hessenmeisterschaften: Hessenmeister im Inline-Skater-Hockey 1996.*

– *Der 1. HREC trainiert mittwochs von 18.00–22.00 Uhr, sonntags von 12.00–21.00 Uhr. Trainingsart: Lauftechnik, Inline-Hockey und Skater-Hockey. Trainiert wird in der eigenen Rollsporthalle. Heute gehört dem HREC eine Rollsporthalle auf Erbpacht. In der Halle wird jeden Tag von 13.00–20.00 Rollkunstlauf trainiert. Hier findet außerdem das Training der Rollhockey-Damenmannschaft statt.*

Kurse

⊙ Inline-Skate-Kurse können in der Skatehalle **K2-Skaterworld** absolviert werden. Der Einsteigerkurs umfasst 3 Stunden und kostet 45 DM inkl. der Gebühr für die Leihausrüstung. Infos unter Telefon 0 69/9 41 41 11

Lauftreff

⊙ Dienstags trifft man sich beim **Sporthaus Muscle Store** in der Römerstraße. Von hier aus werden Inline-Touren unternommen. Während dieser geführten Inline-Touren werden selbstverständlich auch Erholungspausen eingelegt. Diese kann man zu Fachgesprächen nutzen.

Fachgeschäft

⊙ **Sporthaus Muscle Store,** Römerstraße 19, 63450 Hanau, Telefon 0 61 81/25 73 50. Hier kann man sich Inline-Skates ausleihen. Diese kosten pro Tag 20 DM inkl. Schützer.

Übernachtung

⊙ Nach günstigen Pensionen beim Verkehrsbüro Hanau fragen.

Hannover

Hannover, die niedersächsische Landeshauptstadt, hat sich aus einem Marktflecken an der Leine entwickelt.
In der reizvollen Altstadt befinden sich malerische Fachwerkhäuser und die Marktkirche mit ihrem gotischen Backsteinhallenbau.
Zu einem der wohl belebtesten Plätze der Stadt, dem Kröpcke, führt die Bahnhofstraße. Hier befindet sich die Kröpcke-Uhr. Sie ist beliebter Treffpunkt für Straßenmusikanten.

Tipp

⊙ **Roter Faden** – auf einer Länge von 4200 Metern ist ein roter Strich auf das Straßenpflaster aufgemalt, der zu den insgesamt 36 Sehenswürdigkeiten in der City führt.

Auskunft

⊙ **Hannover Tourist-Information,** Ernst-August-Platz 2, 30159 Hannover, Telefon 05 11/ 30 14 12, Telefax 30 14 14

Treffpunkte

⊙ **Platz vor der Oper,** U-Bahnhof Kröpcke. Dies ist einer der beliebtesten Citytreffpunkte der Skater. Beliebt sind hier vor allem die Treppen. Jedoch sind die Skater auf dem Opernplatz eher unerwünscht.

- **Jugendzentrum Glocksee** (Glockseestraße 35)
- **Jugendzentrum Buchholz** (Podbielskistraße)
- vor dem **Sprengelmuseum,** Maschpark, U-Bahnhof Schlagerstraße
- vor dem **Landesmuseum,** Maschpark
- am **Wilhelm-Busch-Museum** im Georgengarten
- vor dem **Arbeitsamt** an der Brühlstraße, U-Bahnhof Steintor
- **Hauptbahnhof** Raschplatz – Treffpunkt ist der dortige Omnibusbahnhof
- **Eis- und Rollsportverein** (Großer Kolonnenweg 27)
- in **Hannover-Bothfeld** – Ecke General-Wever-Straße/Wiesengrund
- **Maschseeparkplatz** (Strandbad Maschsee), an der Südseite des Sees, Rudolf-von-Benningsen-Ufer. Man trifft sich hier zum Hütchenslalom oder zum Fitness-Skaten (überwiegend nachmittags und am Wochenende; Basis für City-Touren).
- **Eis- und Rollschuhstadion,** S-Bahnhof Kleefeld
- Treffpunkt ist die professionelle Skatehale **»Skate World«,** Am Bahndamm 20–22, in Hannover/Ahlem.

Hinweis: *Verbotsschilder für Skater befinden sich in den U-Bahn-Stationen. Hier ist das Skaten untersagt.*

Ramps

- Das **Jugendzentrum Glocksee** (Glockseestraße 35) stellt seine Halfpipe zur Verfügung. Für Hardcore-Skater ist das Jugendzentrum mit deren Halfpipe erste Wahl.
- Im **Jugendzentrum Buchholz** (Podbielskistraße) befinden sich eine Miniramp und ein kleiner Streetparcours.
- im **Industriegebiet Bornum,** Schlorumpsweg, beim S-Bahnhof Hannover-Linden
- in **Hannover-Bothfeld** – Ecke General-Wever-Straße/Wiesengrund
- 2 Miniramps und einen kleinen Streetparcours gibt es im **Schulzentrum in Sarstedt.**
- Miniramp auf dem **Spielplatz in Barsinghausen**
- **ATB-Sport Hannover** (Marienstraße 3) hat 1 Miniramp im Geschäft.
- 1 Halfpipe befindet sich in der Skatehalle **»Skate World«** (Am Bahndamm 20–22).

Inline-Hockey

- Inline-Hockey wird am Wilhelm-Busch-Museum im **Georgengarten** gespielt.
- Das **ATB-Sportgeschäft** engagiert sich im Bereich Inline-Hockey. Infos unter Telefon 05 11/30 90 00 oder 3 07 67 30

Fitness-Skaten

- Tour auf den gut asphaltierten Wegen um den **Maschsee.** Ein Rundkurs ist auf dem dortigen Radweg (6,4 km) möglich. Am Südufer des Maschsees gibt es einen Inline-Biergarten, der sich im vergangenen Sommer größter Beliebtheit erfreut hat.
- Auf dem **Maschseeparkplatz** am Strandbad Maschsee: Diesen muss man sich jedoch mit parkenden Autos teilen. Inline-Skater wurden bisher aber toleriert.
- Route vom **Stadtpark** – an der Leine entlang – bis zu den Herrenhäuser-Gärten und durch den Georgengarten zurück. Die Herren-

häuser-Gärten sind zum Skaten weniger populär als der Maschsee.

⊙ Ideale Route vom **Strandbad Maschsee** – über Waldhausen – zum Zoologischen Garten bis in den Stadtwald Ellenriede. Die dortige Durchgangsstraße ist sonntags für Autos gesperrt.

Skatehallen

⊙ **Skate World,** Am Bahndamm 20–22. Öffnungszeiten: Mo.–Fr. 15.00–21.00 Uhr, Sa. und So. 10.00–21.00 Uhr.

⊙ **The Bowle** – Skatehalle in Burgdorf bei Hannover – ist zur Zeit nicht geöffnet.

⊙ **Halle 25** (8000 qm) auf dem Hannover-Messegelände stand den Skatern vom 11. Oktober 1997 bis zum 22. Februar 1998 unter dem Motto »skate'n more« zur Verfügung. Es wurden dort zahlreiche Veranstaltungen geboten, u. a. 24-Stunden-Inline-Skaten, Inline-Hockey-Turniere oder auch Miniramp-Contests. Die Halle wird auch künftig für Inline-Skate-Events zur Verfügung stehen. In den Wintermonaten steht die Halle den Skatern jedoch nicht mehr zur Verfügung.

⊙ **Skaterdrom,** Dasselsbrucher Straße 50, 29227 Celle. Öffnungszeiten: Mo.–Fr. 15.00–20.00 Uhr, Sa. und So. 10.00–20.00 Uhr.

Vereine

⊙ **Eis- und Rollsport Club e. V.,** Großer Kolonnenweg 27, 30179 Hannover, Telefon 05 11/63 67 27

⊙ **SSV Langenhagen,** Sparte Rollhockey. Ansprechpartner: Herr Kammeyer, Grafenberger Straße 12, 30853 Langenhagen, Telefon 05 11/72 21 72

Veranstaltungen

⊙ Im Juni 1997 fand in Hannover-Langenhagen ein Inline-Skating-Festival statt. Dieses Festival wurde veranstaltet, um Kontakte zu allen Inline-Skatern der Region herzustellen. Darüber hinaus wurde noch überprüft, wie groß der Bedarf an Plätzen mit Spielangeboten für Skater überhaupt ist. Die Schirmherrin der Veranstaltung war Waltraud Krückeberg, Bürgermeisterin der Stadt Langenhagen.

⊙ In Hannover findet jedes Jahr im Sommer das **BAUER Inline-Hockey-Festival** statt. Veranstaltungsort ist der Verein Hannover Scorpions, Am Wedemarkbad 2–4, 30900 Wedemark, OT Mellendorf. Rund um die Amateur- und Profi-Turnier-Events wird für Spieler und Zuschauer jede Menge geboten, z. B. kostenloser Skate-Verleih, Inline-Fahrtechnik-Schulung, Hockeytrainingsstationen für Kinder und Erwachsene sowie NHL Schlag-Schuss-Wettbewerb. Infos gibt es bei der **BAUER Sports GmbH,** Frauenhoferstraße 22, 82152 Martinsried, Telefon 0 89/ 89 96 13-13.

Kurse

⊙ **ATB-Sport** (Marienstraße 3) bietet Inline-Skate-Kurse für Anfänger und Fortgeschrittene an. Außerdem können noch Spezialkurse (Pipe und Street) gebucht werden. Die Kursgebühr liegt zwischen 30 und 50 DM (abzüglich jeweils 10 DM bei eigenem Equipment). Inline-Skates können geliehen werden – nicht nur für die Kurse, sondern auch privat fürs Wochenende (Fr.–So. 35 DM). Die

Hälfte des Verleihpreises wird beim Kauf von Skates angerechnet.

⊙ **Bony's surf'n skate dept.** (Wollenweberstraße 18) bietet Rampen- und Streetkurse an. Infos unter Telefon 0 51 36/8 66 45.

⊙ **Inline-Skating-Schule** Hannover am Maschsee: Anfänger-, Aufbau- und Kinderkurse; die Kurse dauern in der Regel vier Stunden und kosten 55 DM pro Teilnehmer. Die Ausrüstung wird gestellt. Anmeldungen unter Telefon 01 71/ 4 81 44 93. Anmeldungen werden aber auch im Inline-Biergarten am Maschsee entgegengenommen.

Fachgeschäfte

⊙ **ATB-Sport GmbH,** Marienstraße 3, 30171 Hannover, Telefon 05 11/3 07 67 30. Skates können zur Reparatur abgegeben werden.

⊙ **Bony's surf'n Skate dept.,** Wollenweberstraße 18, 31303 Burgdorf bei Hannover, Telefon 0 51 36/8 66 45. Es werden Reparaturen von Protektoren und Skates durchgeführt.

⊙ **Flitz-Sport,** Lister Meile 25, 30161 Hannover, Telefon 05 11/ 3 48 16 00. Bei Flitz-Sport können Skates und Protektoren geliehen werden.

Übernachtung

⊙ **Jugendherberge,** Ferd.-Wilh.-Fricke-Weg 1, 30169 Hannover, Telefon 05 11/1 31 76 74.
ÜF: Junioren 22 DM, Senioren 27 DM

Hassloch, Pfalz

Hassloch, größtes Dorf von Rheinland-Pfalz, ist ein typisch pfälzischer Ort mit reizvollen Parkanlagen und vielen erhaltenen, alten Fachwerkbauten im Ortskern. Die Ortschaft ist bekannt durch ihre Pferderennen. Diese werden auf der ortseigenen Pferderennbahn veranstaltet. Zum sportlichen Angebot gehören auch die zahlreichen Wanderwege. Des Weiteren besitzt der Fremdenverkehrsort noch eine Freilichtbühne.

Tipp

⊙ Besuch des **Holiday-Parks,** Unterhaltungs- und Freizeitpark. Öffnungszeiten: Telefon 0 63 24/ 59 93-3 18. Telefon-Info: 0 63 24/ 59 93-9 00

Auskunft

⊙ **Gemeindeverwaltung,** Rathausplatz 1, 67446 Hassloch, Telefon 0 63 24/93 50

Treffpunkte

⊙ **Jugendhof** Hassloch (Lindenstraße 100)

⊙ **Schillerschule** (Am Pfalzplatz)

⊙ **Skater-Park** (Siemensstraße 18)

⊙ Straßen und Gehwege in den **Neubaugebieten**

Ramps

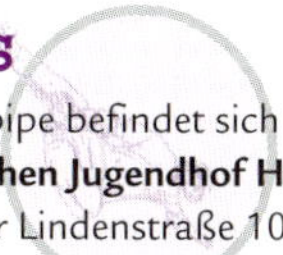

⊙ 1 Halfpipe befindet sich beim **Evangelischen Jugendhof Hassloch,** in der Lindenstraße 100. Info: Telefon 0 63 24/93 10

- **Skater-Park** Hassloch: Halfpipe 3,50 m, Funbox, Miniramp und Rails

Inline-Hockey

- Im **Skater-Park** Hassloch (Siemensstraße 18) wird donnerstags Streethockey von 18.00–21.00 Uhr gespielt.
- Am Wochenende trifft man sich zum Training auf dem **Parkplatz des real-SB-Warenhauses** (Hans-Böckler-Straße 20).

Fitness-Skaten

Ist auf den folgenden Fuß- und Radwegen möglich:

- ab **Iggelheimer Weg**, vorbei am Jugendhof nach Iggelheim
- ab **Böhler Straße**, über die Bahnbrücke hinweg nach Böhl
- ab **Lachener Weg,** vorbei am Minigolfplatz nach Speyerdorf
- ab **Neustadter Straße** bis zur A 65, dann parallel zur A 65 bis zur Brücke; diese überqueren und dem Weg nach Mußbach folgen

Skatehalle

- **Skater-Park**, Siemensstraße 18 (Industriegebiet Süd, Nähe TÜV). Inhaber: Wolfgang Schuster, Telefon 0 63 24/36 66. Öffnungszeiten: Di. 20.00–22.00 Uhr Oldie-Skaten, Mi.–Fr. 16.00–21.00 Uhr, Sa. 14.00–21.00 Uhr, So.- und Feiertag 14.00–19.00 Uhr

Sportvereine

- Die Arbeitsgemeinschaft der Hasslocher Sportvereine (Dachverband) hat das Thema in der letzten Mitgliederversammlung aufgegriffen und sucht nach Möglichkeiten, diese Sportart in den Vereinen zu integrieren.

Kurse

- **Sport Corner** veranstaltet Anfänger- und Fortgeschrittenenkurse. Die Anfängerkurse finden sonntags von 10.00–12.00 Uhr statt und kosten pro Person 20 DM. Skates und Protektoren können günstig geliehen werden. Die Fortgschrittenenkurse umfassen 2 Abende, jeweils dienstags und samstags. Die Kursgebühr beträgt 50 DM pro Teilnehmer. Der Trainingsort ist immer die Schillerschule in Hassloch.

Skate-Verleih

- Inline-Skates können im **Skater-Park** (Siemensstraße 18) geliehen werden.
- Leih-Skates und Protektoren sind auch bei **Sport Corner** erhältlich.

Fachgeschäft

- **Sport Corner,** W. Dumont, Bismarckstraße 20, 67454 Hassloch, Telefon 0 63 24/98 13 04. Hier werden Inline-Skates repariert.

Übernachtung

- **Gasthaus am Rennplatz,** Rennbahnstraße 149, 67454 Hassloch, Telefon 0 63 24/9 24 70

Heidelberg

Als Universitätsstadt mit Sitz mehrerer Forschungszentren und mit seinen vielen romantischen Winkeln und Lokalen hat Heidelberg Weltruhm erlangt.
In der Heidelberger Altstadt gibt es Einkehrmöglichkeiten in Hülle und Fülle. Bei den Touristen sind die alten Studentenkneipen »Seppl« und »Roter Ochsen« sehr beliebt. Man sollte allerdings nicht mit dem Wunsch dorthin gehen, auf leibhaftige Studenten zu treffen. Schließlich verirren sich diese nur noch recht selten hierher.

Auskunft

- **Tourist-Information,** Pavillon am Hauptbahnhof, 69115 Heidelberg, Telefon 0 62 21/2 13 41, Telefax 16 73 18

Treffrpunkte

- am **Bismarckplatz**
- am **Haus der Jugend** (Römerstraße 87)
- im **Neuenheimer Feld**
- unter der **Ernst-Walz-Brücke,** am Leinpfad
- auf den **Spielstraßen in allen Neubaugebieten**
- Anfänger auf dem **Messegelände** (Kirchheimer Weg, Haltestelle Zentralbetriebshof)

Ramps

- Unter der **Ernst-Walz-Brücke** befindet sich eine kleine Skateanlage mit Miniramp, Railslider und Funbox.
- Die Gemeinde **Edingen-Neckarhausen** errichtet beim Kultur- und Sportzentrum (Mannheimer Straße) eine Skateanlage mit einer Miniramp und einer Quarterpipe sowie eine Rollhockeyanlage. Mit der Errichtung beider Anlagen wird im Mai/Juni 1999 begonnen.

Fitness – Skaten

- auf dem **Leinpfad** – ab Ernst-Walz-Brücke
- Die **Radwege im Innenstadtbereich** werden von den Skatern rege genutzt.
- auf den asphaltieren, beidseitig verlaufenden Rad- und Gehwegen **entlang der B 535,** von Schwetzingen nach Heidelberg
- auf dem Rad- und Gehweg **entlang der Eppelheimer Straße,** im Stadtteil Pfaffengrund
- auf dem Radweg von **Wieblingen nach Edingen,** entlang der Heidelberger Straße

Skatehalle

- **Skate World,** Wiesenstraße 6. Diese Skatehalle ist seit dem 1. Juni 1998 geschlossen.

Kurse

- Anfängerkurse werden von **Sport Körner** angeboten. Die Kurse finden jeden Sa. von 14.30–16.00 Uhr statt. Die Kursgebühr beträgt 20 DM. Man trifft sich im Neuenheimer Feld am Bundesleistungszentrum (BLZ), Tiergartenstraße.

Fachgeschäfte

- **Sport Körner,** Plöck 22, 69117 Heidelberg, Telefon 0 62 21/ 60 88-0. Hier werden Inline-Skates repariert.
- **Sporthaus Bredl,** Hauptstraße 85, 69117 Heidelberg, Tele-

fon 0 62 21/14 11-43. Leih-Skates sind im Sporthaus Bredl erhältlich. Für diese werden – inkl. Schützer – 15 DM pro Tag und 60 DM pro Woche (Mo.–Sa.) berechnet. Man kann sich die Skateausrüstung auch fürs Wochehende ausleihen. Hierfür werden 25 DM von Sa.–Mo. und 35 DM von Fr.–Mo. berechnet.

Übernachtung

⊙ **Jugendherberge,** Tiergartenstraße 5, 69120 Heidelberg, Telefon 0 62 21/41 20 66. ÜF: Junioren 22 DM, Senioren 27 DM

Hockenheim

Hockenheim liegt in der Rheinebene, am Rande des Hardtwaldes, zwischen Mannheim und Karlsruhe. Die Stadt ist durch den 1932 angelegten 6,7 km langen Hockenheimring (Motodrom) bekannt geworden. Das Motodrom ist eine der modernsten Motorsport- und Versuchsanlagen Europas. Hier finden Weltmeisterschaftsläufe für Motorräder und Rennveranstaltungen verschiedener Wagenklassen statt. Der Hockenheimring gehört übrigens zu den schnellsten Rennstrecken der Welt. In den Jahren 1962 bis 1966 wurde die Strecke so umgebaut, dass sie einem Stadion gleicht. 120 000 Zuschauer haben auf den Tribünen Platz.

Tipp

⊙ Besuch des **Aquadroms** (Sole-Freizeitbad mit Frei- und Hallenbad etc.), Beethovenstraße, 68766 Hockenheim, Telefon 0 62 05/21-6 00. Öffnungszeiten: Mo.–Sa. 10.00–22.00 Uhr, So.- und Feiertag 9.00–20.00 Uhr

Auskunft

⊙ **Verkehrsverein Hockenheim e. V.,** Postfach 15 48, 68758 Hockenheim, Telefon 0 62 05/21-0, Telefax 21-2 60

Treffpunkte

⊙ **Marktplatz/Stadthalle** mit Treppen

⊙ **Lamellenhalle Gartenschaupark** mit Treppen

⊙ **Parkplatz HL-Markt,** Lussheimer Straße – nur Fläche, keine Treppen

⊙ am **Jugendhaus »Pumpwerk«** (Am Pumpwerk 1)

Ramp

⊙ Es existiert eine Skateanlage am alten Fahrerlager, ausgestattet mit 2 Miniramps, Curbs und einer betonierten Streetfläche.

Fitness – Skaten

⊙ Auf den meisten **Fahrradwegen** innerhalb der Gemarkung.

Veranstaltung

⊙ Die Hockenheimring GmbH hat die motorsportfreie Zeit auf dem Ring für Inline-Skater erschlossen. Mit dem Hockenheimer Frank Welter hat sich ein Inline-Skate-Lehrer und -Ausbilder gefunden, der sich um die Durchführung diverser Inline-Skate-Aktionen kümmert. So gibt es inzwischen ein **»Jedermannfahren«** auf der Strecke. Teile des Fahrerlagers sind darüber hinaus mit einer Halfpipe bestückt. Zur Verfügung stehen auch Streethockeyfelder. Bei Regen wird unter dem Boxendach geskatet. Inline-Skate-Kurse für Anfänger und Fortgeschrittene können bei Frank Welter absolviert werden. Nach erfolgter Teilnahme erhalten die Skater die so genannte »Basic Licence« des Deutschen Inline-Skate-Verbandes (D.I.V.). Informationen über die Inline-Aktivitäten gibt es bei der Hockenheimring GmbH, Telefon 0 62 05/ 95 01 16 oder bei Frank Welter, Telefon 0 62 05/55 19 oder schriftlich bei der Hockenheimring GmbH, Am Motodrom, 68766 Hockenheim.

Kurse

⊙ Werden vom **Fitness-Studio Move,** Karlsruher Straße 21, in 68766 Hockenheim, Telefon 0 62 05/1 73 77, angeboten. Es finden Kurse für Anfänger und Fortgeschrittene – in kleinen Gruppen – statt. Preise auf Anfrage. Die Kursleiter sind D.I.V.-geprüft.

⊙ bei **Frank Welter** (siehe unter Veranstaltung)

Fachgeschäft

⊙ **Sport Degenhardt,** Obere Hauptstraße 2 a, 68766 Hockenheim, Telefon 0 62 05/85 08. Hier können Skates geliehen werden. Die dafür anfallenden Gebühren werden beim Kauf von Skates im Geschäft verrechnet.

Übernachtung

⊙ Nach günstigen Pensionen beim Verkehrsverein fragen.

Homburg, Saar

Die Kreis- und Universitätsstadt Homburg liegt zwischen Saarbrücken und Kaiserslautern im Herzen der Saarpfalz. Die Stadt hat sich im Laufe der letzten Jahre zum Einkaufs- und Dienstleistungszentrum der Saarpfalz entwickelt.

In der Fußgängerzone findet der Besucher zahlreiche Fachgeschäfte und Kaufhäuser. Die Fußgängerzone führt den Besucher zum Marktplatz. Hier befinden sich Häusergruppen aus dem 17. Jahrhundert.

Auskunft

⊙ **Städtisches Kultur- und Verkehrsamt,** Am Forum 5, 66424 Homburg/Saar, Telefon 0 68 41/ 1 11 66-1 73, 20 66 oder 1 94 33, Telefax 12 08 99

Treffpunkte

⊙ Nach Auskunft der Stadtverwaltung Homburg ist hier das Angebot für Skater noch recht gering. Deshalb konnten bisher kaum Treffpunkte für Skater festgestellt werden. Lediglich die **Treppe der**

Realschule und die **Unterführung** (Zweibrücker Straße) **Nähe Schwimmbad.**

⊙ Vereinzelt treffen sich die Skater auch in der **Fußgängerzone,** hier vor allem auf dem Marktplatz.

⊙ Geskatet wird auch auf dem **Christian-Weber-Platz.**

Speed-Skating

⊙ Pistenlänge beträgt 200 m, Kurvenüberhöhung 7%, zusätzlich noch 304 m Straßenkurs
Info: **Stadtverband für Sport,** Ansprechpartner: Werner Jung, Auf dem Höfchen 39, 66459 Kirkel, Telefon 0 68 41/8 07 66

Hockey-Gelände

⊙ Nach Auskunft der Stadtverwaltung steht die **Kunstlauffläche** (auf der Rollsportanlage in Homburg, Am Sadtbad) den Skatern zur Verfügung. Jedoch nur außerhalb der Trainingszeiten.

Eissporthalle

⊙ Die Stadt besitzt keine Eissporthalle. Aber das **Eislaufcenter** in der Konrad-Adenauer-Allee 5, 66763 Dillingen, steht Inline-Skatern im Sommerhalbjahr zur Verfügung.

Vereine

⊙ **ERC Homburg e. V.,** SG Erbach (Sporthalle). Ansprechpartner: Werner Jung, Telefon dienstl. 0 68 26/52 06 34
Hinweis: *Gelände kann nach Rücksprache mit dem Verein genutzt werden.*

⊙ **Speed-Skating-Verein:** CJD Homburg. Ansprechpartner: Rolf-Dieter Breder, Preussenstraße 27, in 66424 Homburg,
Telefon priv. 0 68 41/7 90 15
Hinweis: *Gelände kann nach Rücksprache mit dem Verein genutzt werden.*

Kurse

⊙ Der **Eis- und Rollsportclub Homburg e. V.** (ERC), Entenmühlstraße, 66424 Homburg, Telefon 0 68 41/48 23, veranstaltet Kurse für Anfänger und Fortgeschrittene. Skates und Protektoren können geliehen werden. Spezielle Kurse für Kinder können belegt werden. Das Treffen der Freizeitskater findet jeden Montag von 21.00–22.00 Uhr statt.

⊙ **Inline-Skate-Schule Homburg,** Erikastraße 2 a, 66424 Homburg, Telefon 0 68 41/1 56 36, Leitung: Carola Becker (D.I.V.-geprüfte Lehrerin). Erteilt werden Anfängerkurse für Erwachsene und Kinder. Es werden auch Crash-Kurse angeboten. Unterrichtet in Gruppen, aber auch Einzelunterricht ist möglich. Kursorte: Homburg (Intersport Klees), Zweibrücken (Intersport Franck), Dillingen (Eissporthalle). Preise auf Anfrage. Skates und Protektoren können geliehen werden.

Veranstaltung

⊙ Im Frühjahr findet in Homburg regelmäßig der **German Inline Speed Cup** (Piste) statt. Informationen gibt es beim Speed-Skating-Verein CJD Homburg.

Fachgeschäft

⊙ **Intersport Klees,** 66424 Homburg, Telefon 0 68 41/13 33. Inline-Skates können zur Reparatur abgegeben werden. Leih-Skates sind hier erhältlich. Es werden pro Tag 15 DM inkl. Schützer berechnet.

Übernachtung

⊙ **Jugendherberge,** Sickinger Straße 12, 66424 Homburg, Telefon 0 68 41/36 79. ÜF: 19,50 DM

Hoyerswerda

Die Lausitzer Stadt Hoyerswerda liegt rund 50 km südlich von Cottbus, in einer Flussniederung der Schwarzen Elster. Seit 1990 gehört der Kreis Hoyerswerda zum Bundesland Sachsen.

Tipp

⊙ 7 km südöstlich von Hoyerswerda liegt der **Knappensee** (schön rekultivierte Braunkohlegrube) mit zahlreichen Campingplätzen.

Auskunft

⊙ **Tourist- und Stadtinformation,** Schlossergasse 1, 02977 Hoyerswerda, Telefon 0 35 71/ 45 69 20, Telefax 45 69 25

Treffpunkte

⊙ **Globus-Geschäft** in der Karl-Liebknecht-Straße
⊙ **Lausitzer-Center** (Lausitzer-Platz 4) – auf dessen Parkplätzen
⊙ **Spielplatz** in der Käthe-Kollwitz-Straße
⊙ **Sport-Forum** (Nieskyer Straße 13)
⊙ im Kinder- und Jugendtreff am **Schlossplatz**
⊙ am Wochenende im **Industriegebiet Zeißig**

Ramps

⊙ **Doppel-Halfpipe – WK X** (wird 10 gesprochen) Spielplatz in der Käthe-Kollwitz-Straße
⊙ 1 Rampe befindet sich im **Sport-Forum** (Nieskyer Straße 13).

Fitness-Skaten

⊙ In Hoyerswerda eignen sich die Radwege nicht zum Fitness-Skaten, da diese meist nicht befestigt sind. Weitaus bessere Möglichkeiten bietet der Ort **Wittichenau.** Von hier kann man sich auf dem befestigten Radweg über die Orte Dubring– Zeißholz–Bernsdorf Routen suchen.

Skatehalle

⊙ Seit 1998 gibt es im Industriegelände, Straße B, eine Inline-Skating-Bahn **»Skateboard«**. Auf rund 1200 qm Fließasphalt können die Skater ihre Runden drehen. Im Streetparcours stehen dem Skater u. a. Funbox, Doublespine und ein mit Matten gepolstertes Springbecken (alles TÜV-geprüfte Geräte von der Fachfirma »Viola's«) zur Verfügung. Für Anfänger gibt es einen speziellen Bereich mit einfacher Welle, Bordsteinkanten- und Geländernachbildung. Auch ein Hockeyfeld ist vorhanden. Des Weiteren gibt es einen Imbissstand mit Fast-Food aus der Mikrowelle. Selbstverständlich kann man sich hier die komplette Ausrüstung (Skates und Schutzbekleidung) ausleihen. Erreichbar ist die Skatehalle mit den Stadtlinien, die fast vor der Haustüre halten. Aber auch ausreichend Parkplätze stehen zur Verfügung. Die Skatehalle ist Mo.– Do. von 10.00–22.00 Uhr, Fr. u. Sa. von 10.00–24.00 Uhr und So. von 10.00–22.00 Uhr geöffnet.

Inline-Hockey

⊙ Kann im **»Skateboard«**, auf dem dortigen Hockeyspielfeld, trainiert werden.

Kurse

⊙ Anfängerkurse können in der Skatehalle **»Skateboard«** (Straße B) absolviert werden. Die Kurse dauern jeweils 3 Stunden und kosten pro Teilnehmer 50 DM. Benötigt man Skates und Protektoren, so werden 20 DM als Leihgebühr berechnet. Termine nach Absprache – Telefon 0 35 71/40 76 50.

Verein

⊙ **Skaterverein** in Hoyerswerda. Infos unter Telefon 0 35 71/ 40 76 50.

Fachgeschäft

⊙ **Intersport** Lipezker Platz, 02977 Hoyerswerda, Telefon 0 35 71/92 48 73. Hier werden Inline-Skates repariert.

Übernachtungen

⊙ günstig: **Pension Bleicher,** W.-Rathenau-Straße 12, 02977 Hoyerswerda, Telefon 0 35 71/ 40 55 07

⊙ günstig: **Pension »Ritz«**, Andreas-Seiler-Straße 6, 02977 Hoyerswerda, Telefon 0 35 71/40 99 92

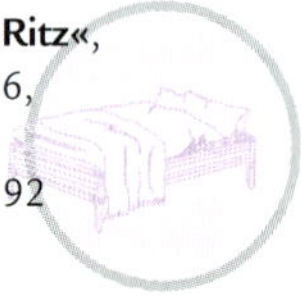

Iserlohn

Iserlohn, im Sauerland gelegen, ist eine über 750 Jahre alte Waldstadt. Hier findet man den reizvollen Kontrast zwischen der Flusslandschaft im Norden und den waldreichen Höhen im Süden. Erholung finden die Bürger am Seilersee und auch im Naherholungsgebiet im Ortsteil Dröschede.

Tipp

⊙ **Stadtführung** durch die Innenstadt: jeden 2. Sa. im Monat, 15.00 Uhr, ab Parkplatz Krankenhaus Bethanien. Dauer: ca. 1,5 Stunden (kostenlos)

Auskunft

⊙ **Verkehrsbüro**, Konrad-Adenauer-Ring 15, 58636 Iserlohn, Telefon 0 23 71/1 32 33, Telefax 14 92 32.

Treffpunkte

⊙ in der **Innenstadt:** gute Steinkanten zum Grinden, u. a. vor dem »neuen« Rathaus in der Stadtmitte

⊙ beim **Waldstadtzentrum:** geskatet wird u. a. im Innenhof, gute Übungsfläche

⊙ am **Bahnhof**

⊙ in der Fußgängerzone: auf dem Platz vor dem **»Alten Rathaus«**

⊙ im westlichen Teil der Altstadt: am **Fritz-Kühn-Platz**, Treffpunkt ist der dortige Springbrunnen

⊙ auf den Parkplätzen am **Seilersee:** Treffpunkt für Anfänger und Fortgeschrittene

Ramps

⊙ Am **Seilersee** steht eine Miniramp mit korrektem Belag, 2 m hoch mit Spine.

⊙ Eine Skateboardanlage befindet sich in **Iserlohn-Dröschede**, im Senator-Pütter-Weg, am dortigen Grillplatz.

Fitness-Skaten

⊙ auf den Wegen am **Seilersee**

Skatehalle

⊙ Am Wochenende lohnt sich der Besuch des **Jahnstadions**, Jahnstraße 13, 58511 Lüdenscheid, Telefon 0 23 51/38 09 25 oder 2 17 76 (Ansprechpartner M. Köhler oder Frank Kaiser). Die Halle ist von Di.–So. von 16.00–21.00 Uhr geöffnet.

Eissporthalle

⊙ Die Eissporthalle **(Seeuferstraße)** wird im Sommerhalbjahr den Skatern zur Verfügung gestellt, jedoch nur an den Wochenenden. Samstags findet von 19.00–22.00 Uhr eine Inline-Disco statt. Sonntags werden in der Halle Inline-Skate-Kurse erteilt.

Kurse

⊙ Anfängerkurse bietet das **Sporthaus Life-Sport** an. Die Kurse finden im Sommer in der örtlichen Eissporthalle statt. Der Einsteigerkurs umfasst 3 Stunden und kostet 45 DM inkl. Leihausrüstung. Unterrichtet werden die Kurse von einem D.I.V.-geprüften Inline-Skate-Instruktor. Veranstaltet werden die Kurse immer sonntags, meist am Nachmittag. Bei Gruppenanmeldungen von mehr als 5 Personen kann der Termin auch individuell vereinbart werden. Infos unter Telefon 0 23 71/2 81 77.

⊙ Anfängerkurse werden auch von **Thorsten Harbig** (D.I.V.-geprüft), Brandenburger Straße 30, 58640 Iserlohn, Telefon 0 23 04/ 5 05 68, angeboten.

⊙ Ein umfassendes Kursangebot wird vom **Deutschen Inline-Skate-Verband** – Referat Ausbildung, Bergstraße 20, 64342 Seeheim-Jugenheim, Telefon 0 62 57/ 96 22 36, organisiert. Es werden Anfänger- und Fortgeschrittenenkurse veranstaltet. Des Weiteren auch Schulungskurse für Senioren. Die Kursgebühr beträgt pro Kurs 80 DM. Termine auf Anfrage.

Fachgeschäft

⊙ **Sporthaus Life-Sport,** Unnaer Straße 21, 58636 Iserlohn, Telefon 0 23 71/2 81 77. Hier werden Inline-Skates repariert. Sollte sich der Defekt im Geschäft nicht beheben lassen, so werden die Skates zur Reparatur eingeschickt. Bei Life-Sport kann man sich auch Skates leihen. Pro Tag kosten diese 10 DM.

Übernachtungen

⊙ **Jugendherberge** Burg Altena, Fritz-Thomee-Straße 80, 58762 Altena, Telefon 0 23 52/2 35 22

⊙ **Jugendherberge** Meinerzhagen, Bergstraße 17, 58540 Meinerzhagen, Telefon 0 23 54/22 80

Itzehoe

Die Kreisstadt Itzehoe liegt an der schiffbaren Stör, am Übergang von der Marsch zur Geest.
Zum Ausruhen lädt der Prinzesshofpark mit dem Prinzesshof ein.

Tipp

⊙ **Freibad** am Klosterbrunnen mit seiner 91 m langen Großwasserrutsche, 25524 Itzehoe, Telefon 0 48 21/7 74-4 44.

Auskunft

⊙ **Tourist-Information**, Viktoriastraße 14, 25524 Itzehoe, Telefon 0 48 21/6 94 72, Telefax 6 93 13

Treffpunkte

⊙ IZET in **Edendorf**, Fraunhoferstraße

⊙ Kaufmarkt **OBI** (Kundenparkplatz, Am Brookhafen)

⊙ Parkhaus **Karstadt,** Viktoriastraße

Fitness-Skaten

⊙ Es gibt nur unbefestigte Wege in Naherholungsgebieten bzw. Seeufern.

Inline-Hockey

⊙ Streethockey wird sonntags auf dem **OBI-Kundenparktplatz** (Am Brookhafen) gespielt.

Kurse

⊙ Kurse werden von der **Inline Fashion Factory** veranstaltet, hauptsächlich für Anfänger, mit maximal 10 Personen. Der Kurs umfasst 3 Unterrichtsstunden und kostet 40 DM pro Teilnehmer. Skates und Schützer kann man sich im Geschäft ausleihen.

Während der Schulferien bieten sich auch Kurse in den folgenden Städten an:

⊙ **Kiel:** Sport Spatz, Hasseldieksdammer Weg 3, veranstaltet Anfänger- und Fortgeschrittenenkurse. Für Kinder gibt es spezielle Kinderkurse. Alle Kurse werden von D.I.V.-geprüften Lehrern erteilt. Für den Anfängerkurs werden 20 DM, für den Fortgeschrittenenkurs 30 und für den Kinderkurs 15 DM berechnet. Die so genannten Schnupperkurse sind hingegen kostenlos. Es werden auch Lauftreffs angeboten. Diese beginnen immer samstags um 10.00 Uhr. Skates und Protektoren können stets geliehen werden. Infos unter Telefon 04 31/1 31 06.

⊙ **Hamburg:** Die Hamburger Inline-Skating-Schule (H.I.S.), Mollerstraße 2, bietet verschiedene Kurse an. Die Kurse finden in der Uni-Halle (Turmweg) oder auf der Rollschuhbahn Wallanlagen statt. Das ausführliche Kursprogramm kann angefordert werden. Die Kurse kosten pro Teilnehmer etwa 89 DM. Skates und Protektoren können geliehen werden. Infos unter Telefon 0 40/41 23-36 05.

Veranstaltungen

⊙ Am 17. 5. 1998 fand ein **Inliner-Festival** mit **Skater-Volkslauf** (ca. 20 km) in Itzehoe statt. Aktuelle Termine für 1999 liegen noch nicht vor, können aber bei der Tourist-Information erfragt werden unter Telefon 0 48 21/6 94 72.

Fachgeschäft

⊙ **Inline Fashion Factory**, Sandberg 48, 25525 Itzehoe, Telefon 0 48 21/6 00 35 01. Leih-Skates sind hier erhältlich. Es werden für den Zeitraum von Fr.–Mo. 20 DM inkl. Schützer berechnet.

Übernachtung

⊙ **Jugendherberge**, Juliengardeweg 13, 25524 Itzehoe, Telefon 0 48 21/6 22 70. ÜF: Junioren 20 DM, Senioren 25 DM

Jena

Die traditionsreiche Universitätsstadt Jena liegt am Mittellauf der Saale, eingebettet in die Saaleaue, umgeben von schroffen Muschelkalkhängen. Das milde Klima lässt hier eine seltene Flora gedeihen, vor allem Orchideen.

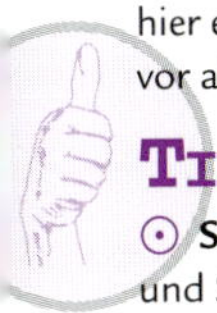

Tipp

⊙ **Stadtführungen** jeden Mi. und Sa., 10.00 Uhr, ab Jena-Information

Auskunft

⊙ **Fremdenverkehrsamt** Jena-Information, Holzmarkt 8, 07743 Jena, Telefon 0 36 41/5 86 30; 58 63 20, Telefax 58 63 22

Treffpunkte

⊙ Jenaer Jugendliche nutzen die Fläche auf dem **Leutragraben** zum Inline-Skaten. Dort ist ein sehr glatter Untergrund zu finden. Die dort vorhandenen Treppenanlagen und Hochbeeteinfassungen werden für die Aktivitäten der Skater genutzt. Hinzu kommen selbst gefertigte Holzhindernisse, ähnlich einer Funbox.

⊙ Die Jugendlichen nutzen auch die Fläche des **Parkplatzes am Sportforum**. Die asphaltierte Fläche weist keine zusätzlichen Hindernisse auf. Hier werden selbst gefertigte Wippen genutzt.

⊙ Ansonsten sind die eher jüngeren Skater in jedem **Wohngebiet** anzutreffen und nutzen dort Bordsteine, Treppen, Anlieferzonen für Lkws u. ä. als Hindernisse.

Ramps

⊙ Noch 1999 wird im Stadtteil **Lobeda,** an der großen Spielhalle (Carl-Marx-Allee), eine Skateanlage errichtet, ausgestattet mit Funbox, Pyramide und verschiedenen Rampen.

⊙ Am **Eichplatz** existiert eine provisorisch eingerichtete Skatebahn.

⊙ Nach Auskunft des Sport- und Bäderamtes der Stadt Jena werden zukünftig bei der Projektierung von Spielinhalten auf kommunalen Spielplätzen auch Skaterflächen einbezogen (konkret für den Spielplatz Schrödingerstraße, oberhalb des Schulsportplatzes).

Hockeygelände

⊙ Streethockey wird auf dem Parkpaltz am **Sportforum** gespielt.

Fitness-Skaten

⊙ Zum Fitness-Skaten eignet sich zwar räumlich das Gebiet **»Oberaue«**, jedoch ist der dortige Belag zum Skaten ungeeignet.

⊙ Es bestehen hingegen Möglichkeiten zum Fitness-Skaten im Straßenraum der neu entstandenen **Wohngebiete**, da hier Autos und Container einen zugeordneten Standort haben.

⊙ Bei entsprechendem Wegeausbau **entlang der Saale** sind einzelne Abschnitte zum Skaten denkbar.

Veranstaltungen

⊙ Aufgrund der fehlenden Skatermöglichkeit im Stadtgebiet fahren die Jugendlichen bis **Gera, Leipzig** oder **Berlin** zu Skateveranstaltungen! Allerdings gab es auch in Jena kleinere Skateveranstaltungen. So wurden 1996 zum »Tag der offenen Tür« der Jenaoptik transportable Hindernisse organisiert. Ein weiteres Mal gab es eine Möglichkeit zum Skaten. Hier bei der Kampagne der BZgA »Kinder stark machen«. Bei dieser Veranstaltung wurde eine **Fanta**-Inline-Skate-Bahn aufgebaut.

⊙ **Berlin-Marathon** (Straße). Infos und Termine für 1999: SCC Berlin, Telefon 0 30/3 02 53 70

Fachgeschäft

⊙ **Mantel Sport**, Keßlerstraße 12, 07745 Jena, Telefon 0 36 41/ 61 81 10. Keine Reparaturannahme. Ersatzteile sind erhältlich.

Übernachtungen

⊙ **Jugendgästehaus** im Hotel »Am Herrenberge«, Am Herrenberge 9, 07745 Jena, Telefon 0 36 41/62 50. ÜF: Junioren 36,50 DM, Senioren 40,50 DM

⊙ **Internationales Jugendgästehaus** IB Jena, Am Herrenberge 3, 07745 Jena, Telefon 0 36 41/ 68 70. Ü: 1. Nacht 34 DM pro Person, ab 2. Nacht 24 DM pro Person im Dreibettzimmer. Zuschlag Halbpension: 7,50 DM

Karben

Die Stadt Karben liegt rund 15 km nördlich von Frankfurt entfernt, am Entwicklungsband der Main-Weser-Bahn.

Auskunft

⊙ **Stadtverwaltung** Karben, Rathausplatz 1, 61184 Karben, Telefon 0 60 39/4 81-0

Treffpunkte

⊙ vorrangig im kleinen Outdoor-Skatepark im **Niddafreizeitpark** (Robert-Bosch-Straße)
⊙ Jugendkulturzentrum **Selzenbrunnenhof** in Groß-Karben (Brunnenstraße)
⊙ am **Bürgerzentrum** in Okarben
⊙ am **Rathaus** und **Bürgerzentrum** Karben (Rathausplatz)

Ramp

⊙ Im **Niddafreizeitpark** befindet sich eine Skateboardanlage. Diese ist mit einer Miniramp inkl. Spine und zusätzlichen Street-Obstacles ausgestattet. Es handelt sich hier um eine städtische Anlage, die jedoch vom Radsportverein Klein-Karben betreut wird.

Fitness-Skaten

⊙ Radweg entlang der **Nidda**

Verein

⊙ **Skate- und Rollsportclub 1988 Karben,** Skateboardfahren und Rollerskating, Ansprechpartner: Rainer Züsch, Höhenweg 7, 61184 Karben

Kurse

⊙ **Sport-Express** veranstaltet Inline-Skate-Kurse für Einsteiger. Ein solcher Kurs dauert 2 Stunden und kostet 40 DM inkl. einem Skate-Führer für die Rhein-Main-Region und Getränken. Wer nach Abschluss dieses Kurses immer noch nicht sicher auf Skates ist, kann den Kurs unentgeltlich wiederholen. Infos unter Telefon 0 61 01/61 61.
Man kann aber auch die Kursangebote der Stadt **Frankfurt am Main** nutzen. Diese sehen wie folgt aus:
⊙ Workshops für Inline-Skater bietet der **Sportverein FTG Frankfurt,** Marburger Straße 28, 60487 Frankfurt am Main, an. Die Kurse kosten etwa 20–30 DM pro Person. Infos unter Telefon 0 69/9 70 80 30.
⊙ **Juliane Figge und Partner** (erfahrene Skatelehrer) bieten Inline-Skate-Kurse als Einzel- oder Gruppenunterricht an. Termine nach Vereinbarung. Info und Anmeldung: Jule, Telefon 0 69/77 64 85
⊙ Kurse für Anfänger und Fortgeschrittene werden in Frankfurt von der **Sportjugend Hessen** durchgeführt. Info: Sportjugend Hessen (Geschäftsstelle Frankfurt), Otto-Fleck-Schneise 4, 60528 Frankfurt, Telefon 0 69/67 89-2 47

Veranstaltung

⊙ Die Inline-Skater von Karben besuchen in erster Linie die Skateveranstaltungen der Stadt Frankfurt am Main, z. B. die **Inline-Skate-X-Tour**. 1998 wurde der Parcours auf der Freizeitmesse **Wonderworld** aufgebaut. Termine für 1999 sind erhältlich bei Funlife Marketing, Telefon 0 81 51/9 72 60.

Fachgeschäft

⊙ **Sport-Express**, Kasseler Straße 4, 61118 Bad Vilbel, Telefon 0 61 01/61 61. Hier kann man seine Skates reparieren lassen. Leih-Skates sind vorhanden, jedoch nur für gängige Schuhgrößen.

Übernachtungen

⊙ Im Ort nach günstigen Gaststätten mit Übernachtungsmöglichkeiten fragen.

⊙ Nutzung der **Jugendherberge** und des **Jugendgästehauses**, Deutschherrnufer 12, 60594 Frankfurt/Main, Telefon 0 69/ 61 90 58. ÜF: Junioren 24 DM, Senioren 29,50 DM. Jugendgästehaus: 35 DM

Karlsruhe

Karlsruhe, in der Oberrheinischen Tiefebene gelegen, ist nicht nur berühmt wegen seiner fächerförmig angelegten Straßenzüge, die vom Schloss ausgehen und auf dem Plan wie ein Stern aussehen, sondern auch als Industrie- und Handelsstadt, als Sitz einer bedeutenden technischen Universität und als Standort des Bundesgerichtshofes und des Bundesverfassungsgerichts.

Auskunft

⊙ **Verkehrsverein**, Bahnhofplatz 6, 76137 Karlsruhe, Telefon 07 21/ 3 55 30, Telefax 35 53 43

⊙ **Stadt-Information,** Karl-Friedrich-Straße 22, 76133 Karlsruhe, Telefon 07 21/35 53 20, Telefax 35 53 21

Treffpunkte

⊙ Rund um die **Europahalle** (Hermann-Veit-Straße 7) hat sich eine Inline-Szene entwickelt. Die Halle liegt zentral und ist mit der Straßenbahn zu erreichen (Haltestelle). Neben einer kleinen Hockeyfläche gibt es dort – rund um die Halle – ebene, gepflasterte Flächen sowie Treppen und Mauern.

⊙ auf dem **Universitätsgelände**

⊙ in der **Fußgängerzone** (Kaiserstraße) – am **Marktplatz**

⊙ Stadtteil Oberreut: Treffpunkt ist die asphaltierte Fläche beim Gemeinschaftszentrum **»Weiße Rose«** (Otto-Wels-Straße 31).

⊙ Sonntags nutzen meist Anfänger den **Wertkauf-Parkplatz** (Durlacher Allee 111) zum ersten Training.

⊙ Am Wochenende wird auf dem **Festplatz in Daxlanden** geskatet; auch Streethockey findet dort statt.

⊙ An den Wochenenden werden die Wege im Rheinhafen, im **Westen der Stadt,** zum Inline-Skating genutzt.

Ramps

⊙ 1 Halfpipe befindet sich auf dem Gelände des **Postsportvereins**, Ettlinger Allee 9. Diese Anlage kann zu bestimmten Zeiten auch von Nichtmitgliedern genutzt werden. Der Stadtjugendausschuss hat in seiner Ferienpassaktion in Kooperation mit dem Postsportverein die Möglichkeit geboten, die dortige Halfpipe zu nutzen.

⊙ Im Frühjahr 1997 erstellte die Stadt eine Inline-Skating-Anlage im Bereich der Haltestelle an der **Europahalle**, Herrmann-Veit-Straße 7. In der **Günther-Klotz-Anlage** wurden für Skater etwa 800 qm bereitgestellt, u. a. ausgestattet mit verschiedenen Ramps. Die Ausstattung der Anlage wurde auf die Wünsche der Skater abgestimmt.

⊙ Im Stadtteil **Oberreut** wurde 1996 eine Fläche von etwa 300 qm für Inline-Skater asphaltiert. Diese befindet sich beim Oberreuter Gemeinschaftszentrum »Weiße Rose«, Otto-Wels-Straße 31. Weitere Schwerpunkte sind vorgesehen.

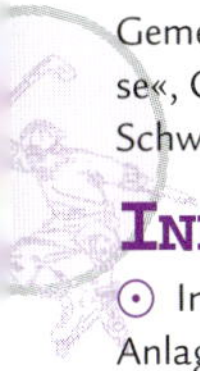

Inline-Hockey

⊙ Inline-Hockey wird auf der Anlage des **SSC Karlsruhe** (Sport- und Schwimmclub), Am Sportpark 5, gespielt. Telefon 07 21/ 9 67 22-0

⊙ In **Grötzingen**, beim Bolz- und Spielplatz »Obere Setz«, wird noch 1999 eine asphaltierte Freifläche entstehen.

Fitness-Skaten

In Karlsruhe bieten sich zum Fitness-Skaten drei Bereiche an:

⊙ **Tierpark Oberwald**

⊙ **Hardtwald/Wildpark**, ab dem Parkplatz Adenauerring

⊙ **entlang der Alb** – von Knielingen bis nach Rüppurr

Eissporthalle

⊙ Die **Eislaufhalle Neureut**, Weißdornweg 16, ist im Sommerhalbjahr teilweise für Skater geöffnet.

Kurse

⊙ **Classic Wave** bietet Inline-Skate-Kurse für Anfänger und Fortgeschrittene an. Die Anfängerkurse umfassen 2 × 3 Stunden und kosten 69 DM pro Teilnehmer (inkl. der erforderlichen Skateausrüstung). Man trifft sich freitags um 18.00 Uhr vor dem Ladengeschäft. Die Kurse werden von D.I.V.-geprüften Lehrern durchgeführt. Der Fortgeschrittenenkurs findet nur bei ausreichender Teilnehmerzahl statt. Dieser Aufbaukurs kostet ebenfalls 69 DM.

⊙ **Skaters Paradise** führt Inline-Skate-Kurse für Einsteiger durch. Diese umfassen 2 Unterrichtsstunden. Die Kursgebühr beträgt 25 DM pro Teilnehmer. Es wird empfohlen, die eigene Skateausrüstung mitzubringen. Leih-Skates sind zwar erhältlich, jedoch nur ab Schuhgröße 43 aufwärts. Die Skate-Kurse finden nur bei ausreichender Teilnehmerzahl statt.

⊙ **Sport Schütz** bietet Inline-Skate-Kurse für Anfänger und Fortgeschrittene an. Die Kurse beinhalten jeweils 2 Unterrichtsstunden. Die Kursgebühr beträgt 45 DM inkl. Leih-Equipment. Die Kurse werden immer samstags durchgeführt, vorausgesetzt es sind genügend Interessenten vorhanden. Bei Sport Schütz ist ein Informationsblatt zu den Kursen erhältlich.

Veranstaltung

⊙ 19. 9. 1999: **Stadtmarathon** (Speed/Straße). Infos: Fax 07 21/ 1 33 52 49

Fachgeschäfte

⊙ **Classic Wave**, Rheinstraße 5, 76185 Karlsruhe, Telefon 07 21/

55 11 33. Skates werden hier repariert. Im Geschäft sind Leih-Skates und Protektoren erhältlich. Für die komplette Ausrüstung werden 25 DM pro Tag und von Fr.–Mo. 45 DM berechnet.

⊙ **Skaters Paradise**, Kaiserallee 83, 76185 Karlsruhe, Telefon 07 21/84 84 80. Inline-Skates kann man im Geschäft warten und reparieren lassen.

⊙ **Sport Schütz**, Verkauf & Schule, Herrenstraße 21, 76133 Karlsruhe, Telefon 07 21/2 32 54. Hier werden Inline-Skates repariert, vorausgesetzt die Skates wurden bei Sport Schütz gekauft.

Übernachtung

⊙ **Jugendherberge**, Moltkestraße 24, 76133 Karlsruhe, Telefon 07 21/2 82 48. ÜF: Junioren 22 DM, Senioren 27 DM

Kiel

Kiel, Hauptstadt von Schleswig-Holstein, ist Sitz der Landesregierung.

Der Besucher der Stadt erlebt hier die enge Symbiose der lebendigen Innenstadt und der See mit Hafen, Werften und Fährschiffen. In der Innenstadt ist der neu gestaltete Alte Markt sehenswert. Dieser ist nicht nur geographisches Zentrum der Kieler Innenstadt, sondern auch beliebter Treffpunkt nach dem Einkaufsbummel.

Die Holstenstraße ist Kiels pulsierende »Shoppingmeile«. Diese wurde im Jahre 1957 als erste deutsche Fußgängerzone eingerichtet.

Tipps

⊙ **Kieler Woche** (19.–27. 6. 1999; 17.–25. 6. 2000) – seit 1882 findet dieses größte Segelsportereignis der Welt statt.

⊙ **Aquarium und Seehundbecken** des Instituts für Meereskunde, Düsternbrooker Weg 20, Telefon 04 31/5 97-38 57. Öffnungszeiten: 1. 4.–30. 9: 9.00–19.00 Uhr; 1. 10.–31. 3: 9.00–17.00 Uhr. Seehundfütterung tägl. außer Fr. 10.00 und 14.30 Uhr

⊙ **5½-stündige Ostseekreuzfahrt** mit MS Langeland III, Langeland-Kiel-Touristik GmbH, Ostseekai, Telefon 04 31/97 41 50 oder Vorverkauf: Tourist-Information Kiel, Telefon 04 31/6 79 10-11/12

Auskunft

⊙ **Tourist-Information** Kiel e. V., Sophienhof, 24103 Kiel, Telefon 04 31/6 79 10-0, Telefax 67 54 39

Treffpunkte

⊙ Halfpipe auf dem **Nordmarksportfeld**

⊙ auf dem **Unigelände**

⊙ **Alter Markt** (bei der St.-Nikolai-Kirche)

⊙ **Rathaus** (Rathausplatz)

⊙ am **Landtag** (Düsternbrooker Weg)

⊙ am **Hindenburgufer**

Ramps

⊙ Auf dem **Nordmarksportfeld** betreibt das Sportamt Kiel eine Halfpipe ohne Laufgelände.

⊙ Die **Universität** verfügt über eine kleine Lauffläche mit Rampen.

Rollschuhbahn

⊙ Neben dem Parkplatz der **Coventrysporthalle** befindet sich eine 20 m × 40 m große Rollsportbahn ohne Rampen.

Rollsporthalle

⊙ **Rollsport- und Schulsporthalle**, Winterbeker Weg, Telefon 04 31/68 19 55

Fitness-Skaten

⊙ Die Kieler Inline-Skater laufen entlang der **»Kiellinie«** (Hindenburguferpromenade), direkt an der Förde.

Skatehalle

⊙ Am Wochenende bzw. in den Ferien lohnt sich der Besuch der **Skatehalle »Line Inn«**, Kronsforder Allee 130, 23560 Lübeck, Telefon 04 51/7 02 76 25.

Verein

⊙ **Roll- und Eislaufgemeinschaft Kiel e. V.**, Altenrade 3, 24113 Kiel, Telefon 04 31/68 06 42

Kurse

⊙ **Sporthaus Knudsen** bietet Inline-Skate-Kurse für Anfänger an. Die Kurse dauern 2–3 Stunden. Die Kursgebühr beträgt 35 DM pro Teilnehmer. Termine auf Anfrage. Skates und Protektoren kann man sich im Sporthaus leihen.

⊙ **Sport Spatz** veranstaltet Anfänger-, Fortgeschrittenen- und spezielle Kinderkurse. Die Kurse werden von Petra Körber durchgeführt, einer D.I.V.-geprüften Lehrerin. Die so genannten Schnupperkurse sind kostenlos. Veranstaltet werden außerdem noch Lauftreffs. Die Kurse finden samstags ab 10.00 Uhr statt. Die Kinderkurse kosten 15 DM, die restlichen Kurse jeweils 20 DM pro Person. Skates und Protektoren können geliehen werden. Infos unter Telefon 04 31/1 31 06.

Veranstaltung

⊙ Während der Kieler Woche finden regelmäßig **Inline-Skate-Läufe** statt. 1998 fand der Lauf am 20. Juni statt. Gestartet wurde um 15.00 Uhr in der Bergstraße/Lorentzendamm. Termin für 1999 steht noch nicht fest. Auskunft erteilt das Presseamt Kiel, Telefon 04 31/9 01-0.

Fachgeschäfte

⊙ **Sporthaus Knudsen**, Holstenstraße 79, 24103 Kiel, Telefon 04 31/98 38 30. Hier kann man Inline-Skates reparieren lassen. Leih-Skates sind beim Sporthaus Knudsen erhältlich. Pro Tag werden 15 DM und von Sa.–Mo. 25 DM inkl. Protektoren berechnet.

⊙ **Sport Spatz**, Hasseldieksdammer Weg 3, 24114 Kiel, Telefon 04 31/1 31 06. Skates können zur Reparatur abgegeben werden.

Übernachtungen

⊙ **Jugendherberge**, Johannesstraße 1, 24143 Kiel, Telefon 04 31/73 14 88. ÜF: Junioren 24 DM, Senioren 29 DM

⊙ **Campingplatz Falckenstein**, Palisadenweg 171, 24159 Kiel-Friedrichsort, Telefon 04 31/39 20 78. Geöffnet: 1. 4.–31. 10.

Koblenz

Koblenz liegt am Zusammenfluss von Rhein und Mosel.
Die heutige Altstadt liegt in dem von der Mosel im Norden und dem Rhein im Osten gebildeten Winkel.

Tipp

⊙ **»Der Rhein in Flammen«** – festliche Großbeleuchtung des Rheins entlang von Braubach bis Koblenz. Diese Veranstaltung findet jeweils am 2. Sa. im August statt.

Auskunft

⊙ **Fremdenverkehrsamt**, Pavillon gegenüber dem Hauptbahnhof, 56068 Koblenz, Telefon 02 61/ 3 13 04, Telefax 1 29 38 00

Treffpunkte

⊙ **»Münzplatz«** (Koblenz – Altstadt); hier treffen sich Inline-Skater und Skateboarder.
⊙ **»Rheinanlagen«** – mit Treppen und diversen anderen »architektonischen Hindernissen«, die sich für Sprünge und Tricks eignen.

Ramps

⊙ **Spielplatz Koblenz-Rauental**: 1 Halfpipe
⊙ **Grundschule Am Löwentor** (Finkenherd 2): 1 Copingramp
⊙ Staatliche **Realschule Karthause** (Gothaer Straße 25): 1 Rail und 1 Jumpramp
⊙ **Overberg-Hauptschule** (Gutenbergstraße 40): 1 Jumpramp, 1 Spiderramp und 1 Rail
⊙ **Gothe Hauptschule** (Brenderweg 123): 1 Rail, 1 Jumpramp
⊙ **Schulhof Asterstein** (Lehrhohl 42): 1 Copingramp

***Hinweis:** Das Sportamt weist darauf hin, dass die Stadt Koblenz eine Funbox zu verleihen hat. Informationen unter Telefon 02 61/1 29-23 20*

Inline-Hockey

⊙ Die **Sporthalle Konstantin**, Am Fort Konstantin, ist mit einem Betonboden ausgestattet. Dort wird »Skaterhockey« gespielt, zur Zeit auch mit Inline-Skates (ganzjährig). Die Anlage darf nur von Vereinsmitgliedern genutzt werden.

Fitness-Skaten

⊙ am **Konrad-Adenauer-Ufer**

Kurse

⊙ Inline-Skate-Kurse werden vom **Sporthaus Krumholz** (Mittelstraße 98, 56564 Neuwied, Telefon 0 26 31/98 89-0) angeboten. Der Anfängerkurs umfasst etwa 2 Unterrichtsstunden und kostet pro Teilnehmer 25 DM inkl. Leihausrüstung. Termine auf Anfrage

Veranstaltung

⊙ 12. 9. 1999: **22. Nürburgringlauf** mit Inline-Skating. Infos: Verein Nürburgringlauf, Telefon 02 61/13 51 21

Fachgeschäfte

⊙ **Freestyle**, Altengraben 52, 56068 Koblenz, Telefon 02 61/ 3 39 88. Hier werden Inline-Skates repariert, soweit die benötigten Ersatzteile im Geschäft vorhanden sind. Bei Freestyle sind Leih-Skates erhältlich. Von Sa.–Mo. werden 20 DM und von Fr.–Mo. 30 DM berechnet. Für die Protektoren kommen noch 4 DM hinzu.

⊙ **Sport Voswinkel**, Carl-Zeiss-Straße 12, 56070 Koblenz, Telefon 02 61/80 06 00. Sport Voswinkel führt Reparaturarbeiten an Skates durch.

Übernachtung

⊙ **Jugendherberge**, Festung Ehrenbreitstein, 56077 Koblenz, Telefon 02 61/7 37 37. ÜF: 22,50 DM

Köln

Köln ist die Kunst-, Kultur-, Messe- und Kongressmetropole am Rhein. Die Altstadt ist unbestrittener Mittelpunkt der Stadt. Ein fast avantgardistisch moderner Bezirk, in dem romanische und gotische Bauten, bedeutende Museen und gemütliche Altstadtlokale ihren Platz haben.
Direkt neben dem Dom beginnt Kölns größte Einkaufszone, die einen eigenen kleinen Bummel wert ist. Im Süden des Doms befindet sich der Roncalliplatz. Hier ist immer etwas los.

Tipps

⊙ **Beatles-Museum**, Heinsbergstraße 13, 50674 Köln, Telefon 02 21/9 23 13 13.
Öffnungszeiten:
Mi., Do. und Fr. jeweils 10.00–14.00 Uhr und 15.00–19.00 Uhr und Sa. 10.00–15.00 Uhr. Geschlossen im Monat August und an Sonn- und Feiertagen. Das Museum zieht jedoch nach Halle um. Am 18. Juli 1999 wird es offiziell in Halle eröffnet werden.

⊙ **Rhein-Rundfahrt** – Köln Tourist Personenschifffahrt am Dom GmbH, Konrad-Adenauer-Ufer, 50668 Köln, Telefon 02 21/ 12 16 00 und 12 17 14

Auskunft

⊙ **Verkehrsamt**, Am Dom, Unter Fettenhennen 19, 50667 Köln, Telefon 02 21/2 21 33 45 oder 1 94 33, Telefax 2 21 33 20

Treffpunkte

⊙ Die **Domplatte** (U-Bahn Dom/Hauptbahnhof) ist der Treffpunkt der Kölner Inline-Szene, inmitten von zahlreichen Schaulustigen. Inline-Skater finden hier idealen Belag zum Skaten. Des Weiteren noch Treppen, Blumenkästen und Brunnen, die sich ideal zum Üben neuer Tricks eignen.

⊙ Beliebt ist auch der **Rheinpark** am Tanzbrunnen (S-Bahn Deutz).

⊙ Geskatet wird auf dem Gelände der **FH Köln**, Betzdorfer Straße 2, 50679 Köln.

⊙ Skater treffen sich auf dem Gelände am **Müngersdorfer Stadion** (Endstation Linie 1). Hier sind Treppen vorhanden. Die dortigen Parkplatzflächen sind abends beleuchtet.

⊙ Am **Heinrich-Böll-Platz** (U-Bahn Dom/Hbf.) – hier sind zahlreiche Rails vorhanden.

⊙ Die **Kitschburger Straße** (Linie 2 Dürener Straße/Gürtel) ist am Wochenende für Autos gesperrt und deshalb ideal zum Skaten.

- Beliebter Treffpunkt ist die **Promenade am Altstadtufer** (U-Bahn Dom/Hbf.) – leider auch ziemlich überfüllt am Wochenende.

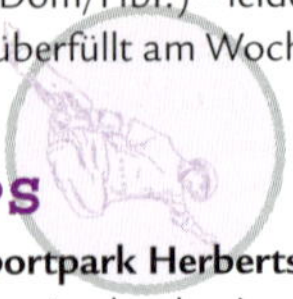

Ramps

- Im **Sportpark Herbertsgaul** in Frechen. An der dortigen Rundsporthalle befindet sich eine Ramp (Endstation Linie 2).
- Im **Skatepark Weidenpesch** (U-Bahn Neusser Straße/Gürtel), gegründet als North Brigade e. V., befinden sich mehrere Ramps, Funboxen, zwei Quarterpipes und eine 3,80 m hohe Halfpipe.

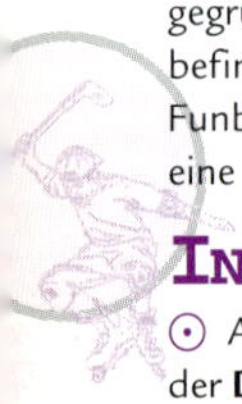

Inline-Hockey

- Abends wird Streethockey auf der **Domplatte** gespielt.
- Auf dem **Ikea-Großparkplatz** (Godorfer Hauptstraße 171) wird ebenfalls Streethockey gespielt.

Fitness-Skaten

- Nach Ladenschluss und an So. eignet sich die Strecke vom **Neumarkt** – über die Schildergasse und Hohe Straße – **zur Domplatte** (die ganze Tour findet in der Fußgängerzone statt).
- auf der Promenade am **Altstadtufer**
- **Weißer Rheinbogen**, mit der Fähre nach Zündorf, am Rhein entlang bis Tanzbrunnen (Rheinpark), über das Kennedy-Ufer und Hohenzollernbrücke zurück zum Stadtteil Weiß

Skatehallen

- **Skatehalle »Three Sixty«**, Eupener Straße 57–59, Telefon 02 21/4 91 12 90. Öffnungszeiten: tägl. 14.00–22.00 Uhr, Fr., Sa. bis 24.00 Uhr, So. ab 10.00 Uhr
- **Skatepark Weidenpesch**, gegründet als North Brigade e. V., Scheibenstraße 13 a, Telefon 02 21/74 32 95. Es handelt sich um eine etwa 2500 qm große Anlage. Diese Skateanlage befindet sich auf der Bezirkssportanlage Weidenpesch.
- **Fun Fabrik**, Hitdorferstraße 10 c, 40764 Langenfeld, Telefon 0 21 73/91 96 36. Öffnungszeiten: in den Ferien 11.00–22.00 Uhr, ansonsten tägl. 14.00–22.00 Uhr

Vereine

- **Kölner Hawks** – Skater-Hockey-Bundesligaverein, Ansprechpartner: Gernot Ullrich, Am Emberg 24, 51061 Köln, Telefon 02 21/60 14 51
- **Inline & Skatehockey** Deutschland (ISHD), Schmiedhofsweg 1, 50769 Köln, Telefon 02 21/ 9 70 18 17

Kurse

- Bei **Cosmos-Sport** (Mozartstraße 66) können Kurse für Einsteiger in kleinen Gruppen gebucht werden. Termine und Kursort auf Anfrage. Skates und Protektoren können geliehen werden.
  Infos unter Telefon 02 21/ 92 13 08-0
- **Skate On**, Christophstraße 30, Telefon 02 21/1 39 14 74/5, veranstaltet Kompakt-Wochenendkurse – samstags für Anfänger, sonntags für Fortgeschrittene. Es können aber auch Einzelstunden genommen werden. Preise auf Anfrage.
- **Skate-O-Mania** (Am Hof 34–36) erteilt Anfängerkurse im Müngersdorfer Stadion. Preise auf Anfrage. Skates und Protektoren können geliehen werden. Infos unter Telefon 02 21/9 25 27 70

Veranstaltung

- 3. 10. 1999: **3. Köln Ford Marathon** (Speed/Straße). Infos: Ford-Köln Veranstalter + Werbe GmbH, Telefon 02 21/94 97 61 23

Fachgeschäfte

- **Skate & Bike Market**, Hansaring 95, 50670 Köln, Telefon 02 21/1 26 02 60
- **Cosmos Skate Shop**, Mozartstraße 66, 50674 Köln, Telefon 02 21/92 13 08-0
- **Skate-O-Mania**, Am Hof 34–36, 50667 Köln, Telefon 02 21/9 25 27 70
- **Sport Voswinkel**, Zeppelinstraße 4–8, 50667 Köln, Telefon 02 21/2 57 37 70

Übernachtungen

- **Jugendherberge**, Siegesstraße 5 a, 50679 Köln-Deutz, Telefon 02 21/81 47 11. ÜF: Junioren 27 DM/30 DM, Senioren 32 DM/37 DM jeweils inkl. Bettwäsche
- **Jugendgästehaus**, An der Schanz 14, 50735 Köln-Riehl, Telefon 02 21/76 70 81. ÜF: Junioren 33,30 DM/37 DM

Konstanz

Konstanz ist die einzige deutsche Stadt am Südufer des Bodensees und erstreckt sich auf dem schmalen Landrücken zwischen Ober- und Untersee.

Tipps

- Besuch des **Konstanzer Seenachtfestes** Anfang August. Dieses gipfelt in einem 30-minütigen Feuerwerk.
- **Rundfahrt** mit dem letzten Dampfschiff »Hohentwiel« – Schifffahrt-Agentur, 78407 Konstanz, Telefon 0 75 31/1 57 11
- Besuch des **Jugendzentrums** in der Jägerkaserne. Mittelpunkt ist das Café – hier gibt es Getränke zu günstigen Preisen. Gustav-Schwab-Straße 12 c, 78467 Konstanz, Telefon 0 75 31/6 86 17
- Besuch auf der **Blumeninsel Mainau**, 78465 Insel Mainau, Telefon 0 75 31/3 03-0

Auskunft

- **Tourist-Information**, Bahnhofplatz 13, 78462 Konstanz, Telefon 0 75 31/13 30 30, Telefax 13 30 60

Treffpunkte

- Fußgängerunterführung nahe dem **»Konzilgebäude«**
- in der **Konstanzer Altstadt** auf dem Obermarkt
- am **Bahnhof**
- an der **Uferpromenade**
- Jugendzentrum in der **Jägerkaserne**, G.-Schwab-Straße 12 c
- am **Landratsamt** (Benediktiner-Platz): Treppen vorhanden
- auf dem **Universitätsgebiet** Giessberg
- im **Gebiet Fachhhochschule**, Studentenwohnheim und Rheinguthalle (Rheingutstraße, Löhrystraße und Wintererstieg)

Halle und Ramps

⊙ **KREC:** Konstanzer Roll- und Eissportclub e.V. – mit Abteilung Rollkunstlauf, Rollhockey und Skateboard (überdachte Anlage am Maria-Hilf-Platz) und Eiskunstlauf (im Eissportstadion) –, Händelstraße 10, Telefon 0 75 41/ 6 13 10 (Dr. Hubert Lehn). Öffnungszeiten: Fr. 19.00–20.30 Uhr und samstags 14.30–18.00 Uhr. Der Club besitzt eine Halfpipe und Miniramp (aus versicherungstechnischen Gründen nur für Clubmitglieder).

⊙ Mannheimer Straße, Baugebiet **Öhmdwiesen**: 1 Minipipe

⊙ **Litzelstetten,** beim Konstanzer Weg: Auf dem dortigen Sportplatz wurde eine 600 m² umfassende Streetfläche asphaltiert. Street-Obstacles werden aus Kostengründen nicht aufgestellt.

Fitness-Skaten

⊙ **Rund um den See** führt ein Radweg, der teilweise sehr gut ausgebaut ist. Wer Urlaub am Bodensee macht, muss somit nicht auf seine Skatetouren verzichten.

Kurse

⊙ Beim **Konstanzer Roll- und Eissportclub e.V.** (KREC) können Inline-Skate-Kurse absolviert werden. Treffpunkt: Am Tannenhof. Geübt wird auf der Übungsbahn Rollschnelllauf. Termine und Preise auf Anfrage. Ansprechpartner: Herr Dr. H. Lehn, Telefon 0 75 31/ 6 13 10

⊙ Kurse werden vom **Ski-Club Konstanz e.V.**, Geschäftsstelle Neugasse 3, Telefon 0 75 31/ 2 62 62 und 1 52 70 – Abteilung Inline-Skating – angeboten. Es werden Anfänger- und Fortgeschrittenenkurse für alle Altersklassen veranstaltet. Die Kurse finden immer samstags, vorwiegend am Nachmittag, auf dem Parkplatz von ATM – im Industriegebiet – statt. Die Kurse dauern jeweils 2,5 Stunden. Die Kursgebühr beträgt jeweils 40 DM für Nichtmitglieder. Die schriftliche Kursanmeldung nimmt das Sportgeschäft Gruner (Neugasse 27) entgegen. Hier kann man sich auch Leih-Skates und Protektoren besorgen.

⊙ **Skate & Fun**, Flemingstraße 7, 88131 Lindau/Bodensee, Telefon 0 83 82/9 70 80, bietet Anfänger- und Fortgeschrittenenkurse an. Veranstaltet werden auch Kurse für Frauen von Frauen, durchgeführt von Ingrid Trötscher. Skates und Protektoren können geliehen werden. Die Kurse kosten jeweils 35 DM pro Teilnehmer.

Veranstaltungen

⊙ Rudi Geiger vom Ski-Club Konstanz e.V. organisierte die **Inline-Games** 1998 in Konstanz. Etwa 200 Läufer nahmen teil. Das Speed-Rennen erfolgte durch die Kontanzer Altstadtschleife. **Termine für 1999** sind bei Herrn Geiger oder beim Deutschen Inline-Skate-Verband, bei Frau Schaupp, Telefon 0 62 57/96 22 36, erhältlich.

⊙ 29. 9. 1999: **Schlossseelauf** (Speed/Straße, 12 km) in 88682 Salem-Mimmenhausen. Infos: Eugen Wenzel, Telefon 0 75 53/ 9 69 10

Fachgeschäfte

⊙ **Sport Gruner**, Neugasse 27, 78462 Konstanz, Telefon 0 75 31/ 90 36-0. Hier sind Leih-Skates erhältlich. Pro Tag werden 20 DM inkl. Protektoren berechnet und für den halben Tag 10 DM. Es werden auch Skates repariert.

⊙ **Sport Müller**, Augustinerplatz 11, 78462 Konstanz, Telefon 0 75 31/1 74 22. Skatereparaturen werden auch durchgeführt.

Übernachtung

⊙ **Jugendherberge** »Otto-Möricke-Turm«, Zur Allmannshöhe 18, 78464 Konstanz, Telefon 0 75 31/3 22 60. ÜF: Junioren 20 DM, Senioren 25 DM

Leipzig

Leipzig, eine der ältesten Messestädte Deutschlands, liegt am Zusammenfluss von Pleiße und Weißer Elster, im Mittelpunkt der Leipziger Tieflandsbucht.
Hinter dem Alten Rathaus (Marktplatz) befindet sich der Naschmarkt. Gegenüber dem Naschmarkt führt die Mädler-Passage unmittelbar hinein in das für Leipzig charakteristische Passagensystem.

Tipp

⊙ Besuch des ältesten Leipziger Kaffeehauses **»Kaffeebaum«** (um 1500), Kleine Fleischergasse 4

Auskunft

⊙ **Leipzig-Tourist Service e. V.**, Richard-Wagner-Straße 1, 04109 Leipzig, Telefon 03 41/71 04-2 60/2 65, Telefax 71 04-2 71/2 76

Treffpunkte

⊙ beliebter Treffpunkt: die Skateanlage in der **Innenstadt**, Richard-Wagner-Platz

⊙ auf dem **Marktplatz** vor dem Alten Rathaus

⊙ am **Hauptbahnhof**

⊙ Gebiet um die **Universität**, Grimmaische Straße – Treppen, gepflasterter Platz

⊙ vor der **Thomaskirche** – Steinkanten

⊙ am neuen **Allee-Center** in Grünau

Ramps

⊙ Eine Skateboardanlage ist in der **Innenstadt**, Richard-Wagner-Platz, am Horten-Kaufhaus in der Fußgängerzone, zu finden. Die Anlage umfasst: 1 Halfpipe (14 m lang, 6,25 m breit, 3,30 m hoch; Siebdruckplatten), 1 Curb (6 m), 1 Funbox mit 2 verschiedenen Transitions, 1 Railslide, 1 Minipipe (8,90 m lang, 5 m breit, 1,50 m hoch; Siebdruckplatten). Diese Skateboardanlage ist etwa 5 Minuten vom Hauptbahnhof entfernt.

⊙ Skateanlage an der **Festwiese beim Zentralstadion**, Jahnallee: 2 kleine Betonpipes

⊙ Skateanlage am **»Eiskeller«** (Prinz-Eugen-Straße): in Eigeninitiative gebaute »Skaterlandschaft«

⊙ **ARENA** (Grünau-Nord, Endhaltestelle der Straßenbahnlinie 15, Neue Leipziger Straße): 1 Miniramp (geeignet für Anfänger)

⊙ **Schulpark** (Täubchenweg): 1 Miniramp (benutzbar)

Hinweis: *Die Bahnen am Zentralstadion oder in Grünau sind weniger zu*

empfehlen, da diese aus Beton sind und somit eine hohe Verletzungsgefahr besteht.

Fitness – Skaten

⊙ Entlang des **Karl-Heine-Kanals** befindet sich ein neu asphaltierter Weg von der Lützner Straße bis Erich-Zeigner-Allee (Länge ca. 3 km).

Skateanlagen

⊙ Professionelle Skaterhallen gibt es nicht, jedoch eine in Eigeninitiative gestaltete alte **Fabrikhalle** in der Makranstädter Straße.

⊙ Des Weiteren eine Outdooranlage vor dem **Paunsdorf-Einkaufscenter** in der Paunsdorfer Allee 1. Auf dem Parkplatz steht eine Halfpipe und eine Miniramp. Die Halfpipe und die Miniramp können von den Skatern kostenlos genutzt werden.

⊙ **Halle Radi-cal-Le** (BMX-Verein), Spinnereistraße, Telefon 03 41/4 98 03 21. Tägl. ab 14.00 Uhr geöffnet

Kurse

⊙ Das **Fachgeschäft Roadrunner** (Nikolaistraße 10) veranstaltet Inline-Skate-Kurse. Die Kurstermine sind nicht festgelegt, sondern werden ganz individuell vereinbart. Die Kurse sind bei Roadrunner nicht in Anfänger- und Fortgeschrittenengruppen eingeteilt. Stattdessen zeigt jeder Teilnehmer dem Ausbilder sein fahrerisches Können und erhält dann ein individuelles Aufbautraining. Ein Kurs umfasst 2 Stunden und kostet 50 DM. Im Preis enthalten ist die Leihgebühr für Skates und Protektoren. Die Anmeldung erfolgt im Geschäft.

Fachgeschäfte

⊙ **Roadrunner**, Nikolaistraße 10, 04109 Leipzig, Telefon 03 41/ 9 60 72-32. Skate-Verleih: 1 Stunde 5 DM, 1 Tag 15 DM, 1 Wochenende 25 DM. Hier kann man seine Inline-Skates reparieren lassen. Es werden u. a. auch Beulen entfernt oder Nieten ersetzt.

⊙ **Sport Voswinkel**, Paunsdorfer Allee 1, 04329 Leipzig, Telefon 03 41/2 51 92 01. Hier sind u. a. auch Ersatzteile für Inline-Skates erhältlich.

Übernachtungen

⊙ **Jugendherberge** Leipzig-Zentrum, Käthe-Kollwitz-Straße 64, 04109 Leipzig, Telefon 03 41/ 9 83 45 07. ÜF: Junioren 22 DM, Senioren 27 DM. Voranmeldung ratsam.

⊙ **Jugendherberge**, Gustav-Esche-Straße 4, 04159 Leipzig (im Norden von Leipzig, im Erholungsgebiet Auensee), Telefon 03 41/ 4 61 11 14. ÜF: Junioren 20 DM, Senioren 25 DM

Limburg an der Lahn

Am Südwestrand der Altstadt, an der Hospitalstraße, ist in den letzten Jahren ein moderenes Zentrum entstanden. Vor deren Stadthalle sprudelt die »Pusteblume« – ein Wasserspiel, dem ausgeblühten Löwenzahn nachgebildet. Moderne Einzelhandelsgeschäfte und Kaufhäuser finden sich in der Werner-Senger-Straße. Hier kaufen nicht nur die Bürger der Stadt ein, sondern auch die Leute aus dem Hintertaunus, dem Lahntal und dem Westerwald.

Auskunft

⊙ **Verkehrsamt**, Hospitalstraße 2, 65549 Limburg, Telefon 0 64 31/61 66 oder 20 32 22, Telefax 32 93

Treffpunkt

⊙ Seit 1996 steht den Skatern eine **Halle** zur Verfügung.

Ramp

⊙ **Gelände Kalkwerk:** 1 Halfpipe

Fitness-Skaten

⊙ **entlang der Lahn**

Skatehalle

⊙ Auf Initiative der Stadtjugendpflege wurde eine professionelle Skatehalle in 65549 Limburg-Staffel errichtet. Zu finden ist das **»Colosseum«** in der Elzerstraße 2–4. Öffnungszeiten: täglich Mo.–Fr. von 13.00–22.00 Uhr bzw. Sa. und So. von 12.00–22.00 Uhr. In den Sommerferien öffnet die Halle bereits um 11.00 Uhr.

Kurse

⊙ Finden immer sonntags von 9.00–12.00 Uhr im **Colosseum** statt. Der Einsteigerkurs dauert 3 Stunden und kostet 45 DM pro Teilnehmer. Skates und Protektoren können geliehen werden. Die Kurse werden vom Fachgeschäft Bierbrauer Radtechnik veranstaltet. Infos unter Telefon 0 64 31/ 2 33 53.

Fachgeschäft

⊙ **Bierbrauer Radtechnik**, Diezer Straße 14, 65549 Limburg/Lahn, Telefon 0 64 31/ 2 33 53

Übernachtung

⊙ **Jugendherberge**, Auf dem Guckucksberg, 65549 Limburg, Telefon 0 64 31/4 14 93.
ÜF: Junioren 21 DM, Senioren 25,50 DM

Ludwigshafen

Ludwigshafen, die Industriemetropole im Rhein-Neckar-Raum, ist die zweitgrößte Stadt in Rheinland-Pfalz.
Eine vielfältige Fußgängerzone lädt zum Shopping und Bummeln ein. Im Jahre 1979 wurde das neue Rathauscenter eröffnet. In diesem Gebäude vereinen sich Verwaltung und moderne Einkaufsmöglichkeiten aufs Beste.

Tipp

⊙ Für die Abendstunden empfiehlt sich ein Besuch im **Stadtteil Hemshof**, wo Boulevardtheater und gemütliche Lokale locken.

Auskunft

⊙ **Tourist-Information** am Hauptbahnhof, 67059 Ludwigshafen, Telefon 06 21/51 20 35, Telefax 62 42 95

Treffpunkte

⊙ Platz vor dem so genannten **»Hohlen Zahn«** (Kirchenruine), Maxstraße

⊙ Ein- und Ausgänge des modernen **Rathauscenters** (Rathausplatz): Vorplätze mit Treppen

⊙ in den **Fußgängerzonen** Prinzregentenstraße und Bismarckstraße

⊙ am **Haus der Jugend** (Bahnhofstraße 30)

⊙ Gelände um das **Hack-Museum** (Berliner Straße/Hans-Klüber-Platz): mit Treppen

⊙ die Rad- und Fußwege durch den **Friedenspark** sowie an der dortigen Halfpipe und Snake-Run (Gustav-Heinemann-Allee)

⊙ am **Hauptbahnhof**

⊙ Haupteingang **Ebertpark** (Erzberger Straße, im Stadtteil Friesenheim): Treppen vorhanden. Geskatet wird auch auf dem dortigen Parkplatz vor der Eberthalle, beliebt ist die Abfahrt zum Parkplatz.

⊙ unter der **Hochstraße**, in der Nähe der Friedensparkanlage

Ramps

⊙ Eine Snake-Run befindet sich in der **Friedensparkanlage.**

⊙ Eine Halfpipe befindet sich nahe dem Kindergarten im **Friedenspark**.

⊙ Der **Ski-Club Oppau e. V.** besitzt eine Anlage, die sich auch zum Skaten eignet. Der Ski-Club vermietet seine Anlage in der eisfreien Zeit auch an Gruppen und ermöglicht dadurch, Inline-Skate-Veranstaltungen durchführen zu können.

Inline-Hockey

⊙ Unter der **Hochstraße**, Nähe Friedensparkanlage. Gespielt wird hier überwiegend samstags ab 14.00 Uhr oder auch sonntags ab 14.00 Uhr.

⊙ Vor dem **»Hohlen Zahn«** wird Streethockey gespielt. Hier treffen sich vor allem die jüngeren Skater.

Fitness-Skaten

⊙ Ideal auf dem **»Rheinroute«**-Radwanderweg (Streckenlänge 110 km). Wegbeschreibung: Wörth–Leimersheim–Germersheim–Lingenfeld–Römerberg–Speyer–Otterstadt–Altrip–Ludwigshafen–Schlangenwinkel–Petersau–Worms. Dieser Radwanderweg ist durchgehend beschildert. Markierung: »R« auf den Hinweisschildern.

Man sollte sich, je nach Kondition, geeignete Teilstrecken auswählen.

- Radweg entlang beider **Rheinbrücken** nach Mannheim
- auf den Wegen entlang der **Rheinschanzenpromenade** ab Hauptzollamt (Ludwigshafen Mitte) vorbei an der Walzmühle
- **Rheinuferweg** auf der Parkinsel im dortigen Stadtpark
- Radweg von **Oggersheim** nach Friesenheim (auf den Wegen entlang der Sternstraße und über den Radweg der Erzbergerstraße zum Ebertpark)
- auf dem Radweg um den **Ebertpark** (Stadtteil Friesenheim)

Eisstadion

- Im Sommerhalbjahr stehen den Inline-Skatern und Rollhockeyspielern die beiden Laufflächen des Eisstadions in der **Saarlandstraße**, trotz negativer Erfahrungen des Vorjahres, erneut zur Verfügung. Schatzmeisterin Ilse Lamberty teilte mit, dass dienstags und donnerstags von 10.00–13.00 Uhr Anmeldungen von Gruppen, Vereinen und Schulen telefonisch unter der Nummer 06 21/56 39 97 entgegengenommen werden.

Vereine

- **Eis- und Rollsportclub e. V.**, Saarlandstraße, 67061 Ludwigshafen, Telefon 06 21/5 63 99
- **Ski-Club Oppau e. V.**, Friedrichstraße, 67069 Ludwigshafen – auf dessen Gelände besteht die Möglichkeit zum Skaten.

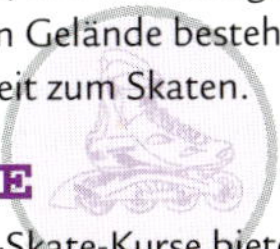

Kurse

- Inline-Skate-Kurse bietet die **LTS-Inline-Schule** in Zusammenarbeit mit Sport-Scheck und dem Haus der Jugend an. Die Kurse finden meist samstags zwischen 16.00 und 18.00 Uhr am Haus der Jugend (Bahnhofstraße 30) statt. Professionelle Instruktoren vermitteln den Teilnehmern das Skaten. Es finden Gruppen-, Familien- und Kinderkurse statt. Anmeldungen und Infos gibt es bei LTS, Telefon 01 71/4 45 90 41 oder bei Sport-Scheck, Telefon 06 21/59 96-2 37.

Fachgeschäfte

- Kalker **Fahrrad-Welt**, Bruchwiesenstraße 17, 67059 Ludwigshafen, Telefon 06 21/57 89 00. Hier sind Leih-Skates erhältlich. Es werden auch Inline-Skates von K2, Rollerblade und Ultra Wheels verkauft.
- **Sport-Scheck**, Bismarckstraße 54–56, 67059 Ludwigshafen, Telefon 06 21/59 96-0. Hier können Skates zur Reparatur abgegeben werden. Leih-Skates und Protektoren sind erhältlich. Für die komplette Ausrüstung werden 5 DM pro Tag berechnet.

Übernachtungen

- **Jugendgästehaus** im Alten Bahnhof Oggersheim, Prälat-Caire-Straße 20, 67071 Ludwigshafen, Telefon 06 21/6 85 09 99 oder 6 29 84 38. ÜF: 25 DM
- nächste **Jugendherberge**: JH, Rheinpromenade 21, 68163 Mannheim (Stadtteil Lindenhof), Telefon 06 21/82 27 18. ÜF: Junioren 20 DM, Senioren 25 DM

Lübeck

Lübeck ist ein historisch-kulturelles sowie Wirtschafts- und Wissenschaftszentrum im Ostseeraum. Lübecks Hafen, das »Tor zum Norden«, ist nach wie vor der umschlagkräftigste an der bundesdeutschen Ostseeküste.

Tipps

⊙ **Hafenrundfahrt** – ab Anleger Untertrave oder Moltkebrücke
⊙ Erstes Juli-Wochenende: zweiwöchiges **Lübecker Volksfest** auf dem Volksfestplatz, Travemünder Allee. Volksfestzug durch die Altstadt. Abschluss: Feuerwerk

Auskunft

⊙ **Lübeck-Informations-Zentrum**, Breite Straße 62, 23552 Lübeck, Telefon 04 51/ 1 22 81 06
⊙ **Touristbüro,** Beckergrube 95, 23552 Lübeck, Telefon 04 51/ 1 22 81 09, Telefax 1 22 81 90
⊙ **Tourist-Information** im Hauptbahnhof, 23558 Lübeck, Telefon 04 51/86 46 75, Telefax 86 30 24

Treffpunkte

⊙ in der Lübecker **Altstadt**, die in ihrem Kern verkehrsberuhigt ist; vor allem in der Breite-Straße
⊙ am **Rathaus** in der Altstadt
⊙ auf der **Wallhalbinsel** direkt an der Muk/Busparkplatz
⊙ am **Stadtgraben**
⊙ **Marli-Stadtpark**
⊙ Wege an der **Stadt-Trave**

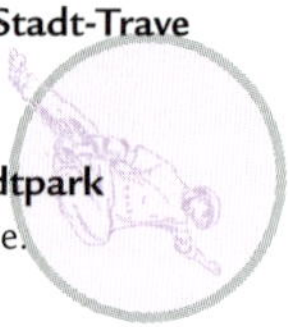

Ramp

⊙ Im **Marli-Stadtpark** steht eine Funpipe.

Skatehalle

⊙ Inline-Skate-Center **»Line Inn«**, Kronsforder Allee 130. Öffnungszeiten So.–Mi. 10.00–22.00 Uhr, Do.–Sa. 10.00–24.00 Uhr. Jeden Do., Fr. und Sa. 20.00–24.00 Uhr Inline-Skating mit cooler Musik

Fitness-Skaten

⊙ Immer an der **Küste** entlang bis Neustadt i. H. – hier gibt es superschöne Promenaden.
⊙ In der Skatehalle **»Line Inn«** gibt es für Fitness-Skater eine 1900 qm große Lauffläche.

Verein

⊙ **Roll- und Eissportverein Lübeck e. V.**, Thomas-Mann-Straße 18, 23564 Lübeck, Telefon 04 51/62 14 17

Kurse

⊙ In der Skatehalle **»Line Inn«** (Kronsforder Allee 130) können Inline-Skate-Kurse absolviert werden. Auskunft erteilt auch der Coolz Skate-Shop. Die Kurse werden von D.I.V.-geprüften Lehrern durchgeführt. Das Angebot umfasst Kurse für Anfänger und Fortgeschrittene. Aber auch Aggressive-Kurse können gebucht werden. Der Anfängerkurs umfasst 2 Stunden und kostet 50 DM pro Teilnehmer. Die Kurse finden in der Skatehalle statt. Termine nach Absprache. Skates und Protektoren können geliehen werden.

Fachgeschäfte

⊙ **Coolz Skate-Shop**, Kronsforder Allee 130, 23564 Lübeck, Telefon 04 51/5 50 52. Skates können zur Wartung und Reparatur abgegeben werden. Leih-Skates sind erhältlich. Pro Tag werden für Skates 20 DM berechnet, fürs Wochenende 40 DM.

⊙ **Fun-Box Lübeck**, Wahmstraße 87, 23552 Lübeck, Telefon 04 51/7 48 88. Hier werden Skates repariert.

⊙ **Skateland by Sport Corner**, Königstraße 41, 23552 Lübeck, Telefon 04 51/7 30 80. Skates können repariert werden.

Übernachtungen

⊙ **Jugendherberge**, Am Gertrudenkirchhof 4, 23568 Lübeck (Stadtteil St. Gertrud, 221 Betten), Telefon 04 51/3 34 33. ÜF: Junioren 22 DM, Senioren 27 DM

⊙ **Jugendgästehaus**, Mengstraße 33, 23552 Lübeck (Innenstadt, 72 Betten), Telefon 04 51/ 7 02 03 99

⊙ **CVJM-Haus**, Große Petersgrube 11, 23552 Lübeck, Telefon 04 51/7 19 20. ÜF: ab 26,50 DM

⊙ **Campingplatz**, Steinrader Damm 12, 23556 Lübeck-Schönböcken, Telefon 04 51/89 30 90 oder 89 22 87, Saison 1. 4.–31. 10.

Magdeburg

Magdeburg ist die Hauptstadt des Bundeslandes Sachsen-Anhalt und ein Verkehrsknotenpunkt im System der europäischen Wasserstraßen. Moderne Architektur prägt heute das Bild der Industriestadt, die mit dem Sitz der Technischen Universität auch als »Stadt der Wissenschaften« gilt.
Empfehlenswert ist ein Spaziergang entlang der Elbuferpromenade. Von hier gewinnt man einen Gesamtblick über die Silhouette Magdeburgs.

Tipp

- **Bundesgartenschau** (BUGA) in Magdeburg 1999 (von April bis Oktober)

Auskunft

- **Magdeburg-Information**, Alter Markt 12, 39104 Magdeburg, Telefon 03 91/5 40 49 03, Telefax 5 40 49 10

Treffpunkte

- Haupttreffpunkt der Street- und Stuntfahrer ist die **Leiterstraße** (Fußgängerzone) in der Innenstadt.
- auf dem alten **Marktplatz** vor dem Rathaus
- Treppen und Handrails vor dem **Hauptbahnhof**
- am **Florapark**, Parkplatz des Einkaufszentrums an der Ebendorfer Chaussee
- auf den Wegen im autofreien **Stadtpark**
- vor der **Stadthalle** (zwischen Pferdetor und Heinrich-Heine-Platz)
- bei den **Kleingärten** an der Salbker Chaussee
- im **Stadtpark** bzw. im dortigen **Sportpark** am Heinrich-Heine-Weg
- in der **Herrenkrugstraße**, nahe der Pferderennbahn
- zwischen Zoologischem Garten und Sporthalle an der **Klosterwuhne**
- am **Neustädter See** (Am Schöppensteg)
- auf dem **Unigelände** (Sandtorstraße)

Ramps

- In **Olvenstedt** steht eine Rampe am Hallenbad (Johannes-Goederitz-Straße).
- Im **Stadtpark** befindet sich noch eine Rampe. Diese ist im Sportgarten am Heinrich-Heine-Weg zu finden.

Inline-Hockey

- Wird auf dem Vorplatz der Stadthalle – im **Stadtpark Rotehorn** – gespielt.
- Kann in der **Skateanlage** (Harsdorfer Straße 45) gespielt werden. Anmeldung unter Telefon 01 77/5 14 25 80

Fitness-Skaten

- Die einzige Möglichkeit zum idealen Fitness-Skaten besteht auf den autofreien Wegen im **Stadtpark**.
- Gut zum Skaten ist auch die **Elbuferpromenade.**

Skatehalle

- Am 19. 9. 1998 wurde das Area 45, bestehend aus einer kleinen Skatehalle mit zusätzlicher Outdooranlage, in der **Harsdorfer**

Straße 45 eröffnet. Initiator der Halle ist der Verein Aufbau Elbe, Vorsitzende Frau Karin Kürbis, Telefon 03 91/7 31 83 42. Informationen sind auch bei Herrn Jens Usemann erhältlich, Telefon 01 77/5 14 25 80. Die Anlage ist täglich von 15.00–21.00 Uhr geöffnet, Fr. und Sa. bis 22.00 Uhr. Der Eintritt beträgt 2 DM, am Wochenende 3 DM.

Kurse

⊙ Im **Area 45** (Harsdorfer Straße 45) kann man Inline-Skate-Kurse absolvieren. Termine auf Anfrage unter Telefon 03 91/7 31 83 42. Leih-Skates sind jedoch nicht erhältlich.

⊙ **Sport Voswinkel** führt selbst keine Kurse durch, weist aber darauf hin, dass beim Kauf von Skates der Marke K2 ein Gutschein für einen Anfängerkurs dabei ist, der von K2 durchgeführt wird. Info: K2-Servicenummer

Fachgeschäft

⊙ **Sport Voswinkel**, Flora-Park, Olvenstedter Graseweg, 39128 Magdeburg, Telefon 03 91/ 2 51 88 62, organisiert auch Halfpipe-Events. Skates können zur Reparatur abgegeben werden. Leih-Skates sind erhältlich. Pro Tag werden 10 DM und fürs Wochenende 20 DM – jeweils inkl. Schützer – berechnet.

Übernachtung

⊙ **Jugendherberge**, Leiterstraße 10, 39104 Magdeburg, Telefon 03 91/53 21 01. ÜF: Junioren 32 DM, Senioren 47 DM

M

Mainz

Mainz ist die Landeshauptstadt von Rheinland-Pfalz. Die Stadt ist Universitätsstadt und als Sitz des Zweiten Deutschen Fernsehens, des Südwestfunk-Landesstudios Rheinland-Pfalz und SAT. 1 auch Medienstadt.

In der reizvollen Altstadt stehen Altes und Neues dicht beieinander. Die dortige Augustinerstraße ist die Lebensader der idyllischen Altstadt.

Auskunft

⊙ **Verkehrsverein**, Brückenturm am Rathaus, 55116 Mainz, Telefon 0 61 31/28 62 10, Telefax 2 86 21 55

Treffpunkte

⊙ **Theaterplatz** – Treppen

⊙ vor dem **Schloss** – Treppen, Handrails

Ramps

⊙ Skateanlage am **Kaisertor** mit Funbox, Quarterpipe, Quarter-Variation, Rail und Curb

⊙ In der **Windmühlenstraße** gibt es seit 1994 eine Spine Ramp und eine Funbox.

⊙ Im **Sertoriusring** (Mainz-Finthen) steht seit 1990 eine Halfpipe.

⊙ Im **Laubenheimer Ried** (Mainz-Laubenheim) befindet sich ebenfalls seit 1990 eine Halfpipe.

- Im **Hartenbergpark** befinden sich seit 1991 eine Halfpipe und eine Miniramp.
- In **Mainz-Bretzenheim**, in der Alten Ziegelei, gibt es seit 1990 mobile Rampen.

Skateboardbahn

- Eine Skateboardbahn wurde am **Kaisertor** eingerichtet.

Inline-Hockey

- Wird am Wochenende auf dem **Wertkauf-Parkplatz** (Weberstraße 15, Mainz-Weisenau) gespielt.

Fitness-Skaten

- Hierzu eignen sich die **öffentlichen Rollschuhbahnen**: Bezirkssportanlage Bretzenheim (Albert-Stohr-Straße/Südring), Goetheplatz (Goethestraße/Neustadt), Volkspark/Stadtpark (Göttelmannstraße/Oberstadt) und Hartenbergpark (Am Lungenberg, Nähe Hartenbergschule).

Sportstudio

- **Sport-Treff Mainz-Bretzenheim**, Hans-Böckler-Straße 114–116, Telefon 0 61 31/ 36 22 22. Dieses Sportstudio veranstaltet Inline-Skating-Events, meist während der Sommerferien.

Kurse

- **Friedrich Kempf**, An den Platzäckern 20, Telefon 0 61 31/ 47 93 82 oder 0 61 31/36 22 22, führt Inline-Skate-Kurse für Anfänger durch. Diese dauern 3 Stunden und kosten pro Teilnehmer 50 DM. Die Teilnehmerzahl pro Kurs ist auf 8 Personen begrenzt. Man sollte sich deshalb rechtzeitig anmelden. Skates und Protektoren können geliehen werden – 10 DM werden hierfür berechnet. Die Kurse werden in Mainz, in Wiesbaden und in Rüsselsheim durchgeführt.
- Das **Fachgeschäft Mc Coy** veranstaltet in Mainz Inline-Skate-Kurse für Einsteiger. Man kann zwischen Einzel- oder Gruppenunterricht wählen. Die Kursgebühr beträgt 15 DM pro Stunde. Die Termine werden individuell vereinbart. Skates und Protektoren kann man sich leihen (Skates 15 DM, Schützer 10 DM). Eine Kaution von 100 DM muss hinterlegt werden. Anmeldung und Infos unter Telefon 0 61 31/23 19 53

Fachgeschäfte

- **Kapp-Sport**, Schusterstraße 42, 55116 Mainz, Telefon 0 61 31/22 74 01. Ersatzteile sind bei Kapp-Sport vorhanden. Reparaturarbeiten werden hier eher selten durchgeführt, da die jugendlichen Skater ihre Inline-Skates meist selbst reparieren.
- **Mc Coy** Inliner, Skateboard, Snowboard, Streetwear, Graben 4, 55116 Mainz, Telefon 0 61 31/ 23 19 53. Hier werden Inline-Skates repariert. Leih-Skates sind im Geschäft erhältlich.

Übernachtung

- **Jugendgästehaus**, Otto-Brunfels-Schneise 4, 55130 Mainz, Telefon 0 61 31/8 53 32. ÜF: 26,30 DM bis 35,50 DM

Mannheim

Mannheim, die zweitgrößte Stadt in Baden-Württemberg, liegt am Zusammenfluss von Rhein und Neckar und ist umgeben von den reizvollen Mittelgebirgen Odenwald und Pfälzer Wald. Die Fußgängerzone »Planken«, zwischen Wasserturm und Paradeplatz liegend, ist das repräsentative »Schaufenster« Mannheims mit eleganten Geschäften, Cafés und Ladenpassagen. Die Stadt ist das Einkaufszentrum der Region. Ihr Einzugsgebiet erstreckt sich vom Odenwald bis zum Pfälzer Wald, von der Gegend um Darmstadt bis nach Karlsruhe.

Auskunft

⊙ **Tourist-Information**, Willy-Brandt-Platz 4, 68161 Mannheim, Telefon 06 21/10 10 11, Telefax 2 41 41

Treffpunkte und Übungsplätze

⊙ **Neckarufer/Neckarpromenade:** Hier findet man ein ideales Gelände zum Skaten mit gutem Belag und zahlreichen Treppenstufen mit Rails.

⊙ Direkt vor dem **Städtischen Klinikum** sind etliche Kinkrails vorhanden.

⊙ Am **Bahnhof in Mannheim-Waldhof** gibt es unzählige Handrails in verschiedenen Höhen, Längen und Formen sowie zahlreiche Treppenstufen.

⊙ am **Rosengarten:** teilweise idealer Belag zum Skaten

⊙ **Neckarau** (Morchfeldstraße/Ecke Eisenbahnstraße): 5 Handrails, etwa 40 m lang, mit leichtem Gefälle, viele niedrige Treppen, ein flaches 5-m-Curb

⊙ Treppen am **Stadthaus** (Kunststraße)

⊙ In **Neuostheim** gibt es viele eingewachste Treppenstufen und sehr viele Rails. Weitere Obstacles sind im Hirschgarten zu finden.

⊙ Treppen am **Wasserturm** und das Gebiet rund um den Wasserturm

⊙ Treppen der **Kunsthalle** (Moltkestraße)

⊙ Radweg in der **Fressgasse**

⊙ Radweg in der **Kurpfalzstraße**

⊙ **Hornbach-Parkplatz** in der Casterfeldstraße (Stadtteil Neckarau)

⊙ Unterhalb der **Carlo-Schmid-Brücke**, auf der Freudenheimer Seite, befindet sich eine poolähnliche Anlage; diese wird von den Skatern genutzt.

Ramps

⊙ Im **Abenteuerspielplatz Waldpforte**, Stadtteil Waldhof (Waldpforte, Einmündung Karlsternstraße), befindet sich eine 3-m-Halfpipe aus Holz. Diese ist nur zu bestimmten Zeiten zugänglich.

⊙ Die Gemeinde **Edingen-Neckarhausen** errichtet beim Kultur- und Sportzentrum (Mannheimer Straße) eine Skateanlage mit einer Miniramp und einer Quarterpipe sowie eine Rollhockeyanlage. Mit der Errichtung beider Anlagen wurde vor kurzem begonnen.

Inline-Hockey

⊙ sonntags auf dem Wertkauf-Parkplatz im Stadtteil **Vogelstang**, Spreewaldallee

⊙ sonntags auf dem Parkplatz des real-SB-Warenhauses, Amselstraße 10, Stadtteil **Sandhofen**

⊙ Stadtteil **Freudenheim** – Ende Spessartstraße. Streethockey wird hier improvisiert auf der Straße gespielt.

⊙ Im Stadtteil **Neuostheim** wird bei schlechtem Wetter Inline-Hockey auf den Parkplätzen unterhalb der Carlo-Schmid-Brücke gespielt.

⊙ Im Sommerhalbjahr können Inline-Hockey-Vereine das Eissportzentrum **Herzogenried**, Käthe-Kollwitz-Straße, Telefon 06 21/30 10 95, anmieten. Derzeit trainiert hier der Käfertaler Hockeyverein, immer donnerstags von 17.30–19.30 Uhr.

Fitness – Skaten

⊙ Radweg ab **OEG-Bahnhof** Kurpfalzbrücke – über Neuostheim nach Seckenheim

⊙ am **Strandbad/Reißinsel**

⊙ auf den asphaltierten Wegen des **Unigeländes**

⊙ Radweg um den **Luisenpark** – bis nach Neuostheim

⊙ Radweg von **Sandhofen** (ab Aral-Tankstelle) nach Lampertheim – diese Route ist bei den Inline-Skatern, vor allem bei Familien, sehr beliebt.

Inline – Disco und Inline – Hockey

⊙ Inline-Hockey kann im Sommerhalbjahr in der Eissporthalle **Viernheim**, Alter Weinheimer Weg, 68519 Viernheim, gespielt werden. Info: Telefon 0 62 04/ 7 42 39. Inline-Hockey kann hier auf Normfeldern gespielt werden. Trainingszeiten sind zu vermieten.

Kurse

⊙ Im Aerobic-Fitness-Center **Squash-Lagune**, R 5, 14, Telefon 06 21/2 22 06, können Anfängerkurse absolviert werden. Die Kursdauer beträgt 2 Doppelstunden. Termine und Kursgebühr auf Anfrage.

⊙ Inline-Skate-Kurse werden auch von **Engelhorn-Sports**, N 5, Telefon 06 21/16 70-20 21, angeboten. Die Kursgebühr beträgt 45 DM pro Teilnehmer. Skates und Protektoren können geliehen werden. Kurstermine auf Anfrage.

⊙ **Skate for Fun, Sport-Shop Pfrang**, Adlerstraße 55 a, Telefon 06 21/85 91 55. Leitung: Thomas Pfrang, D.I.V.-geprüfter Lehrer. Es werden Kurse für Anfänger und Fortgeschrittene angeboten. Pro Kurs werden 40 DM pro Teilnehmer berechnet. Die Kurse finden outdoor statt. Termine und Kursorte auf Anfrage. Skates und Protektoren können geliehen werden.

⊙ Bei **Skater's Corner**, Fressgasse Q 5, 22, können Inline-Skate-Kurse gebucht werden. Zur Auswahl stehen Anfängerkurse in 68723 Schwetzingen oder in 68753 Waghäusel. Der Skatekurs in Schwetzingen umfasst etwa 2 Unterrichtsstunden und wird von einem Sportpädagogen erteilt. Der Kurs in Waghäusel umfasst hingegen 2 Unterrichtstage und wird von einem Eissportprofi erteilt. Termine und Kursgebühren auf Anfrage – Telefon 06 21/1 22 33 70

⊙ Regelmäßige Inline-Skate-Lauftreffs werden vom **Ski-Club Mannheim** 1906 e.V., Niedererdstraße 117, 67071 Ludwigshafen, Telefon 06 21/68 28 65, veranstaltet. Man trifft sich freitags an der Sporthalle

Vogelstang in der Pommernstraße. Teilnehmen können auch Nichtmitglieder. Infos zum Lauftreff: Telefon 06 21/7 14 02 13

⊙ Anfängerkurse werden auch von **Brandmüller-Sport**, Hügelstraße 4, 68519 Viernheim, veranstaltet. Die Kursdauer beträgt 1,5–2 Stunden. Berechnet werden 69 DM pro Teilnehmer. Skates und Protektoren können geliehen werden. Die Leihgebühr beträgt 30 DM fürs Wochenende. Diese Gebühr wird beim Kauf von Skates im Geschäft Brandmüller angerechnet. Die Kurse finden bei der Feuerwehr in Viernheim statt. Termine auf Anfrage – Telefon 0 62 04/39 60

Hinweis: *Witziges in Mannheim: Inline-Kuriere! Der Kurierdienst ist in C2, 20, 68159 Mannheim, zu finden. Auskunft gibt es beim Inhaber Andreas Schäfer.*

Veranstaltungen

⊙ Das Jugendhaus im **Stadtteil Schönau**/Endhaltestelle 1 veranstaltet die bekannten und beliebten Roller-Discos für alle Rollschuh- und Inline-Fans im Alter von 8 bis 20 Jahren. Diese Veranstaltung findet freitags von 18.00–21.00 Uhr statt. Der Eintritt ist frei. Rollschuhe und Inline-Skates müssen mitgebracht werden. Das Benutzen von Skateboards ist nicht erlaubt.

⊙ 14. 8. 1999: **Volkslauf** (Speed/Straße) in 68623 Lampertheim. Infos: Karl-Heinz Berg, Telefon 0 62 56/4 82

Fachgeschäfte

⊙ **Crazy Wheels Inline-Skates + More**, Q 4-Passage, 68161 Mannheim, Telefon 06 21/1 22 00 26. Skates können zur Reparatur abgegeben werden. Leih-Skates sind nicht erhältlich. Inline-Skate-Kurse können im Geschäft gebucht werden. Veranstaltet werden die Kurse vom Aeorobic-Fitness-Center Squash-Lagune.

⊙ **Engelhorn-Sports** – größtes Sporthaus Deutschlands, N 5, 68161 Mannheim, Telefon 06 21/ 16 70-20 21. Für Skater wird ein Rundum-Service geboten, der keine Wünsche offen lässt. Leih-Skates sind hier erhältlich. Die Tagesgebühr beträgt 15 DM und fürs Wochenende (Fr.–Mo.) werden 25 DM – jeweils inkl. Protektoren – berechnet. Es können hier auch Reisen zu den Skater-Mekkas in die USA gebucht werden. Das Sporthaus organisiert u. a. auch die beliebten Inline-Skate-Events in Mannheim.

⊙ **Galaria Kaufhof**, Paradeplatz, 68161 Mannheim, Telefon 06 21/ 18 05-1. In der Sport-Arena in der Galaria Kaufhof steht eine eigens eingerichtete Inliner-Werkbank für die Kunden zur Verfügung.

⊙ **Skater's Corner**, Fressgasse Q 5, 22, 68161 Mannheim, Telefon 06 21/1 22 33 70. Skates werden hier repariert. Kleinere Reparaturen werden meist sofort im Geschäft durchgeführt. Skates inkl. Protektoren können hier geliehen werden. Pro Tag werden 10 DM berechnet.

⊙ **Sport-Shop Pfrang**, Adlerstraße 55 a, 68199 Mannheim, Telefon 06 21/85 91 55. Skates können zur Reparatur abgegeben werden. Leih-Skates sind erhältlich.

Übernachtung

⊙ **Jugendherberge**, Rheinpromenade 21, 68163 Mannheim (Stadtteil Lindenhof), Telefon 06 21/ 82 27 18. ÜF: Junioren 20 DM, Senioren 25 DM

Marburg

Marburgs Anziehungskraft beruht auf seinem einmalig schönen Stadtbild. Dank der gelungenen und preisgekrönten Altstadtsanierung gewinnt die Stadt von Jahr zu Jahr an Attraktivität und Atmosphäre.

Auskunft

- **Fremdenverkehrsverband** Marburg-Biedenkopf e. V., Im Lichtenholz 60, 35043 Marburg, Telefon 0 64 21/4 05-3 81 oder 4 05-3 82, Telefax 4 05-5 00

Treffpunkte

- Parkplatz **Georg-Gaßmann-Stadion**
- Parkplatz **Kaufmännische Schulen**
- **Rudolfsplatz**
- **Messeplatz**
- Parkplatz **Stadtwerke**

Verbot

- In den Eingangsbereichen des **Kaufhauses Ahrens** hängen seit dem Sommer 1996 Verbotsschilder für Inline-Skater. Die »Inline-Skater sind von der Wilhelmstraße über die Galerie direkt in die Sportabteilung gefahren«, dies berichtete ein Mitarbeiter des Kaufhauses. Da sich viele Kunden davon belästigt fühlten, entschloss sich die Kaufhausleitung zu diesem Verbot.

Ramps

- Am **Georg-Gaßmann-Stadion**, Leopold-Lukas-Straße, befindet sich eine Miniramp (1,5 m hoch, 6 m breit). Sie ist beliebter Treffpunkt von jungen Inline-Skatern. Jedoch bemängeln die dortigen Skater die Qualität der Rampe. Besonders stört es die Jugendlichen, dass eine offene Verbindungsschwelle zu häufigen Stürzen führt.
- Im Waldtal am **Bolzplatz** am Rain steht eine Miniramp (2 m hoch, 4 m breit).
- In **Cappel** – am Sportgelände an der Umgehungsstraße – befindet sich eine Miniramp (1 m hoch, 5 m breit).
- In **Goßfelden** – am Spielplatz an der Marburger Straße – steht eine weitere Miniramp (1,2 m hoch, 6 m breit). Auf diesem Spielplatz treffen sich während der Schulferien zahlreiche Inline-Skater. Trainiert wird auf der oben beschriebenen Miniramp. Der Zustand der Rampe ist nach Meinung der dortigen Skater recht gut, verglichen mit den anderen Anlagen in Marburg. Für viele Skater Grund genug, auch längere Anfahrtswege in Kauf zu nehmen, um hier üben zu können. So gehören zum Einzugsbereich dieser Miniramp Dautphe, Wetter, Todenhausen, Caldern und Michelbach.

Hinweis: *Die Stadt Marburg ist intensiv dabei, die Infrastruktur für Inline-Skater und Skateboarder zu verbessern. Der Verein für bewegungs- und sportorientierte Sozialarbeit e.V. hat sich diesem Vorhaben angenommen. Geschäftsführer dieser Institution: Jochen Schirp, Schückingstraße 40, 35037 Marburg, Telefon 06421/6636, Telefax 06421/681361.*

Downhill

- Manchen Skatern scheinen die Skateanlagen in Marburg auf Dauer zu langweilig geworden zu sein, denn inzwischen nutzen verschiedene Skater die **Leopold-Lucas-Straße** als Downhill-Strecke. Einen besonderen Nervenkitzel bereitet den Marburger Skatern die Abfahrt vom Tannenberg herunter. Die Jugendlichen fahren mit dem Bus auf den Berg und brettern dann bei Spitzengeschwindigkeiten von mehr als 55 km/h runter ins Tal. Solche Talabfahrten sind sehr gefährlich und es kann durchaus zu schweren Verletzungen kommen. Dies bestätigte ein Arzt der Marburger Uni-Klinik.

Inline-Hockey

⊙ Im **Georg-Gaßmann-Stadion,** Leopold-Lukas-Straße, befindet sich ein Hockeyfeld; dieses darf mit Inline-Skates ausnahmsweise befahren werden.

Fitness-Skaten

⊙ Die Stadt Marburg verfügt über ein sehr ausgeprägtes Fahrradwegenetz, welches zum größten Teil auch längs des **Lahnufers** verläuft. Hier ist ein gut asphaltierter Fuß-/Radweg auf beiden Seiten der Lahn vorhanden. Der Weg auf der Westseite ist skatebar vom Hauptbahnhof bis zur Holzbrücke am Rudolfsplatz (ca. 2,5 km). Auf der anderen Seite der Lahn kann man von Bortshausen bis nach Kirchhain (etwa 20 km) skaten. Jedoch gibt es bei Bürgeln eine über 100 m umfassende Schotterstrecke. Spurwechsel zwischen den Ufern ist möglich.

⊙ Nach Auskunft des Sportamtes in Marburg ist im **Nordviertel der Stadt**, beim früheren Gaswerk in **Afföller**, ein Naherholungsgebiet geplant. Es werden auch Flächen für Inline-Skater angelegt.

Kurse

⊙ **Sport-Zermann,** Universitätsstraße 19, 35037 Marburg, Telefon 0 64 21/2 44 77. Der Geschäftsinhaber beschäftigt Inline-Skate-Ausbilder, die eine spezielle Schulung absolviert haben. Seit Mai 1997 können hier Inline-Skate-Kurse gebucht werden. Termine und Preise auf Anfrage

Fachgeschäfte

⊙ **Herry's Sport-Shop**, Neustadt 23, 35037 Marburg, Telefon 0 64 21/6 31 31. Hier kann man sich Skates tageweise oder auch übers Wochenende ausleihen. Für Inline-Skates werden pro Tag 7,50 und übers Wochenende 15 DM berechnet. Es werden auch Inline-Skate-Kurse veranstaltet. Der Anfängerkurs umfasst 3-4 Unterrichtsstunden und kostet pro Teilnehmer 30 DM. Dieser Kurs findet alle 14 Tage statt. Kurse für Fortgeschrittene auf Anfrage

⊙ **Sport-Zermann,** Universitätsstraße 19, 35037 Marburg, Telefon 0 64 21/2 44 77

Übernachtung

⊙ **Jugendherberge**, Jahnstraße 1, 35037 Marburg, Telefon 0 64 21/2 34 61. ÜF: Junioren 24 DM, Senioren 29 DM

Mindelheim

Mindelheim ist die Kreisstadt des Landkreises Unterallgäu. Schon von weitem ist das Wahrzeichen der Stadt zu erkennen, die Türme und Tore, die dem Stadtbild eine unverwechselbare Silhouette verleihen. Während der »Fasnacht« werden verschiedenen Türmen der Stadt Fasnachtskostüme angelegt.

Auskunft

⊙ **Verkehrsbüro**, Lautenstraße 2, 87719 Mindelheim, Telefon 0 82 61/99 15 69, Telefax 99 15 70

Treffpunkte

⊙ **Marienplatz** (Stadtmitte)

⊙ Sliding ist möglich beim **Hotel Alte Post**.

⊙ **Ladenlokal von M & L** (manchmal zu deren Leidwesen)

⊙ **Verkehrsübungsplatz**

⊙ **Busbahnhof Rotkreuzplatz** (Ecke Krumbacher Straße/Landsberger Straße)

⊙ diverse **Biergärten** an Radwegen

Hinweis: *In der Stadt wird viel geskatet. Bekannt ist der skatende Stadtpfarrer von Mindelheim.*

Ramp

⊙ Die Hallenkartbahn **»Kart-O-Mania«** (Allgäuer Straße), auf deren Freigelände Street-Obstacles, Funbox, Jumpramps, Rails und Grindblocks standen, ist bereits geschlossen.

Inline-Hockey

⊙ Seit 1996 gibt es einen neuen Hockeyplatz mit Flutlicht und Bande. Hier fand auch der **»Winterallgäu-Cup 97«** statt.

Fitness-Skaten

⊙ Auf dem Radweg an der **Mindelau** entlang nach Gernstall (ca. 2 km), weiter über Apfeltrach (ca. 3 km) nach Dirlewang (ca. 4 km). Man kann sich nun eine Rast im dortigen Biergarten gönnen. Weiter geht es dann auf dem Radweg nach Altensteig (4 km) - nach Osterlauchdorf (ca. 3 km) mit empfehlenswerter Rast im Biergarten/Café Rehwinkel (mit herrlicher Terrasse). Danach Rückfahrt nach Altensteig (ca. 3 km), weiter nach Mindelau (ca. 2 km), weiter nach Heimenegg (ca. 2 km) und Mindelheim (ca. 3 km). Das Gelände ist flach und somit auch für ungeübte Skater geeignet. Eine gewisse Kondition sollte jedoch vorhanden sein, um die Strecke mit rund 25 km Gesamtlänge bewältigen zu können.

Skatehallen

⊙ **Kart-O-Mania-Skatepark**, Allgäuer Straße. Die Kartanlage und deren Inline-Bahn sind inzwischen geschlossen.

⊙ Bisher lohnte sich am Wochenende die Fahrt nach Kaufbeuren zur **Zeppelinhalle**, Hohe Buchleuthe 5, 87600 Kaufbeuren. Diese Skateanlage ist inzwischen geschlossen. Eine Neueröffnung wird es nicht geben.

⊙ Während der Schulferien bietet sich ein Besuch im **Indoorkart-Sportcenter »Speed«**, Graf-Zeppelin-Straße 20, 86899 Landsberg am Lech, an. Den Skatern steht die Kart-Bahn Mo., Di., Do. von 13.00–16.00 Uhr zur Verfügung.

Verein

⊙ **TSV Mindelheim**, Abt. Street- und Eishockey, Am Mühlweg, 87719 Mindelheim, Telefon 0 82 61/85 45. Der Verein veranstaltet Hockeyturniere.

Kurse

⊙ Die Rollsportfirma **Rollsport Mayer & Löschinger** (M & L) bietet Einsteigerkurse für Inline-Skater an. Pro Teilnehmer werden 50 DM berechnet. Es finden auch Kurse zur Bremstechnik und Fahrtechnik statt. Die Teilnahme kostet 30 DM. Des Weiteren werden von M & L Aggressive-Team Show's veranstaltet.

Veranstaltungen

⊙ 11. 9. 1999: **Internationale Bayerische Marathonmeisterschaft** (Speed/Straße) in 87616 Marktoberdorf. Infos: Frank Kopp, Telefon 0 83 42/4 06 08

⊙ 11. 9.–12. 9. 1999: **3. Internationale Ansorge Skate Cup** (Speed/Straße) in 87616 Marktoberdorf: Infos: Frank Kopp, Telefon 0 83 42/4 06 08

Fachgeschäft

⊙ **Rollsport Mayer & Löschinger (M & L)**, Bahnhofstraße 3 a, 87719 Mindelheim, Telefon 0 82 61/2 01 50. Hier können Inline-Skates und Protektoren geliehen werden. Pro Tag werden 10 DM, fürs Wochenende 15 DM berechnet. Die Leihgebühr wird beim Kauf von Skates verrechnet.

Übernachtung

⊙ günstig: Gasthof-Restaurant **»Storchenbräu«**, Landsberger Straße 13, 87719 Mindelheim, Telefon 0 82 61/16 08

Mülheim an der Ruhr

In Mülheims historischer Altstadt gibt es schöne Fachwerkbauten mit zahlreichen Lokalen. Für Shopping-Begeisterte bietet Mülheim und seine Umgebung einiges: das Einkaufszentrum Forum-City oder das Rhein-Ruhr-Zentrum mit seinem »Rundum-Angebot«. Empfehlenswert ist außerdem der Besuch der wunderschön gestalteten Anlagen des MÜGA-Landesgartenschaugeländes.

Auskunft

⊙ **City-Shop**, Forum-City Mülheim, Untergeschoß/Ausgang Kaiserplatz/Hans-Böckler-Platz, 45468 Mülheim an der Ruhr, Telefon 02 08/4 55 80 80/81, Telefax 4 55 80 88

Treffpunkte

⊙ am **Hauptbahnhof**

⊙ beim **Rathaus**

⊙ am **Haus des Sports** (Südstraße 25)

⊙ bei der **Stadthalle** (Theodor-Heuss-Platz)

⊙ **Carl-Diem-Straße**

⊙ Das **Einkaufszentrum Forum City** (Nähe Hauptbahnhof) ist ein beliebter Treffpunkt.

Inline-Hockey

- in der **Sollinger Straße**
- auf dem Parkplatz des **allkauf-SB-Warenhauses** in der Weseler Straße
- auf dem **Metro SB-Groß-markt**-Gelände (Heifeskamp)
- Regelmäßig treffen sich Skater zum Training auf dem Rollhockeyfeld im **»Trend-Sportpark Oberhausen«** (Am Kaisergarten, 46049 Oberhausen).

Fitness-Skaten

- Um den **Baldeneysee.** Eine Runde um den See ist etwa 15 km lang. Vor der Tribüne am See kann man prima Slalom fahren, da hier einige Skater Punkte auf die Fahrbahn aufgesprüht haben. Wer keine Inline-Skates besitzt, kann sich am See welche leihen. Fahrrad- und Inline-Verleih: Hardenbergufer, Baldeneysee, Telefon 02 01/ 46 62 38. Für Skates inkl. Schützer werden pro Stunde 6 DM, bis 5 Stunden 15 DM und für 24 Stunden 20 DM berechnet.

Skatehallen und Skateparks

- **Carl-Diem-Halle** (Sporthalle), Carl-Diem-Straße 6. In der Sporthalle befinden sich mehrere Ramps aus Beton sowie Möglichkeiten zum Grinden.
- Am Wochenende lohnt es sich, ins **»lead sled boarding«**, Ruhrtalstraße 333, 45219 Essen-Kettwig, zu fahren. Öffnungszeiten: Mo.–Fr. 12.00–20.00 Uhr, Sa. 10.00–16.00 Uhr
- Seit Ende Mai 1998 steht den Skatern ein **Outdoor-Skatepark** in **Oberhausen** zur Verfügung. Der so genannte **»Trend-Sportpark Oberhausen«** befindet sich Am Kaisergarten, 46049 Oberhausen. Die Skateanlage ist täglich von 10.00–22.00 Uhr geöffnet. Der Eintritt ist frei. Die Anlage ist ausgestattet mit Jumpramps, Minipipe, Speed-Skating-Strecke und Rollhockeyfeld.

Kurse

- Der **Mülheimer Sportbund** (MSB) veranstaltet u. a. auch Inline-Skate-Kurse. Diese umfassen insgesamt 9 Unterrichtsstunden. Die Kursgebühr beträgt 54 DM pro Teilnehmer. Skates und Protektoren sind mitzubringen. Dieser Kurs eignet sich für Einsteiger mit geringen Vorkenntnissen. Schulungsort: Haus des Sports, Südstraße 25, 45470 Mülheim an der Ruhr. Termine auf Anfrage: Telefon 02 08/ 36 07 72, Telefax 3 08 50 50
- Neu: **Ausbildung zum Inline-Skating-Instruktor.** Im Rahmen eines landesweiten Projektes des LSB und Bildungswerks wird der **Mülheimer Sportbund** Inline-Skating-Instruktoren ausbilden. Der Kurs ist nur für Teilnehmer mit Inline-Fahrsicherheit geeignet. Inline-Skates mit Clear-Colour-Rollen ohne Stopper sind erforderlich. Der Kurs dauert von 10.00–16.00 Uhr und kostet pro Teilnehmer 100 DM. Termine auf Anfrage. Kursort: TH Mintarder Straße, 45481 Mülheim an der Ruhr.
- Bei **Halli-Galli** (Kaiserstraße 8) können Einsteigerkurse absolviert werden. Die Unterrichtseinheiten finden an vier aufeinander folgenden Wochenenden statt und umfassen jeweils 2 Stunden. Die Kursgebühr beträgt 78 DM pro Teilnehmer.

⊙ **Inline-Skate-Schule Essen**, Simsonstraße 58, 45147 Essen, Telefon 02 01/70 50 42. Leitung: Eric Beyer, D.I.V.-geprüfter Lehrer. Es gibt Anfänger-, Fortgeschrittenen- und D.I.V.-Basic-Licence-Kurse, die alle meist am Wochenende stattfinden. Für den Anfängerkurs werden 40 DM, für den Fortgeschrittenenkurs inkl. zweitägiger Video-Fehlerkorrektur 100 DM und für den D.I.V.-Basic-Licence-Kurs 45 DM berechnet. Skates und Protektoren können geliehen werden.

Fachgeschäfte

⊙ **Freestyle**, Löhstraße 3–5, 45468 Mülheim/Ruhr, Telefon 02 08/47 76 17. Diese betreiben eine Skatehalle in Duisburg-Neumühl, Konrad-Adenauer-Ring.

⊙ **Halli-Galli**, Kaiserstraße 8, 45468 Mülheim/Ruhr, Telefon 02 08/3 50 60. Hier werden Skates repariert. Leih-Skates sind erhältlich. Pro Tag werden 10 DM und fürs Wochenende 20 DM – inkl. Schützer – berechnet.

⊙ **Sport Voswinkel**, Hans-Böckler-Platz 1, 45468 Mülheim/Ruhr, Telefon 02 08/38 31 27. Hier können Skates zur Reparatur abgegeben werden.

Übernachtung

⊙ **Jugendherberge**, Mendener Straße 3, 45470 Mülheim/Ruhr, Telefon 02 08/38 21 91.
ÜF: Junioren 21,60 DM/24 DM, Senioren 26,60 DM/29 DM

München

Die 1,3-Millionen-Stadt München liegt am Fuße der Alpen und wird von der Isar durchflossen. Die Altstadt ist das schlagende Herz der Isar-Metropole. Die Eingangspforten der Altstadt bilden die drei Tore, die noch von der mittelalterlichen Stadtmauer erhalten sind. Der Marienplatz ist der Mittelpunkt der Altstadt. Täglich um 11.00 Uhr (im Sommer auch 12.00 und 17.00 Uhr) wird dieser Platz zum Treffpunkt zahlreicher Schaulustiger, die das berühmte Glockenspiel am Rathaus hören und sehen wollen.

Tipps

⊙ **Oktoberfest:** Jedes Jahr, Ende September, fällt die Stadt in einen kollektiven Rausch. »O'zapft is«, heißt es dann.

⊙ **Biergärten:** Chinesischer Turm im Englischen Garten, Seehaus im Englischen Garten, Augustiner (Arnulfstraße 52), Hirschgarten (Hirschgarten 1), St. Emmeramsmühle (St.-Emmeram-Straße 41)

Auskunft

⊙ **Verkehrsamt am Hauptbahnhof**, Bahnhofsplatz 2, 80335 München, Telefon 0 89/2 33-3 02 56 und -3 02 57, Telefax 23 33 02 33

⊙ **Tourist-Information**, 80331 München, Telefon 0 89/2 33-3 02 72 und -3 02 73

⊙ **Tourist-Information am Flughafen**, Zentralgebäude,

Telefon 0 89/97 59 28 15,
Telefax 9 75 29 28 13

Treffpunkte

⊙ **Max-Joseph-Platz** (U-Bahn Marienplatz): In der Nähe des Opernplatzes finden Skater einen idealen Untergrund zum Üben. Der Opernplatz ist der wichtigste Szenetreffpunkt unweit der Einkaufsstraßen.

⊙ Ausgesprochen beliebt bei den Skatern sind noch diverse Cafés in der **Leopoldstraße** in Schwabing.

⊙ Ideale Bedingungen zum Skaten bietet das **Olympiazentrum** (U-Bahn Olympiazentrum). Hier findet man Indoor- und Outdoorspots.

⊙ Direkt am **Heimeranplatz** (U-Bahn Heimeranplatz) befinden sich Stufen und Handrails.

⊙ Am **Finanzamt** sind Handrails vorhanden (S-Bahn Hackerbrücke).

⊙ Beim **Europäischen Patentamt** befindet sich eine fast 80 Meter lange Wall sowie eine optimale Fläche zum Skaten.

⊙ Am **Haus der Kunst**, an der Westseite des Gebäudes, ist ein Teil für Skater offen. Auf allen anderen Flächen um das Gebäude ist Rollsplitt verteilt.

⊙ Im **Westpark** (U-Bahn Partnachplatz) finden Skater große Freiflächen für ihre Skateversuche.

⊙ Im **Arabellapark** treffen sich vor allem Grinder an den dortigen Treppen und Rails.

⊙ Im **Sport- und Freizeitgelände Unterhaching** können sich Inline-Skater so richtig austoben.

⊙ An der **Ruderregattastrecke in Oberschleißheim** gibt es eine Speedstrecke und Freiflächen zum Üben.

Verbote

⊙ Fahreinschränkungen für Skater am **Max-Joseph-Platz** und in der **Leopoldstraße**: Das Skaten ist hier nur auf den Gehwegen, unter Rücksichtnahme auf dortige Fußgänger, erlaubt, aber keinesfalls auf der Fahrbahn.

⊙ An der **Münchner Oper** befindet sich bei der Tiefgaragenausfahrt ein Verbotsschild. Dieses ist jedoch aus Skater-Augenhöhe nicht gleich zu erkennen.

⊙ Das Tragen von Inline-Skates in den **öffentlichen Verkehrsmitteln** ist untersagt.

Ramps

⊙ Der **Olympiapark** (Lovelockweg, Lillian-Board-Weg) mit Spots im Freien und einer »action area« im Eissportzelt (U-Bahn Olympiazentrum) bietet für Skater einiges. Halfpipe, Quarterpipes, Spine Ramps usw. sind hier zu finden.

⊙ Im **Hirschgarten** (S-Bahn Laim) steht eine Quarterpipe.

⊙ Das **Sport- und Freizeitgelände** (S-Bahn Unterhaching) bietet eine Miniramp, eine Halfpipe, Funboxes, Banks und Slidebalken.

⊙ In **Eichenau** (westlich von München) steht beim Weiher eine kleine Halfpipe.

⊙ In **Ismaning** befindet sich ebenfalls eine Halfpipe – steil, schmal und hoch.

⊙ Im **West- und Ostpark** befinden sich Ramps jeweils bei den Schnelllaufbahnen.

⊙ Am **Annette-Kolb-Anger** in Neuperlach steht eine Ramp.

⊙ In **Thalkirchen** am Neuhofener Berg ist ebenfalls eine Ramp.

⊙ Die **mobile Halfpipe** der Landeshauptstadt München kann

über das Sportamt, Sachsenstraße 2, 81543 München, geliehen werden.

⊙ Die **Diskothek »Gleis 3«** (Carl-Wery-Straße/S- und U-Bahn Neuperlach Süd) besitzt eine Indoor-Halfpipe und eine Miniramp.

Inline-Hockey

⊙ Wird in der Skatehalle **»Skate'n fun«**, Grafinger Straße 6, 81671 München, gespielt. Öffnungszeiten: Mo.–Fr. 12.00–22.00 Uhr, in den Ferien ab 10.00 Uhr, Sa. und So. 11.00–22.00 Uhr

⊙ In **Riem** – auf dem alten Flughafen – befindet sich ein riesiges Gelände, auf dem Inline-Hockey gespielt wird.

⊙ Am Wochenende wird auf dem **Wertkauf-Parkplatz** im Euro-Industriepark (Maria-Probst-Straße 6) trainiert.

⊙ Beim **»fun parcours«** auf der Eisschnelllaufbahn Ost in Perlach (Outdooranlage) befindet sich bei der Speed-Skating-Bahn eine Innenfläche mit Bande, die sich hervorragend für das Inline- und Rollhockeyspiel eignet.

⊙ Im Sommerhalbjahr können sich Inline-Hockey-Vereine die **Eislaufhalle Germering**, Bertha-von-Suttner-Straße 3, 82110 Germering, Telefon 0 89/8 41 21 41, anmieten. Pro Stunde werden 70 DM berechnet.

Fitness-Skaten

⊙ Tour 1 (etwa 10 km): Strecke zwischen **Englischem Garten** und Tierpark: gestartet wird an der Tivolistraße am Englischen Garten. Man skatet auf der westlichen Isarseite bis zur Ludwigsbrücke und wechselt dort auf die östliche Isarseite, um zum Tierpark zu gelangen.

⊙ Tour 2 (etwa 16 km): Man beginnt seine Tour am **Säbener Platz** in Neuharlaching. Von dort aus fährt man das Alte Oberbiberger Straßl entlang bis kurz nach den Gleisen der Eisenbahnschienen nach Holzkirchen. Hier biegt man links auf einen Schotterweg ab. Danach folgt man den gelben Radwegschildern. An der Kugler Alm kann man dann eine kleine Pause machen, bis man auf dem Radweg Richtung Grünwald weiterskatet. Bald gelangt man zur linksabbiegenden Forsthausstraße, die bis nach Grünwald zurückführt. Nach ungefähr 1,5 Kilometern kommt man dann am Säbener Platz an.

⊙ Fitness-Skaten kann man auch auf der Speedstrecke in **Oberschleißheim** (an der Ruderregattastrecke).

⊙ Sehr beliebt sind vor allem die breiten asphaltierten Wege auf dem **Olympiagelände**.

⊙ Am Wochenende lohnt sich die Anreise zum Skaten an den **Starnberger See**. Ideal ist die Route vom oberbayerischen Leoni am Ostufer nach Ambach. Die Strecke ist etwa 20 km lang. Beim »Bierbichler« in Ambach legt ein Ausflugsdampfer an. Mit diesem kann man nach Leoni zurückfahren.

Speed-Skating

⊙ Beim **»fun parcours«** auf der Eisschnelllaufbahn Ost in Perlach (Outdooranlage) befindet sich eine wettkampftaugliche 400-m-Bahn (Short Track).

Skatehallen und Skateparks

⊙ **Skate'n fun**, Grafinger Straße 6, 81671 München,

Telefon 0 89/49 00 13 13. Öffnungszeiten: Mo.–Fr. 12.00–22.00 Uhr, in den Ferien ab 10.00 Uhr, Sa. und So. 11.00–22.00 Uhr

⊙ Das Stadtjugendamt München plant die Errichtung einer städtischen Inline-Skate-Halle in der Dachauer Straße 114. Es sollen »Stuntbauteile« aufgestellt werden. In diesem Rahmen soll auch pädagogische Betreuung zur Verfügung stehen.

⊙ **Rollpalast** (Inline-Diskothek), Stockacher Straße 5, 81243 München (am Westkreuz, in der Nähe von Pasing), Telefon 0 89/ 8 34 55 55

⊙ **Gleis 3** (Inline-Diskothek mit Halfpipe und Ramp), Carl-Wery-Straße, 81739 München

⊙ **»action area«** im Olympiapark, Olympiapark München GmbH, Spiridon-Louis-Ring 21, 80809 München, Telefon 0 89/ 3 06 70

⊙ **»fun parcours«** auf der Eisschnelllaufbahn Ostpark in München-Perlach, Staudinger Straße 17, 81735 München, Telefon 0 89/ 63 01 91 47. Der Stadt München war bei der Errichtung einer neuen Skatingfläche vor allem die Schaffung eines qualitativ sehr günstigen Standortes wichtig. Deshalb wurde die Eisschnelllaufbahn Ost für den Bau eines Skating-Parks ausgewählt. Mit Hilfe des Bayerischen Rollsportverbandes und der Fa. Sport-Scheck wurden eine Halfpipe – sie soll die größte in München sein – und eine Miniramp sowie verschiedene kleinere Übungselemente (sog. Ramps und Funboxen) gekauft und dort aufgestellt. Es handelt sich um eine Freiluftanlage, die ideal für diese Sommmersportart ist. Die Skateanlage steht den Skatern im Sommerhalbjahr zur Verfügung. Öffnungszeiten: Mo.–Fr. 8.00–21.30 Uhr und Sa., So. und an Feiertagen 11.30–21.30 Uhr

***Hinweis:** Auf den beiden zuletzt genannten Anlagen werden auch die großen Veranstaltungen, Aktionstage und auch Meisterschaften durchgeführt.*

Anmerkung

⊙ Laut Verkehrspolizeiinspektion München, Abt. Verkehrserziehung und -aufklärung, machte sich in der Öffentlichkeit vor allem in der Anfangsphase der Rollsportart Inline-Skating eine große Rechtsunsicherheit breit. Um möglichen Konflikten vorbeugen zu können sowie partnerschaftliches Verhalten gewährleisten zu können, machte es sich die Verkehrspolizei zur Aufgabe, rechtzeitig mit ihrer Aufklärungsarbeit bezüglich dieser Sportart zu beginnen. Vor allem Inline-Skate-Veranstaltungen spielten bei der Aufklärungsarbeit der Polizei eine wesentliche Rolle.

⊙ Da Inline-Skating speziell auf Kids eine besondere Anziehung ausübt, wurde die Thematik auch im Schulbereich von der Verkehrspolizei behandelt. Der Polizei ging es darum, die Kinder vor waghalsigen Aktionen zu bewahren und ihnen die möglichen schwerwiegenden Folgen unüberlegter »Kapriolen« aufzuzeigen.

⊙ Zur Intensivierung des Programms der Verkehrspolizei wurde von der Verkehrspolizeiinspektion München, Abt. Verkehrserziehung und -aufklärung, ein Faltblatt entworfen, das 1996 in einer Gesamtauflage von 20 000 Exemplaren im Eigendruck erschienen ist und je nach Bedarf ständig aktualisiert wird. Die Broschüre liegt auch im Foyer der Dienststelle, Zenettistraße 2, 80337 München, aus. Diese Broschüre enthält neben rechtlichen Informationen und Verhaltensregeln auch Hinweise auf die unbedingt notwendige Schutzausrüstung, um drohenden Sturzverletzungen vorbeugen zu können.

Vereine

- **Speed-Skating-Verein:** SLIC München e. V., Baubergerstraße 24 c, 80992 München, Telefon 0 89/14 00 29 29. Ansprechpartner: Walter Müller, Telefon dienstl. 0 89/1 44 42 93, Telefax 41 44-27 02
- **Eis- und Rollsport-Club München e. V.**, Demollstraße 3, 80638 München, Telefon 0 89/15 67 04
- **Eis- und Rollsportclub Ottobrunn e. V.**, Telefon 0 89/42 72 48 74
- **Münchener EV.,** Ansprechpartner: Günther Kort, Straubinger Straße 8, 80687 München, Telefon und Fax privat 0 89/57 58 36

Kurse

- 1. Münchner **Inline-Skating-Schule**, Türkenstraße 80, 80799 München, Telefon 0 89/2 80 06 41. Leitung: Wolfgang und Michael André (D.I.V.-geprüfte Lehrer). Kursangebot: Basic-, Schnupper-, Fortgeschrittenenkurse, Einzelunterricht sowie Kinder- und Familienkurse. Die Kurse finden im Kunstpark Ost, im Olympiapark und im Inline-Zentrum Pasing statt. Für den Einsteigerkurs werden 70 DM, für den Fortgeschrittenenkurs 60 DM und für den Schnupperkurs 40 DM berechnet. Der Einzelunterricht kostet 65 DM. Skates und Protektoren können geliehen werden.
- **Skate'n fun Inline-Skate-Halle**, Grafinger Straße 6, 81671 München, Telefon 0 89/49 00 13 13. Hier kann man an einem Schnupperkurs teilnehmen. Preise und Termine auf Anfrage.
- Im Sommerhalbjahr finden Inline-Skate-Kurse für Kinder und Erwachsene im **»fun parcours«** – Eisschnelllaufbahn Ostpark, Staudinger Straße 17, 81735 München, statt. Die Kurse werden immer dienstags ab 17.30 Uhr abgehalten und dauern jeweils 3 Stunden. Die Kursgebühr beträgt 45 DM für Erwachsene und 25 DM für Kinder, Skates und Protektoren können geliehen werden.

Veranstaltungen

- **German-Inline-Cup** in München, Marathon (Straße), Aggressive-Indoor, Inline-Hockey-Turnier. Infos und Termine 1999: D.I.V., Frau Schaupp, Telefon 0 62 57/96 22 36
- **Int. Bayerische Marathon-Meisterschaft** (Straße). Infos und Termine 1999: Herr Dietmar, Telefon 0 97 23/74 56 oder 97 21/2 14 74
- **Münchner Stadtmeisterschaft** (Piste). Infos und Termine für 1999: Herr Dietmar, Telefon 0 97 23/74 56 oder 0 97 21/2 14 74
- 6. 8.–8. 8. 1999: **Aggressive-Event** mit überregionaler Bedeutung (D.I.V.-Pro-Tour 1999 Finale). Infos: D.I.V., Telefon 0 80 41/21 80

Fachgeschäfte

- **Schuh** und **Sport Bittl**, Triebstraße 41, 80993 München, Telefon 0 89/14 36 83-0

⊙ **Skateattack In Line Skaters Equipment**, Siegfriedstraße 9, 80803 München, Telefon 0 89/ 33 34 66

⊙ **Speed Maniac, In Line Skaters**, Baaderstraße 62, 80469 München, Telefon 0 89/2 01 16 41

⊙ **Sport-Scheck**, Sendlinger Straße 6, 80331 München, Telefon 0 89/21 66-0. Für Tipps und Fragen steht das Verkaufsteam von Sport-Scheck zur Verfügung.

⊙ **Sporthaus Schuster**, Rosenstraße 1–5, 80331 München, Telefon 0 89/2 37 07-0

Übernachtungen

⊙ **Jugendherberge**, Wendl-Dietrich-Straße 20, 80634 München (Stadtteil Neuhausen), Telefon 0 89/13 11 56.
ÜF: Junioren 23 DM bis 25,50 DM

⊙ **Jugendgästehaus**, Miesingstraße 4, 81379 München (Stadtteil Thalkirchen), Telefon 0 89/ 7 24 25 67. ÜF: Junioren 27,50 DM bis 35,50 DM. Wochenendpauschalprogramme für Paare

Neu-Isenburg

Neu-Isenburg liegt am Nordwestrand des Kreises Offenbach, südlich angrenzend an Frankfurt am Main und Offenbach am Main.

Auskunft

⊙ **Bürgerhaus** der Stadt Neu-Isenburg, Frankfurter Straße 152, 63263 Neu-Isenburg, Telefon 0 61 02/24 11

Treffpunkte

⊙ **Rollschuhbahn** in der Alicestraße, nahe dem Hallenbad

⊙ Tiefgarage Quartier IV, **Luisenstraße**

⊙ am **Jugendcafé** (Beethovenstraße 89 a)

⊙ um den **Wilhelmsplatz**

⊙ am **Jugendzentrum Gravenbruch** (Dreiherrnsteinplatz)

Ramps

⊙ **Goethe-Schule** (Offenbacher Straße): größere Anlage mit Funbox, Quarterpipe, verschiedene Funramps und Curbs

⊙ **Ludwig-Uhland-Schule** (Dreiherrensteinplatz): kleinere Ramps. Während der Mittagsruhe darf die Anlage nicht benutzt werden.

Rollschuhbahn

⊙ in der **Alicestraße**

Fitness-Skaten

⊙ sonntags auf den Wegen im **Industriegebiet** (Dornhofstraße etc.)

Verein

⊙ **Rad- und Rollsportverein »Solidarität« e. V.,** Postfach 1612, 63236 Neu-Isenburg, mit Vereinsanlage im Sportpark (Alicestraße)

Skatehalle

⊙ **K 2-Skaterworld,** im Nordwest-Zentrum, 60439 Frankfurt, Telefon 0 69/9 41 41 11. Öffnungszeiten: Fr. 15.00–22.00 Uhr, Sa. 10.00–22.00 Uhr und So. 10.00–20.00 Uhr

Kurse

⊙ Im **Fitness-Five-Sportstudio,** Pirazzistraße 12 A, 63067 Offenbach am Main, Telefon 0 69/88 35 27, finden Inline-Skate-Kurse statt. Die Anfängerkurse beginnen jeden Do., die Fortgeschrittenenkurse jeden Di. um 18.30 Uhr und dauern jeweils 1 Stunde. Preis: 15 DM pro Teilnehmer. Skates können für 10 DM und Protektoren für 5 DM geliehen werden.

⊙ Inline-Skate-Kurse gibt es auch in der Skatehalle **K 2-Skaterworld**. Der Einsteigerkurs umfasst 3 Stunden und kostet 45 DM inkl. Leihausrüstung. Infos: Telefon 0 69/9 41 41 11

Fachgeschäfte

⊙ **Ryan-Sport,** Buchenbusch 36, 63263 Neu-Isenburg, Telefon 0 61 02/3 91 93

⊙ **Bike-Schmiede 262**, Bieberer Straße 262, 63071 Offenbach, Telefon 0 69/87 36 36. Hier werden Inline-Skates repariert. Leih-Skates sind im Geschäft erhältlich.

Übernachtung

⊙ preiswert: **Hotel Hessischer Hof** (garni), Waldstraße 141, 63263 Neu-Isenburg, Telefon 0 61 02/80 07 48

Nürnberg

Nürnberg ist der wirtschaftliche und kulturelle Mittelpunkt Frankens.
In der Altstadt befinden sich liebevoll restaurierte Fachwerkhäuser, vor allem in der Weißgerbergasse und am Tiergärtnertor. Jedes Jahr im Dezember stehen auf dem Hauptmarkt die Buden des berühmten Christkindlesmarktes.

Tipp

- **Stuck's Indoor Kart,** Regensburger Straße 420, 90480 Nürnberg, Telefon 09 11/94 04 80 – Größte Indoor-Kartbahn Europas. Öffnungszeiten: täglich 11.00–1.00 Uhr

Auskunft

- **Tourist-Information,** im Hauptbahnhof (Mittelhalle), Telefon 09 11/2 33 61 32, Telefax 2 33 61 66
- **Tourist-Information,** Hauptmarkt 18, 90403 Nürnberg, Telefon 09 11/2 33 61 35, Telefax 20 43 59

Nürnberg im Internet:
http://www.nuernberg.de

Treffpunkte

- Rund um den **Dutzendteich,** insbesondere auf der Großen Straße vor der Steintribüne am Zeppelinfeld, auf dem Volksfestplatz und vor der Kongresshalle. Eine speziell ausgewiesene Fläche ist dies jedoch nicht. Allerdings wurden zwischenzeitlich Verkehrsschilder aufgestellt, die eine Geschwindigkeitsbegrenzung von 10 km/Stunde für Pkws vorschreiben. Vor der Steintribüne am Zeppelinfeld befinden sich etwa 50 Treppenstufen – hier trifft man jede Menge Skater. Im Bereich des Dutzendteichs, beim dortigen **Strandcafé,** besteht die Möglichkeit, sich Inline-Skates auszuleihen. Mit öffentlichen Verkehrsmitteln erreicht man dieses Areal am besten mit der Buslinie 65 (Haltestelle Dutzendteich) oder mit einer der U-Bahnen (Haltestelle Dutzendteich oder Frankenstadion).
- Parkplatz und Gelände beim **Messezentrum**
- Wege um den **Wöhrder See**
- In der Nürnberger **Fußgängerzone** trifft man nur selten auf Inline-Skater. Dies mag dort am sehr verbreiteten Kopfsteinpflaster liegen. Nach Auskunft des Sportamtes der Stadt Nürnberg sind keine Bereiche in der Innenstadt bekannt, die Fahreinschränkungen für Inline-Skater aufweisen.

***Hinweis:** Derzeit gibt es von den Inline-Skatern Anfragen zur Verbesserung der Übungsmöglichkeiten am Zeppelinfeld. Konkrete Planungen bestehen allerdings nicht. Ursprünglich hatten die Skater durch eine Unterschriftensammlung die Sperrung der Beuthener Straße gefordert, nachdem es dort immer wieder zu gefährlichen Begegnungen mit Autofahrern gekommen war.*
Das Gelände bleibt jedoch öffentliche Straße. Die Zufahrt zum Stadion und zu den Kleingärten ist aber nur noch mit 10 km/Stunde erlaubt. Unberechtigte erhalten Fahrverbot.

Ramps

⊙ Hinter der **Bertolt-Brecht-Gesamtschule** (Bertolt-Brecht-Straße) befindet sich eine Halfpipe und ein Streetparcours mit einem Rail zum Grinden.

⊙ Eine spezielle Anlage mit Halfpipes, Ramps, Slides, Funboxes usw. wurde vor Jahren für Skateboarder konzipiert und befindet sich auf dem Gelände des **Sportvereins ASN Nürnberg-Pfeil,** Marienbergstraße 41, 90411 Nürnberg. Diese Anlage wird inzwischen vorrangig von Inline-Skatern benutzt.

⊙ Das Jugendamt der Stadt Nürnberg besitzt eine **mobile Skateanlage,** die auch den Inline-Skatern an unterschiedlichen Plätzen zur Verfügung steht.

Inline-Hockey

⊙ Bei der **Zeppelintribüne** sind breite, ebene Flächen vorhanden, auf denen geskatet und Streethockey gespielt wird, vorwiegend abends.

Fitness-Skaten

⊙ Rund um den **Wöhrder See:** Von hier kann man auch in Richtung Innenstadt, auf dem Gelände der Wöhrderwiese, skaten. Oder man skatet über die Insel Schütt, in Richtung Hauptmarkt.

Speed-Skating-Bahn

⊙ **1. FC Nürnberg,** Ansprechpartnerin: Barbara Fischer, Kreutzerstraße 67, 90439 Nürnberg, Telefon 09 11/61 81 09. Bahn: 200 m Pistenlänge, Kurvenüberhöhung 7%

Skatehalle und Skatepark

⊙ **ASN-Pfeil Skatepark,** Marienbergstraße 41. Der Platz befindet sich im Norden von Nürnberg, in der Nähe des Autokinos. Öffnungszeiten: Mo.–Sa. 9.00–20.00 Uhr, So. und Feiertag 15.00–20.00 Uhr

Verein

⊙ **Speed-Skating-Verein: 1. FC Nürnberg.** Ansprechpartnerin: Barbara Fischer, Kreutzerstraße 67, 90439 Nürnberg, Telefon 09 11/ 61 81 09

Kurse

⊙ Das **Fachgeschäft Inline-Skates – Fun & Sport** veranstaltet Inline-Skate-Kurse. Diese finden immer samstags ab 14.00 Uhr und mittwochs ab 18.30 Uhr statt. Die Kurse dauern jeweils 2 Stunden und kosten 30 DM pro Teilnehmer. Wer keine Ausrüstung besitzt, muss zuvor im Geschäft vorbeikommen, um sich hier Skates und Protektoren auszuleihen. Infos unter Telefon 09 11/77 94 44

⊙ Inline-Skate-Kurse werden auch von **Sport-Scheck,** Ludwigsplatz 4, Telefon 09 11/24 19 48-0, angeboten. Immer dienstags und donnerstags finden die Anfängerkurse statt. Die Fortgeschrittenenkurse werden immer freitags abgehalten. Die Kurse beginnen jeweils um 18.00 Uhr und enden um 20.00 Uhr. Samstags startet um 13.00 Uhr der Kinderkurs. Dieser dauert 2 Stunden. Die Kursgebühr beträgt für den Anfänger- und Kinderkurs jeweils 30 DM, für den Fortgeschrittenenkurs 40 DM. Skates und Protektoren können für 15 DM geliehen werden.

Veranstaltung

⊙ **German-Inline-Cup** in Nürnberg, Extreme Finale, 100 km (Straße). Infos und Termine 1999: D.I.V., Frau Schaupp, Telefon 0 62 57/96 22 36

Fachgeschäfte

⊙ **Inline-Skates – Fun & Sport,** Telefon 09 11/77 94 44. Hier werden Inline-Skates von Mechanikern repariert. Leih-Skates sind im Geschäft erhältlich. Pro Tag werden 20 DM und für das Wochenende 40 DM berechnet.

⊙ **Sport-Scheck,** Ludwigsplatz 4, 90403 Nürnberg, Telefon 09 11/ 24 19 48-0

Übernachtungen

⊙ **Jugendgästehaus** Nürnberg, Burg 2, 90403 Nürnberg, Telefon 09 11/22 10 24. ÜF: Junioren 29 DM

⊙ **Jugend-Hotel** Nürnberg, Rathsbergstraße 300, 90411 Nürnberg, Telefon 09 11/5 21 60 92

Offenbach am Main

Offenbach am Main liegt sechs Kilometer östlich von Frankfurt entfernt.

Offenbach am Main ist vor allem die Stadt der Internationalen Lederwarenmessen. So prägen viermal im Jahr die Veranstaltungen der Internationalen Lederwarenmesse das Bild der Stadt.

Auskunft

⊙ **Offenbach-Information,** Stadthof 17 (Pavillon), 63065 Offenbach am Main, Telefon 0 69/80 65 20 52, Telefax 0 69/80 65 29 46

Treffpunkte

⊙ Der große **Parkplatz** direkt am Main ist frisch asphaltiert und am Wochenende praktisch autofrei – hier kann man prima üben.

⊙ am **Maindamm**

⊙ im **Jugendzentrum Lauterborn** (Johann-Strauß-Weg 27)

⊙ an der Miniramp in **Waldhof**

Ramps

⊙ Mit den Buslinien 101, 101 N, 102 und 102 N ist die Miniramp **Waldhof** erreichbar. Die Miniramp kann von Skateboardern und Inline-Skatern benutzt werden. Snakeboarder sind weniger gern gesehene Gäste, da deren Snakeboards die schon ziemlich mitgenommene Rampe weiter demolieren. Die eher kleine Rampe ist ideal für Anfänger, aber auch für Könner geeignet. Tipp: Schutzkleidung tragen, da Splittergefahr!

⊙ Halfpipe **Lauterborn** beim JUZ (Johann-Strauß-Weg 27): Erreichbar mit den Buslinien 104, 104 N, 105, 105 N und 107. Die Halfpipe gehört zum Jugendzentrum Lauterborn und befindet sich in einem relativ guten Zustand, da diese vom JUZ in Schuss gehalten werden. Die Halfpipe kann von jedem genutzt werden. Sollte die Türe vom JUZ abgeschlossen sein, so klettern die

Skater einfach über den dortigen Zaun. Alles in allem eine gute Halfpipe, an der man fast immer andere Skater trifft.

Inline-Hockey

⊙ Wird am Wochenende auf dem großen **Parkplatz** direkt am Main gespielt.

Fitness-Skaten

⊙ Am **Mainufer** in Offenbach eignet sich die asphaltierte Strecke bis hinter Mühlheim (etwa 8 km); die Strecke ist durch Sand etwas verunreinigt.

Skatehalle

⊙ **K2-Skaterworld,** im Nordwest-Zentrum (direkt neben der Titustherme), 60439 Frankfurt, Telefon 0 69/9 41 41 11. Öffnungszeiten:
Fr. 15.00–22.00 Uhr,
Sa. 10.00–22.00 Uhr und
So. 10.00–20.00 Uhr

Kurse

⊙ Im **Fitness-Five-Sportstudio,** Pirazzistraße 12 a, Telefon 0 69/88 35 27, finden Inline-Skate-Kurse für Anfänger und Fortgeschrittene statt. Die Anfängerkurse beginnen jeden Do. um 18.30 Uhr, die Fortgeschrittenenkurse jeden Di. um 18.30 Uhr. Die Kurse dauern jeweils 1 Stunde und kosten 15 DM pro Teilnehmer. Skates und Protektoren können geliehen werden. Es werden 10 DM für Skates und 5 DM für Protektoren berechnet.

⊙ Workshops für Inline-Skater bietet der **Sportverein FTG Frankfurt,** Marburger Straße 28, 60487 Frankfurt am Main, an. Die Kurse kosten etwa 20–30 DM pro Person. Infos unter Telefon 0 69/9 70 80 30

⊙ Anfänger- und Fortgeschrittenenkurse werden von der **Sportjugend Hessen** (Geschäftsstelle Frankfurt), Otto-Fleck-Schneise 4, 60528 Frankfurt, Telefon 0 69/67 89-2 47, angeboten.

⊙ **Juliane Figge und Partner** (erfahrene Skatelehrer) bieten Einzel- und Gruppenunterricht an. Termine nach Vereinbarung. Infos: Jule, Telefon 0 69/77 64 85

⊙ Inline-Skate-Kurse können auch in der **Skatehalle K2-Skaterworld** absolviert werden. Der Einsteigerkurs umfasst 3 Stunden und kostet 45 DM inkl. der Gebühr für die Leihausrüstung. Infos unter: Telefon 0 69/9 41 41 11

Veranstaltung

⊙ **Inline-Skate X Tour 1998:** In Frankfurt wurde der Parcours auf der Freizeitmesse WONDER-WORLD aufgebaut. Infos und Termine für 1999: Funlife Marketing, Telefon 0 81 51/9 72 60.

Fachgeschäft

⊙ **Bike Schmiede 262**, Bieberer Straße 262, 63071 Offenbach, Telefon 0 69/87 36 36. Hier werden Skates repariert. Das Geschäft arbeitet mit dem Fitness Five zusammen und stellt für deren Skatekurse Leih-Skates zur Verfügung.

Übernachtungen

⊙ **Jugendgästehaus,** Am Waldschwimmbad 30, 63060 Offenbach, Telefon 0 69/83 11 41

⊙ nächste **Jugendherberge** und nächstes **Jugendgästehaus,** Deutschherrnufer 12, 60594 Frankfurt/Main, Telefon 0 69/61 90 58. ÜF: Junioren 24 DM, Senioren 29,50 DM. Jugendgästehaus: 35 DM

Paderborn

Paderborn, Stadt in Nordrhein-Westfalen am Eggegebirge, hat sich in den letzten vier Jahrzehnten geradezu explosionsartig entwickelt. Heute ist Paderborn Standort weltbekannter Industrieunternehmen, Sitz dreier Hochschulen, Dienstleistungszentrum und »gut sortierte« Einkaufsstadt.

Tipps

- Was in der Stadt wo zu sehen, zu hören, zu erleben ist, erfährt man aus dem Monatsheft **»Paderborn Journal«** – gibt es kostenlos beim Verkehrsverein Paderborn.
- Empfehlenswert ist der **»Kleine Führer durch die Alte Stadt«** – erhältlich beim Verkehrsverein Paderborn.

Auskunft

- **Verkehrsverein,** Marienplatz 2 a, 33098 Paderborn, Telefon 0 52 51/2 64 61, Telefax 2 28 84

Treffpunkte

- Städt. Gymnasium **Theodorianum** (Innenstadt) – Schulhof mit Treppen und Geländer
- **Stephanusschule** (Berliner Ring): Hockeytreff auf dem Schulhof
- **SK-Einkaufszentrum** (Südring): Treffpunkt ist der dortige Parkplatz.
- **Wirichs Baumarkt** (Frankfurter Weg): Auf dem Parkplatz wird nach Ladenschluss geskatet.
- **Stadthaus** (Innenstadt): Treppen und Geländer
- **Heinz-Nixdorf-Museums-Forum** (Fürstenallee): Man trifft sich hier auf dem Vorplatz.
- **Universität-GH** Paderborn (Warburger Straße): Treppen und Geländer
- **Sportzentrum Maspernplatz** (Innenstadt): Beliebter Treffpunkt ist der Vorplatz mit Treppen, Geländer und Rampen.

Hinweis vom Sportamt Paderborn: *Schulhöfe können laut Beschluss des Rates als Spiel-/Sportplätze genutzt werden.*

Ramp

- **Inselbadstadion** (Maspernplatz): 1400 qm profiliertes Gelände (Asphalt) mit Treppen und Geländer. Dort zu finden: Spine, Bank, Coping, Funbox, Ramp und Quarterpipe

Inline-Hockey

- Wird gespielt im **Inselbadstadion** – hier befindet sich eine Hockeyfläche mit Tor!
- **Stephanusschule** (Berliner Ring) – der Schulhof ist beliebter Hockeytreff.

Fitness-Skaten

- auf dem Radwegesystem vom **Lippe-See** (bei Schloss Neuhaus-Sande) zu den Paderquellen (Innenstadt Paderborn)

Skatehalle

- Die Paderborner Skater nutzen die **Skatehalle Factory,** Försterweg 32, 32683 Barntrup (Telefon 0 52 63/95 35 07). Die Halle ist täglich geöffnet.

Vereine

- vereinseigene Anlagen:

SC Grün-Weiß Paderborn,

Geschäftsstelle: Schützenweg 54, 33102 Paderborn

⊙ städtische Anlagen: **TV 1875 Paderborn,** Geschäftsstelle: Bleichstraße 56, 33102 Paderborn und Rollsportclub Paderborn e.V., Ansprechpartner: Ruben Eberhardt, An den Kapuzinern 10, 33100 Paderborn

Hinweis: *Das Gelände beider Vereine darf nach Rücksprache mit dem Verein genutzt werden.*

Kurse

⊙ Beim **SurfTreff Inline-Skate-Shop** kann man an einem Inline-Skate-Kurs für Einsteiger teilnehmen. Diese finden sonntags, meist am Nachmittag, in unregelmäßigen Abständen statt. Die Kursdauer beträgt 5 Stunden. Bei schlechtem Wetter werden die Kurse in der Halle durchgeführt. Die Kursgebühr beträgt 48 DM pro Teilnehmer. Skates und Protektoren können für 10 DM geliehen werden. Termine auf Anfrage.

Fachgeschäft

⊙ **SurfTreff Inline-Skate-Shop,** Anton-Heinen-Straße 36, 33102 Paderborn, Telefon 0 52 51/3 11 22. Hier werden Inline-Skates repariert. Kompetente Ansprechpartner geben zur Sportart Inline-Skating gerne Auskunft.

Übernachtung

⊙ **Jugendherberge,** Meinwerkstraße 16, 33098 Paderborn, Telefon 0 52 51/2 20 55. ÜF: Junioren 21 DM, Senioren 26 DM

Passau

Die Dreiflüssestadt Passau ist eine der schönsten und zugleich eine der ältesten Städte nördlich der Alpen. Die historische Altstadt ist geprägt durch ihre einzigartige Lage am Dreiflüsseeck von Donau, Inn und Ilz.

Tipp

⊙ **Ausflugsfahrten mit dem Schiff**, z. B. ab Passau nach Linz oder eine »Dreiflüsse-Rundfahrt«. Donauschifffahrt Wurm & Köck, Höllgasse 26, 94032 Passau, Telefon 08 51/92 92 92

Auskunft

⊙ **Verkehrsverein,** Rathausplatz 3, 94032 Passau, Telefon 08 51/9 55 98-0, Telefax 3 51 07

⊙ **Verkehrsverein,** Bahnhofstraße 36, 94032 Passau, Telefon 08 51/9 55 98-0, Telefax 5 72 98

Treffpunkte

⊙ vermehrt auf dem **Europaplatz,** gegenüber dem Hauptbahnhof (Bahnhofstraße)

⊙ in der **Fußgängerzone**

⊙ allgemein auf der **Halbinsel,** die Donau und Inn bilden – hier vor allem auf dem Rathausplatz

⊙ im Grubweg am **Seidenhof**

⊙ bislang auf dem ehemaligen Bundeswehrgelände in **Passau-Kohlbruck**

Ramps

⊙ Auf dem ehemaligen Bundeswehrgelände in Passau-Kohlbruck

befanden sich mehrere Ramps und Pipes auf einer überdachten Fläche. Diese Anlage wurde von den Skatern gut angenommen. Die Fläche musste jedoch 1997 wegen Beginn von Baumaßnahmen geräumt werden. Inzwischen gibt es eine neue Skateanlage in der Haitzinger Straße. Dort befindet sich eine Streetfläche, eine Pyramide, eine Quarterpipe sowie mehrere Curbs.

⊙ 1 Quarterpipe befindet sich in Passau-Grubweg am **Seidenhof**.

Rollschuhplatz

⊙ An der **Westerburger Straße** befindet sich ein Rollschuhplatz.

Inline-Hockey

⊙ Einen Inline-Hockey-Verein gibt es in Passau noch nicht.

⊙ Inline-Hockey wird in Passau auf dem **Hindelparkplatz** gespielt.

Fitness-Skaten

⊙ geeignet ist die **Innpromenade** (Fußgängerweg)

⊙ Auf dem Radweg entlang der **B 388** an der Donau; geskatet wird von Passau in Richtung Obernzell (durch Leitplanken vom Straßenbereich abgetrennt, zirka 20 km).

Kurse

⊙ Das **Sportfachgeschäft Epoxy** veranstaltet seit Juni 1998 wieder Inline-Skate-Kurse. Ein Kurs umfasst 3 Unterrichtseinheiten von jeweils 1–2 Stunden. Kursgebühr auf Anfrage

Veranstaltung

⊙ 5. 9. 1999: **8. Internationaler TAO-Halbmarathon** (Speed/Straße) in 84503 Altötting. Infos: Günther Vogl, Telefon 0 86 71/66 25

Fachgeschäfte

⊙ **Epoxy Snow-Skate-Shop,** Donaugelände, Telefon 08 51/93 40 40. Reparaturservice

⊙ **Sport Andreas Heindl,** Grabensee 14, 94032 Passau, Telefon 08 51/3 52 00. Bei Sport Heindl werden Inline-Skate-Reparaturen durchgeführt. Die Reparaturannahme ist jedoch vom Herstellerfabrikat abhängig.

Übernachtung

⊙ **Jugendherberge,** Veste Oberhaus 125, 94034 Passau, Telefon 08 51/4 13 51. ÜF: Junioren 16,50 DM

Pforzheim

Pforzheim, am Zusammenfluss von Enz, Nagold und Würm gelegen, gilt als Mittelpunkt der deutschen Schmuck-, Silberwaren- und Uhrenindustrie. Die Stadt ist eine der fünf wichtigsten Goldwerkstätten des Weltmarktes.
Die Bahnhofstraße wird durch den 42 m hohen Turm des ehemaligen Bezirksamtes überragt. Der Turm ist mit Tierkreis-Wandbildern geschmückt.

Auskunft

⊙ **Stadtinformation,** Marktplatz 1, 75175 Pforzheim, Telefon 0 72 31/ 3 99 00, Telefax 39 90 30

Treffpunkte

⊙ vor der **Stadthalle** (Am Waisenhausplatz)
⊙ am **Hauptbahnhof** (bei schlechtem Wetter werden die dortigen Fußgängerunterführungen zum Skaten genutzt)
⊙ **Nordstadtschule**
⊙ am **Haus der Jugend** (Westliche Karl-Friedrich-Straße 77)
⊙ Skatepark in der **Wildbader Straße**

Ramps

⊙ An der **Nordstadtschule** befindet sich eine kleine Ramp von Carpe Diem.

Fitness-Skaten

⊙ Auf dem Radfernweg **Heidelberg**-Schwarzwald-Bodensee; dieser umfasst insgesamt 330 km und führt von Heidelberg-Bad Schönborn-Pforzheim-Villingen-Schwenningen nach Schaffhausen. Man kann sich – je nach Kondition – entsprechende Teilstrecken heraussuchen.
⊙ **»Fun Park«,** Wildbader Straße. Es handelt sich um einen 500 qm großen Platz mit Funbox, 2 Tables (98 cm), 2 Coping-Ramps, Table (60 cm), Bank, Stairs und 2 Corners.

Eissporthalle

⊙ Das **Polarion** in Bad Liebenzell, Telefon 0 70 52/54 87, steht im Sommerhalbjahr zur Verfügung.

Kurse

⊙ **Carpe Diem-Skateschule,** City-Einkaufspark Pforzheim, Telefon 0 72 31/35 92 61. Leitung: Armin Baitinger. D.I.V.-geprüfte Lehrer führen Kurse für Anfänger und Fortgeschrittene durch. Skates und Protektoren können geliehen werden. Termine auf Anfrage

Veranstaltung

⊙ 8. 8. 1999: **Inline-Rennen** (Speed/Straße) in 75356 Agenbach. Organisator: Intersport Schlegel, Telefon 0 70 51/3 02 49

Fachgeschäfte

⊙ **Carpe Diem,** Goethestraße 19, 75172 Pforzheim, Telefon 0 72 31/ 35 92 61. Beratung, Verkauf, Service

Übernachtung

⊙ **Jugendherberge** »Burg Rabeneck«, Kräheneckstraße 4, 75181 Pforzheim (Stadtteil Dillweißenstein), Telefon 0 72 31/97 26 60. ÜF: Junioren 22 DM, Senioren 27 DM. Erreichbar vom Hauptbahnhof mit der Stadtbuslinie 3

Plauen

Plauen, das kulturelle und wirtschaftliche Zentrum im Vogtland, liegt in den Tälern der Weißen Elster sowie ihrer Zuflüsse und erstreckt sich bis auf die umliegenden Höhen.

Auskunft

Tourist-Information, Rädelstraße 2, 08523 Plauen, Telefon 0 37 41/2 91-10 27

Treffpunkte

⊙ am **Rathaus** (Unterer Graben 1): Plattenbelag und Treppen
⊙ im **Zentrum** – in der Bahnhofstraße: Plattenbelag
⊙ vor dem **Vogtland-Theater:** Treppen
⊙ am **Jugend- und Kinderhaus:** Seminarstraße 4
⊙ **Chrieschwitzer Hang: am Markt:** Plattenbelag
⊙ **Chrieschwitzer Hang,** auf dem dortigen **Realkauf-Parkplatz**
⊙ Sportplatz im Stadtteil **Chrieschwitz**

Ramps

⊙ Eine Skateboardanlage befindet sich in der Dr.-Theodor-Brugsch-Straße, im **Chrieschwitzer Hang** am Sportplatz, bestehend aus: Halfpipe, Freestyle-Fläche, Skateboardbahn und Skatepool.

Rollschuhbahn

⊙ Eine Rollschuhbahn befindet sich in der Dr.-Theodor-Brugsch-Straße, im **Chrieschwitzer Hang** am Sportplatz.

Inline-Hockey

⊙ Wird sonntags auf dem **Realkauf-Parkplatz** (im Stadtteil Chrieschwitz) gespielt.

Fitness-Skaten

⊙ Asphaltierte Radwege sind kaum vorhanden; man kann deshalb nur auf den **Gehwegen** im Stadtbereich fahren. Es bietet sich auch das Skaten auf dem Gehweg entlang einem Teilbereich der Weißen Elster an.

Kurse

⊙ Im Sommer kann man auf dem **Kurt-Mittag-Sportplatz** (über den Postsportverein) das Skaten erlernen. Ansprechpartner: Herr Rehkitz, Telefon dienstl. 0 37 41/28 86 06

Fachgeschäft

⊙ **Sportgeschäft Rottner,** Jößnitzer Straße 106, 08525 Plauen, Telefon 0 37 41/52 88 51

Übernachtung

⊙ **Jugendherberge,** Reusaer Waldhaus 1, 08529 Plauen, Telefon 0 37 41/43 18 81. ÜF: Junioren 22 DM, Senioren 27 DM

Ravensburg

Ravensburg liegt mitten in der Ferienlandschaft zwischen Allgäu und Bodensee und ist die Stadt der Türme und Tore. Früher war die Stadt schon Handelszentrum, heute ist sie die Einkaufsstadt Oberschwabens.

Tipps

⊙ **Rutenfest** (Ende Juli): Höhepunkt ist der Festzug am Rutenmontag

⊙ **Ravensburger Spielfest** »Ravensburg spielt« (alljährlich im September): Die ganze Stadt ist dann auf den Beinen und macht ihrem weltbekannten Ruf als Stadt der Spiele alle Ehre.

Auskunft

⊙ **Städt. Verkehrsamt,** Kirchstraße 16, 88212 Ravensburg, Telefon 07 51/8 23 24, Telefax 8 24 66

Treffpunkte

⊙ am **Marienplatz**

⊙ vor dem **Konzerthaus** (Wilhelmstraße): Treppen

⊙ am **Omnibusbahnhof** neben dem Bahnhofsgebäude

⊙ **Kuppelnauschule:** Hier grinden Anfänger auf den Treppenstufen. Auf der großen Freifläche ist Streetstyle angesagt.

⊙ der **Kolossa-Parkplatz** (Kaufhaus): abends mit Beleuchtung

Ramps

⊙ Eine Skateboard- und Inline-Skating-Anlage befindet sich auf dem Parkplatz beim Sportzentrum **Rechenwiesen.** Hier gibt es neben einer guten Metall-Miniramp (2,3 m × 2,2 m × 3 m) eine Funbox mit Rail, eine Quarterpipe und mehrere Street-Obstacles. Hier sind immer Skater anzutreffen.

Fitness-Skaten

⊙ Das Verkehrsamt empfiehlt die asphaltierten Wege am **Bodensee;** hier kann man das Fitness-Skaten nahezu perfekt ausüben.

Skatehalle

⊙ Am Wochenende oder während der Schulferien zieht es die Ravensburger Skater in die Skatehalle **»Skate-Factory«,** Spinnereistraße 1, 88239 Wangen/Allgäu. Öffnungszeiten: täglich 14.00–18.00 Uhr und 19.00–23.00 Uhr, So., feiertags 14.00–18.00 Uhr

Kurse

⊙ Inline-Skate-Kurse werden vom Sportgeschäft **IN SPORTS** angeboten. Die Kurse finden in Kressbronn alle 14 Tage statt, jeweils donnerstags ab 18.30 Uhr. Die Kursgebühr beträgt 29 DM pro Teilnehmer. Wird Leih-Equipment benötigt, so erhöht sich die Kursgebühr auf 49 DM. Infos unter Telefon 0 75 43/79 40

⊙ Einen Inline-Skate-Kurs kann man auch bei **Sport Mayrhofer,** Zeppelinstraße 26, 88239 **Wangen,** Telefon 0 75 22/9 71 00, absolvieren. Veranstaltet werden Fitness- und Einsteigerkurse. Diese kosten 35 DM bzw. 65 DM pro Teilnehmer. Die Kurse finden 2 × wöchentlich statt.

⊙ Empfehlenswert sind auch die Inline-Skate-Kurse bei **Skate & Fun,** Flemingstraße 7, 88131 **Lindau/Bodensee,** Telefon 0 83 82/

9 70 80. Das Kursangebot umfasst Anfänger- und Fortgeschrittenenkurse sowie Kurse für Frauen von Frauen. Unterrichtet werden die Kurse von der Leiterin Frau Ingrid Trötscher. Termine auf Anfrage. Pro Kurs werden 35 DM berechnet. Skates und Protektoren können geliehen werden.

Veranstaltungen

⊙ 5. 8.–8. 8. 1999: **Aggressive-Event, ROCES German Junior Inline Camps 1999.** Infos: S&S Company, Telefon 0 68 94/ 92 27 44

⊙ 29. 9. 1999: **Schlossseelauf** (Speed/Straße, 12 km) in 88682 Salem-Mimmenhausen, Infos: Eugen Wenzel, Telefon 0 75 53/ 9 69 10

Fachgeschäfte

⊙ **Intersport Specht,** Marienplatz 16–18, 88212 Ravensburg, Telefon 07 51/2 24 39. Hier können Skates zur Reparatur abgegeben werden.

⊙ **In Sports,** Marienplatz 47, 88212 Ravensburg, Telefon 07 51/1 48 68

Übernachtung

⊙ **Jugendherberge** Veitsburg, Veitsburgstraße 1, 88212 Ravensburg, Telefon 07 51/2 53 63. ÜF: Junioren 22 DM, Senioren 27 DM. Anmeldung für Einzelgäste wird empfohlen.

Reutlingen

Reutlingen, das bedeutendste Wirtschaftszentrum zwischen Stuttgart und Bodensee, fügt sich harmonisch in die Landschaft am Fuße der Schwäbischen Alb ein. Bekannte Sehenswürdigkeiten wie Schloss Lichtenstein oder die Nebel- und Bärenhöhle liegen direkt vor der Haustür. Bodensee und Schwarzwald, das Allgäu und die Alpen sind nah genug, um dorthin einen Tagesausflug mit dem Auto oder der Bahn zu starten.

Tipp

⊙ **Magic Nights,** Carl-Zeiss-Straße 21, 72770 Reutlingen, Telefon 0 71 21/57 93 57 – Jugenddisco immer sonntags von 14.00–20.00 Uhr

Auskunft

⊙ **Fremdenverkehrsamt,** Listplatz/Kaiserstraße 7, 72764 Reutlingen, Telefon 0 71 21/3 03 26 22, Telefax 33 95 90

Treffpunkte

⊙ an der **Halfpipe** (Stadtmitte/gegenüber dem Tübinger Tor)

⊙ auf dem **Marktplatz**

⊙ in der **Fußgängerzone** (Wilhelmstraße)

⊙ an der **Stadtbibliothek** (Spendhausstraße 2)

⊙ am **Haus der Jugend** (Museumstraße 7)

⊙ am **Rathaus** (Rathausstraße)

⊙ vor der **Friedrich-List-Halle** (nahe dem Oskar-Kalbfell-Platz)

Ramps

⊙ Gegenüber dem **Tübinger Tor** befindet sich eine kleine Halfpipe.
⊙ Im Außengelände der **Eissporthalle** befindet sich eine Halfpipe.

Fitness-Skaten

⊙ Die **Radroute** Reutlingen-Metzingen-Bad Urach (20 km) eignet sich hervorragend zum Fitness-Skaten, da die gesamte Wegstrecke asphaltiert ist.

Eissporthalle

⊙ Die Eissporthalle **Rommelsbacher Straße 55** stand im Sommerhalbjahr 1997 den Skatern zur Verfügung. Inzwischen wurde im Außengelände der Eissporthalle eine Halfpipe aufgestellt. Die Eissporthalle steht den Skatern im Sommerhalbjahr somit nicht mehr zur Verfügung.

Verein

⊙ Der neu gegründete **Reutlinger Inline-Club** (RIC) sucht Inline-Hockey-Mannschaften, die gegen den Verein antreten wollen.
E-Mail Adresse:
rainer.keppeler@schwaben.de

Kurse

⊙ Werden von der **Inline-Skate-Akademy** (ISA) durchgeführt. Die Kurse finden in 72585 Riederich statt. Angeboten werden Einsteiger- und Aufbaukurse 1 und 2. Infos unter Telefon 0 71 23/ 36 70 54

Veranstaltung

⊙ 25. 9. 1999: **14. Münsinger Beutenlay-Lauf mit 2. Münsinger Inline-Skating** (Speed/Straße) in 72525 Münsingen. Infos: Sport Schneiderhahn, Telefon 0 73 81/ 20 88

Fachgeschäfte

⊙ **Sport Vohrer,** Burgplatz 1, 72764 Reutlingen, Telefon 0 71 21/93 46-0. Hier können Skates zur Reparatur abgegeben werden.
⊙ **U13 Board's, skates and more,** Unter den Linden 47/2, 72762 Reutlingen, Telefon 0 71 21/33 02 45

Übernachtung

⊙ Nach günstigen Pensionen beim Fremdenverkehrsamt fragen.

ROTHENBURG o. d. Tauber

Rothenburg ob der Tauber ist die berühmteste Stadt des Taubertals. Sie liegt an den bekannten Touristik-Routen »Romantische Straße« und »Burgenstraße«.
Ein Spaziergang auf der mittelalterlichen Stadtmauer lohnt sich nicht zuletzt wegen der Aussichten, die man von der Mauer aus auf die Altstadt mit ihrem Giebelgewirr, ihren Kirchen und Türmen hat.

AUSKUNFT

⊙ **Städt. Verkehrsamt,** Marktplatz 1, 91541 Rothenburg ob der Tauber, Telefon 0 98 61/4 04 61, Telefax 8 68 07

TREFFPUNKTE

⊙ am **Jugendzentrum** (Deutschherrngasse 1)
⊙ am Skaterplatz am **Stadion** (Erlbacher Straße)
⊙ am **Marktplatz,** an den Treppen des Rathauses, ansonsten Kopfsteinpflaster in der gesamten Altstadt (innerhalb der Mauern), zum Skaten wenig geeignet
⊙ Nach Auskunft des Jugendzentrums trifft man sich zum Skaten auf den **Schulhöfen** der Stadt. Dort gibt es lediglich asphaltierte Flächen, also keine Halfpipe etc. Die Verantwortlichen der Schulen wollen meistens nichts auf dem Schulhof haben, was auch außerschulisch genutzt werden könnte. Denn schließlich würde dadurch Publikum angelockt werden, und dies wäre dann mit zusätzlicher Arbeit und vielleicht auch Ärger verbunden. Haftungs- und Aufsichtsprobleme werden als Grund für die ablehnende Haltung genannt.

RAMPS

⊙ Skaterplatz am **Stadion,** Erlbacher Straße. Auf dem Platz befinden sich 2 Quarterpipes, 1 Bank (Rampe), 1 Pyramide, Table und Curb. Außerdem Streetball-, Fußballfeld (Kleinfeld, Hartplatz), Tennisfeld und Torwand
⊙ In 91522 **Ansbach** gibt es einen weiteren Skaterplatz (öffentlich), der jedoch relativ weit vom dortigen Jugendzentrum entfernt ist. Informationen zur Skateanlage gibt es beim Jugendzentrum Ansbach, Pfarrstraße 29.
⊙ In 91555 **Feuchtwangen** befindet sich auf dem Parkplatz des städtischen Freibades, Zum Schleifweiher, eine Skateanlage mit Funbox, Rail, Ramp und Table.

INLINE-HOCKEY

⊙ Auf dem Hartplatz, beim Skaterplatz am **Stadion,** wird Streethockey gespielt.

FITNESS-SKATEN

⊙ Auf dem **Radwanderweg** im Taubertal von Rothenburg, Stadtteil Detwang, Richtung Bad Mergentheim bis Wertheim am Main (ca. 100 km Gesamtlänge). Der Weg ist durchgehend asphaltiert. Es müssen einige Straßenüberquerungen und kurze Abschnitte (meist innerhalb von Ortschaften) mit Straßenbenutzung gemeistert werden.

SKATEHALLEN

Die Stadt verfügt über keine professionelle Skatehalle. Die nächste hier bekannte Halle befindet sich in **Hof** (etwa 200 km entfernt). Ein Skatepark befindet sich im 80 km entfernten Nürnberg.

⊙ Die **Skatehalle ass Hall,** Schleizerstraße $109^{1}/_{2}$, 95028 Hof-Saale, ist Fr. 17.00–22.00 Uhr, Sa. und So. 14.00–22.00 Uhr geöffnet.

⊙ In Nürnberg gibt es den **ASN-Pfeil-Skatepark**. Dieser befindet sich in der Marienbergstraße 41. Der Platz befindet sich im Norden von Nürnberg, in der Nähe des Autokinos. Öffnungszeiten: Mo.–Sa. 9.00–20.00 Uhr und So. und feiertags 15.00–20.00 Uhr.

KURSE

⊙ Erlebnisfreizeit im Flüsseparadies Tauber, Jagst und Altmühl mit Inline-Skating-Anfängerkurs. Das Deutsche Jugendherbergswerk bietet Erlebnisreisen an. Diese beinhalten u. a. auch Trendsportarten. So kann man in der **JH Creglingen** an einem 7-tägigen Inline-Skate-Kurs teilnehmen. Der Kurs wird von einem erfahrenen Inline-Skate-Instruktor erteilt. Der Kurs umfasst auch einen Theorieteil. So werden den Teilnehmern auch wichtige Informationen – z. B. zum Schuhaufbau – vermittelt. Diese Erlebnisreise gibt es ab 200 DM inkl. Übernachtung und Verpflegung. Termine auf Anfrage. Jugendherberge Creglingen, Telefon 0 79 33/3 36.

⊙ Empfehlenswerte Inline-Skate-Kurse werden von **Sport-Scheck,** Ludwigsplatz 4, 90403 Nürnberg, Telefon 09 11/24 19 48-0, veranstaltet. Es werden Anfänger-, Fortgeschrittenen- und Kinderkurse angeboten. Immer dienstags und donnerstags finden die Anfängerkurse statt, freitags die Fortgeschrittenenkurse. Die Kurse beginnen jeweils um 18.00 Uhr und enden um 20.00 Uhr. Samstags findet der Kinderkurs von 13.00–15.00 Uhr statt. Die Kursgebühr beträgt für den Anfänger- und Kinderkurs jeweils 30 DM, für den Fortgeschrittenenkurs 40 DM. Skates und Protektoren können für 15 DM geliehen werden.

VERANSTALTUNGEN

⊙ Vom 31. 7.–6. 8. 1998 fand eine **Skatertour** vom Main zum Altmühlsee mit den Etappen Würzburg, Ochsenfurt, Creglingen, Rothenburg und Gunzenhausen statt und vom 7. 8.–14. 8. 1998 die **Skatertour Fränkische Schweiz** via Taubertal. Veranstaltet wurden diese Touren von der Jugendherberge Creglingen. Auch 1999 findet die **Skatetour Fränkische Schweiz** via Taubertal statt. Diesmal vom 6. 8.–11. 8. 1999. Infos: Telefon 0 79 33/3 36

FACHGESCHÄFTE

⊙ **Erhardt-Sport,** Oberer Kaiserweg 8, 91541 Rothenburg ob der Tauber, Telefon 0 98 61/4 06-0. Skates werden von Erhardt-Sport nicht repariert. Ersatzteile sind jedoch erhältlich.

⊙ **Lassauer Sportartikel,** Rödergasse 2, 91541 Rothenburg ob der Tauber, Telefon 0 98 61/64 64. Skates können zur Reparatur abgegeben werden. Für Markenskates sind die erforderlichen Ersatzteile vorhanden.

ÜBERNACHTUNG

⊙ **Jugendherberge,** Mühlacker 1, 91541 Rothenburg ob der Tauber, Telefon 0 98 61/9 41 60.
ÜF: Junioren 22 DM

ROTTENBURG am Neckar

Rottenburg liegt zwischen Horb und Tübingen, am linken Ufer des Neckars. Die Stadt ist mit dem rechtsufrigen Stadtteil Ehingen zur Einheit zusammengewachsen.

TIPPS

- **Stadtführungen** finden vom 11. 5. bis 19. 10. statt. Sonntags jeweils um 16.00 Uhr. Treffpunkt: Römisches Stadtmuseum
- **Bootsverleih** Peschel, Anlegestelle Obere Brücke, 72108 Rottenburg am Neckar, Telefon 0 74 72/2 31 93

AUSKUNFT

- **Fremdenverkehrsamt,** Marktplatz 18, 72108 Rottenburg am Neckar, Telefon 0 74 72/16 53 75, Telefax 16 53 69 oder 16 53 82

TREFFPUNKTE

- vor dem **Rathaus,** am Marktbrunnen
- in der **Fußgängerzone**
- am **Bahnhof** (Poststraße)
- auf dem Parkplatz des **Euro-Spar-Marktes** in der Sofienstraße
- **Freizeitpark Schänzle**, Gartenstraße

RAMPS

- Eine große Halfpipe befindet sich hinter dem **Bahnhof.**
- Eine kleinere Halfpipe befindet sich beim Ortseingang zum **Stadtteil Weiler,** direkt an der Hauptstraße Richtung Sportplatz.

INLINE-HOCKEY

- **Rollschuhbahn Schänzle** im Freizeit-Schänzle-Park, Gartenstraße.
- Hockeyturniere veranstaltet **RW Sport,** Telefon 0 74 72/ 2 63 38

FITNESS-SKATEN

- Die Stadt Rottenburg verfügt über ein sehr gut ausgebautes **Radwegenetz**. Empfehlenswert ist die Nutzung des Radweges nach Tübingen.
- Die Wege am **Neckar** sind weniger für Skater geeignet.

KURSE

- **RW Sports,** Seebronner Straße 1, Telefon 0 74 72/2 63 38, veranstaltet immer mittwochs, freitags und samstags Anfängerkurse. Die Kurse beginnen mittwochs und freitags um 19.30 Uhr, samstags schon um 15.00 Uhr. Die Kursgebühr beträgt jeweils 25 DM pro Unterrichtsstunde. Skates und Protektoren können geliehen werden. Prima wäre es jedoch, wenn die eigene Ausrüstung mitgebracht würde.
- **Mapet, der Fitness & Gesundheitsclub,** Röntgenstraße 39, Telefon 0 74 72/98 37-0, führt jeden Mo. von 19.00–20.30 Uhr Kurse durch. Es werden Anfänger- und Fortgeschrittenenkurse veranstaltet. Die Kursgebühr beträgt pro Kurs 10 DM, vorausgesetzt man bringt seine eigene Ausrüstung mit. Möchte man sich Skates und Protektoren ausleihen, so kostet dies für Mitglieder 8 DM und für Nichtmitglieder 15 DM.
- **Micki-Sport,** Hasseler Straße 8, Telefon 0 74 72/38 42, führt Inline-Skate-Kurse nur noch bei entsprechend großer Nachfrage durch.

Veranstaltung

⊙ 3. 10. 1999: 9. **Hefezopf-Lauf** (Speed/Straße) in 72178 Waldachtal-Salzstetten. Infos: Klaus Gebauer, Telefon 0 74 86/6 00

Fachgeschäfte

⊙ **Micki-Sport,** Hasseler Straße 8, 72108 Rottenburg, Telefon 0 74 72/38 42. Skates werden hier repariert. Bei Micki-Sport sind Leih-Skates erhältlich. Es werden 15 DM fürs Wochenende berechnet.

⊙ **RW Sports,** Seebronner Straße 1, 72108 Rottenburg, Telefon 0 74 72/2 63 38. Hier kann man seine Skates reparieren lassen. Engagierte und kompetente Verkaufsangestellte helfen weiter.

Übernachtung

⊙ nächste **Jugendherberge:** JH, Gartenstraße 22/2, 72074 Tübingen, Telefon 0 70 71/2 30 02. ÜF: Junioren 22 DM, Senioren 27 DM

Rottweil

Rottweil, die ehemalige Reichsstadt und älteste Stadt Baden-Württembergs, ist heute ein bedeutendes Wirtschafts- und Kulturzentrum.
In Rottweil steht Haus an Haus. Die Häuserfronten unterscheiden sich durch ihre spezifischen Farben und die teilweise bunt verzierten Erker. Das Stadtbild wird durch die zahlreichen kunstvoll geschmiedeten Stechschilder belebt.

Tipps

⊙ Von Mai bis Oktober finden jeden Sa. um 14.30 Uhr (ab Tourist-Information) kostenlose **Stadtführungen** durch den historischen Stadtkern statt.

⊙ **Rottweiler Fasnet** – beginnt am Tag der Heiligen Drei Könige (6. Januar). Zu den Höhepunkten der Fastnachtszeit gehören die so genannten »Narrensprünge«, an denen ungefähr 2000 Maskenträger teilnehmen.

Auskunft

⊙ **Tourist-Information,** Hauptstraße 21–23, 78628 Rottweil, Telefon 07 41/49 42 80, Telefax 49 43 55

Treffpunkte

⊙ am **Stadionparkplatz**
⊙ in der **Fußgängerzone**
⊙ am **Schulzentrum**

Ramps

⊙ Am **Stadionparkplatz** Rottweil (Stadionstraße) befinden sich 1 kleine Halfpipe, 2 Banks, 1 Box und 1 Ramp.

Fitness-Skaten

⊙ auf den ausgeschilderten **Radwegen** rund um die Stadt

Kurse

⊙ Beim **Fitness-Club Body Point,** Königsberger Straße 12, Telefon 07 41/1 85 10, können Inline-

Skate-Kurse gebucht werden. Es werden Kurse für Anfänger und Fortgeschrittene angeboten. Die Kurse dauern 2 Stunden und finden am Wochenende statt. Die Kursgebühr beträgt 10 DM pro Teilnehmer. Skates und Protektoren können geliehen werden. Termine auf Anfrage

Veranstaltungen

⊙ Es gibt Ausfahrten mit dem Kinder und Jugendreferat zu großen und bekannten Skatehallen, z. B. nach **Sattel** (CH). Termine auf Anfrage

⊙ 5. 9. 1999: **Baden-Württembergische Halbmarathonmeisterschaft DRIV** (Speed/Straße) in 72532 Tuttlingen. Infos: Thomas Storz, Telefon 0 74 63/99 03 48

⊙ 12. 9. 1999: **2. Skate-Slalom** (Speed/Straße) und eventuell **DSV-Inline-Cup in 72475 Bitz.** Infos: Markus Reichenberger, Telefon 0 74 31/8 14 18

Fachgeschäft

⊙ **Kirsner-Sport,** Hauptstraße 27, 78628 Rottweil, Telefon 07 41/ 4 43 93. Inline-Skates werden zur Reparatur angenommen – je nachdem was daran zu richten ist. Für Kunden sind Test-Skates im Geschäft vorhanden.

Übernachtung

⊙ **Jugendherberge,** Lorenzgasse 8, 78628 Rottweil, Telefon 07 41/76 64. ÜF: Junioren 20 DM, Senioren 25 DM

Rüsselsheim

Rüsselsheim liegt verkehrsgünstig in unmittelbarer Nähe der Großstädte Frankfurt, Wiesbaden und Mainz. Die Stadt Rüsselsheim ist Hauptsitz der Adam Opel AG. Dem Besucher sei der Blick vom Main auf die weitgehend erhaltene, traditionelle Mainfront Rüsselsheims empfohlen.

Auskunft

⊙ **Presseamt,** Mainstraße 7, 65428 Rüsselsheim, Telefon 0 61 42/83 22 13, Telefax 83 22 43

Treffpunkte

⊙ Inline-Skater bevorzugen in Rüsselsheim die **Innenstadt,** dort insbesondere den **Löwenplatz**, die Löwenstraße. Dort sind Treppen vorhanden. An diesem Platz werden gelegentlich Veranstaltungen mit bekannten Sportlern aus der Inline-Skater-Szene durchgeführt.

Ramps

⊙ Zur Zeit gibt es in Rüsselsheim keine öffentlich zugänglichen Ramps, Pipes bzw. Skateboardanlagen.

Rollschuhbahn

⊙ **Rollschuhbahn Am Stadion,** Telefon 0 61 42/4 59 87

Inline-Hockey

⊙ Inline-Hockey-Gelände: Inline-Skater können die **Rollschuhbahn**

(Am Stadion) des Rüsselsheimer Rollschuhclubs benutzen.

⊙ Streethockey wird sonntags auf dem Wertkauf-Parkplatz in 65479 **Raunheim** (Flörsheimer Straße) gespielt.

Fitness-Skaten

⊙ auf den Wegen im **Stadtpark**

⊙ am **Mainufer** – ab Jachthafen

⊙ am Wochenende im Gewerbegebiet **Hasengrund**

Vereine

⊙ **Rüsselsheimer Roll- und Schlittschuh-Club e. V.,** Vereinshaus am Stadion, Am Sommerdamm, Telefon 0 61 42/4 59 87. Ansprechpartner: Fredi Kneitz, Altmünster Straße 14, 65439 Flörsheim

⊙ Das Inline-Skaten ist im **Sport- und Gesundheitszentrum TG 1862 e.V. Rüsselsheim,** Johann-Sebastian-Bach-Straße 55, Telefon 0 61 42/6 29 93, möglich. ***Hinweis:*** *Nach Rücksprache mit dem Verein kann das Gelände beider Vereine genutzt werden.*

Kurse

⊙ Bei **Extra** (Marktstraße 16) findet jeden Mi. ab 19.00 Uhr ein kostenloser Lauftreff für Erwachsene statt. Die Gruppe wird von einem Skatelehrer begleitet. Wer teilnehmen möchte, sollte sich auf eine Skatetour von 1–2 Stunden einstellen. Des Weiteren findet ein Bremskurs (mit Stopper oder ohne) für Jung und Alt an jedem letzten Sa. im Monat statt. Die Kursgebühr beträgt 20 DM pro Teilnehmer. Diese Gebühr wird beim späteren Kauf von Skates im Laden vergütet. Sollte man sich bereits Inline-Skates bei Extra gekauft haben, so ist die Teilnahme an diesem Kurs kostenlos. Es kann zwischen Einzel- und Gruppenunterricht gewählt werden. Der Einzelunterricht wird von Friedrich Kempf, Lehrer beim Deutschen Inline-Skate-Verband (D.I.V.), erteilt. Informationen gibt es bei Extra oder bei Herrn Kempf, Telefon 0 61 31/ 47 93 82 oder 36 22 22.

⊙ Im **Sport- und Gesundheitszentrum TG 1862 e. V.** Rüsselsheim, Johann-Sebastian-Bach-Straße 55, werden u. a. auch Inline-Skate-Kurse angeboten. Kurse finden am 28. 6. und danach erst wieder am 27. 9. statt. Die Kurse werden sonntags von 17.00–20.00 Uhr abgehalten und kosten für Erwachsene 40 DM, für Kinder und Jugendliche 30 DM. Die Teilnehmerzahl ist auf 15 Personen begrenzt. Infos: 0 61 42/6 29 93

Fachgeschäfte

⊙ **Extra-Sporthandel,** Marktstraße 16, 65428 Rüsselsheim, Telefon 0 61 42/1 44 13. Rundum-Service

⊙ **Krummeck-Sports GmbH,** Europaplatz 1, 65428 Rüsselsheim, Telefon 0 61 42/96 59 46. Hier werden Inline-Skates repariert.

⊙ **Top-Sport Bluhm u. Veith,** Bahnhofstraße 32, 65428 Rüsselsheim, Telefon 0 61 42/6 24 96. Skates können zur Reparatur abgegeben werden. Top-Sport repariert die Skates nicht selbst, sondern schickt diese ein.

Übernachtungen

⊙ Nach günstigen Pensionen in Rüsselsheim fragen.

⊙ **Campingplatz** Hegbachsee, 64569 Nauheim, Telefon 0 61 52/ 6 19 21 – ganzjährig geöffnet

Saarbrücken

Saarbrücken ist Landeshauptstadt und liegt im waldumrahmten Tal der Saar. Sehenswert ist der belebte Stadtteil St. Johann, am rechten Saarufer gelegen. Hier befinden sich die Hauptgeschäftsstraßen, und am St.-Johanner-Markt ist immer etwas los, z. B. Flohmärkte, Altstadtfeste etc.

Tipp

- **Personenschifffahrt,** Rundfahrten auf dem Saardampfer. Anlegestelle: unterhalb der Berliner Promenade 21, Telefon 06 81/ 3 40 84

Auskunft

- **Tourist-Information,** im Hauptbahnhof, 66111 Saarbrücken, Telefon 06 81/3 51 97, Telefax 9 05 33 00

Treffpunkte

- **Ludwigsplatz**
- **Dudweilerstraße:** an den dortigen Treppenabgängen
- bei schlechtem Wetter: auf dem oberen Parkdeck des Parkhauses unter der **Westspange**
- am **Jugendzentrum** (Försterstraße 8)
- auf dem **Universitätsgelände**
- **Bahnhofstraße** (Fußgängerzone): Diese ist zum beliebten Treffpunkt der Skater geworden. Dort findet man einen idealen Belag zum Skaten sowie niedrige und hohe Bänke zum Überspringen. Die dortigen Säulen werden zum Slalomtraining genutzt. Bei Regenwetter trifft man sich unter den Arkaden.
- am **Ludwigspark-Stadion** und vor der Saarlandhalle

Ramp

- Eine Halfpipe steht beim Parkhaus unter der **Westspange**.

Inline-Hockey

- Die **Universität/Fachbereich Sportwissenschaft** stellt Inline-Hockey-Mannschaften auf und trifft sich zum Spiel u. a. in der Messehalle.

Fitness-Skaten

- entlang der **Berliner Promenade** (an der Saar gelegen)
- an der **Uferstraße** entlang der Saar

Rollschuhbahn

- Eine Rollschuhbahn befindet sich am **Ludwigspark-Stadion**.

Skatehalle

- **Inline-Skate-Center Saarlouis,** Saarwellinger Straße 199, 66740 Saarlouis, Telefon 0 68 31/ 98 80 85. Hier finden jeden Donnerstag Inline-Skate-Kurse statt. Öffnungszeiten: Mo.–Fr. 15.00–22.00 Uhr, Sa. 14.00–22.00 Uhr und So. 10.00–22.00 Uhr. In den Ferien ab 10.00 Uhr geöffnet.

Verein

- **ERC Homburg,** Ansprechpartner: Werner Jung, Auf dem Höfchen 39, 66459 Kirkel, Telefon 0 68 41/8 07 66. Der Verein trainiert auf einer Speed-Skating-Bahn (Pistenlänge 200 m).

Kurse

- **Inline-Skateschule Homburg** – Caro's Inline Academy, Erikastraße 2 a, 66424 Homburg, Telefon 0 68 41/1 56 36, Leitung: Carola Becker (D.I.V.-geprüfte Lehrerin). Es finden Anfängerkurse für Erwachsene und Kinder statt. Einzelunterricht ist möglich. Kursorte: Homburg (SG Erbach-Halle), Saarlouis Steinrausch (Inline-Skate-Center), Pirmasens (Indoor-Kart-Bahn), Zweibrücken (Intersport Franck), Dillingen (Eissporthalle) und Saarbrücken. Termine auf Anfrage, Skates und Protektoren können geliehen werden.

Veranstaltung

⊙ In Saarbrücken fanden 1998 bereits Veranstaltungen zum Thema »Inline-Skating« statt. Zu nennen die Veranstaltung **»Inline-Skating für Anfänger«** oder der **»Skating-Treff 1998«**. Aktuelle Veranstaltungshinweise sind bei Karsten Thiel, Telefon 06 81/3 87 92 29, erhältlich.

Fachgeschäfte

⊙ **Wind,** Fröschengasse 4, 66111 Saarbrücken, Telefon 06 81/3 92 04. Keine Reparaturannahme

⊙ **Surf + Surf,** Breite Straße 34, 66115 Saarbrücken, Telefon 06 81/4 47 73. Hier werden kleinere Wartungsarbeiten (Rollenwechsel etc.) an Skates durchgeführt. In der Filiale in Saarlouis sind Leih-Skates erhältlich.

Übernachtungen

⊙ **Jugendgästehaus,** Meerwiesentalweg 31, 66123 Saarbrücken, Telefon 06 81/3 30 40. ÜF: 26,30 DM bis 35,50 DM

⊙ **Campingplatz Saarbrücken,** Am Spicherer Berg, 66119 Saarbrücken, Telefon 06 81/5 17 80

⊙ **Campingplatz Burbach,** Mettlacher Straße, 66115 Saarbrücken, Telefon 06 81/79 29 21 – ganzjährig geöffnet

Schweinfurt

Schweinfurt, am Main gelegen, hat sich in den letzten 100 Jahren zu einer bedeutenden Industriestadt entwickelt. Das Stadtbild wird noch immer geprägt durch Industriebauten und Schornsteine. Betrachtet man sich aber die gemütlichen Winkel in der Altstadt, die so genannten »grünen Oasen«, die sich zum Teil an die alte Stadtbefestigung anschließen, so erhält der Besucher ein ganz neues Bild von der Stadt.

Tipp

⊙ Schifffahrt auf dem Main – Schiffsanlegestelle ist an der Gutermann-Promenade. Fahrkartenvorverkauf: Schweinfurt-Information

Auskunft

⊙ **Schweinfurt-Information,** Brückenstraße 14, 97421 Schweinfurt, Telefon 0 97 21/5 14 98, Telefax 5 16 05

Treffpunkte

⊙ **Messegelände** (Rüfforstraße)

⊙ **Martin-Luther-Platz**

⊙ **Marktplatz**

⊙ im Sommer an der **Rollschuhbahn**

⊙ am **Celtis-Gymnasium**
⊙ **Maintal-Radwanderweg**

Ramps

⊙ Zwei kleine Elemente zum Skaten, u. a. eine Bank, befinden sich beim **Waldspielplatz**. Man fährt die Deutschhöfer Straße hinauf und biegt links nach der Ampel zum Bolzplatz ab. Dort befindet sich auch der Waldspielplatz.
⊙ Der Eislauf- und Rollschuh-Verein Schweinfurt e. V. wird noch 1999 einen Funpark errichten. Infos: Telefon 0 97 21/80 52 65
⊙ Am 21. 7. 1998 wurde der Schweinfurter **Marktplatz** mit Halfpipe, Funbox, Streethockey, Show-Demonstrationen und kostenlosem Skate-Verleih zum zentralen Treff für Skater und die, die es werden wollen. Termine für 1999 stehen noch nicht fest. Infos: Telefon 0 97 21/5 14 98

Fitness-Skaten

⊙ auf dem **Maintal-Radwanderweg**

Rollschuhbahn

⊙ Das **Eisstadion** (Niederwerrner Straße 98) ist mit einer Kunsteisbahn ausgestattet (Saison ist von Mitte Oktober bis Mitte März); im Sommer wird diese zur Rollschuhbahn umfunktioniert. Die Rollschuhbahn ist durchgehend geöffnet. Der Eintritt ist frei.

Verein

⊙ **Eislauf- und Rollschuh-Verein Schweinfurt e. V.,** Kunsteisstadion, Niederwerrner Straße 98, Telefon 0 97 21/8 82 83. Ansprechpartnerin: Christine Dietmar, Rathausplatz 6, 97502 Feuerbach, Telefon 0 97 26/82 87. Der Verein verfügt über eine Speed-Skating-Bahn: Kurvenüberhöhung 7%. Pistenlänge (1 Runde): 200 m

Kurse

⊙ Beim **ERV Schweinfurt** finden Inline-Skate-Kurse statt. Termine aus der Tageszeitung

Veranstaltung

⊙ 21. 7.–22. 7. 1998: **BR Inline-Tour:** Das weltgrößte Inline-Skating-Spektakel startete am 22. 7. in Schweinfurt. Rund 400 Inline-Skater gingen hier an den Start, um auf öffentlichen Straßen durch Nordbayern, Hessen und Baden-Württemberg zu skaten. Von Schweinfurt über Ochsenfurt, Wertheim, Michelstadt nach Alzenau legten die Skater ungefähr 250 km auf ihren acht Rollen zurück. Die **BR-Inline-Tour 1999** (20. 7.–24. 7.) verläuft von Memmingen, Illertissen, Gundelfingen, Meitingen nach Pfaffenhofen.

Fachgeschäfte

⊙ **Sport-Geyer GmbH,** Rossmarkt 16, 97421 Schweinfurt, Telefon 0 97 21/1 82 91. Hier werden Inline-Skates nur repariert, wenn die dafür erforderlichen Ersatzteile im Geschäft vorhanden sind.
⊙ **Sporthaus Ludwig,** Alois-Türk-Straße 16, 97424 Schweinfurt, Telefon 0 97 21/78 65-0 – keine Reparaturannahme

Übernachtungen

⊙ **Jugendherberge,** Niederwerrner Straße $17^1/_2$, 97421 Schweinfurt, Telefon 0 97 21/2 14 04. ÜF: Junioren 20 DM
⊙ **Naturfreunde Camping,** Am Tännig, Sennfeld, Telefon 0 97 21/6 83 77

Schwerin

Schwerin ist die neue Landeshauptstadt von Mecklenburg-Vorpommern. Etwa ein Viertel der Stadtfläche wird von Seen gebildet. Teilweise reichen diese bis ins Stadtzentrum hinein, so zum Beispiel der Pfaffenteich. Die Innenstadt hat unmittelbaren Kontakt mit dem Schweriner See. Dieser zählt neben dem Bodensee, der Müritz und dem Chiemsee zu den größten Binnenseen Deutschlands. Schwerin wird auch als »Stadt der sieben Seen« bezeichnet.

Tipps

⊙ **Seerundfahrt** mit der »Weißen Flotte Schwerin«, Werderstraße 99, 19055 Schwerin, Telefon 03 85/5 81 15 96. Die Anlegeplätze der Fahrgastschiffe der Weißen Flotte Schwerin befinden sich nur einen Steinwurf vom Museumsgebäude entfernt. Im Linienverkehr werden von hier aus Zippendorf, Mueß und die unter Naturschutz stehende Insel Kaninchenwerder angesteuert.

⊙ Ausflug an den **Badestrand von Zippendorf,** am Südufer vom Schweriner See

Auskunft

⊙ **Schwerin-Information,** Am Markt 11, 19055 Schwerin, Telefon 03 85/56 09 31, Telefax 56 27 39. Vom Haus Nr. 11 starten die Minibusse zur Stadtrundfahrt.

Treffpunkte

⊙ Allgemein in der Innenstadt; man trifft sich hier ab 20.00 Uhr. Beliebt ist der Treffpunkt vor dem **Rathaus** – guter Belag.

⊙ Parkplatz **Sieben-Seen-Center:** Sehr übersichtlich mit langen Geraden und langgezogenen Kurven. Skater treffen sich hier ab 20.00 Uhr.

⊙ Parkplatz **Margarethenhof** mit langen Geraden, 90-Grad-Kurven. Kleine Treppen sind vorhanden, Zufahrt leicht abschüssig. Hier wird ab 20.00 Uhr geskatet.

⊙ **Sport- und Kongresshalle** (Wittenburger Straße): verhältnismäßig schlechter Untergrund (etwa 2000 qm) – hier wird ganztägig geskatet.

⊙ **Berliner Platz** (in Schwerin-Zippendorf): Treppen und Handrails vorhanden

Fitness-Skaten

⊙ **Schlossgarten,** Franzosenweg – kaum Autoverkehr. Weitere Touren bieten sich in Richtung Schwerin-Zippendorf an (etwa 4 km). Hier wird bevorzugt entlang der Strandpromenade geskatet.

Kurse

⊙ Im **AWO** finden Inline-Skate-Kurse für Einsteiger und Fortgeschrittene statt. Anfängerkurse werden dienstags um 17.00 Uhr veranstaltet. Kurse für Erwachsene finden mittwochs um 20.00 Uhr statt. Dienstags um 19.00 Uhr und donnerstags um 18.00 Uhr werden außerdem noch Skater-Aerobic-Kurse angeboten. Anmeldung und Infos: AWO-Dreesch, Justus-von-Liebig-Straße 29, Telefon 03 85/51 25 19

⊙ Im **Fitness-Point** Schwerin kann man Inline-Skate-Kurse buchen. Die Kurse finden immer mittwochs um 16.00 Uhr und freitags um 17.00 Uhr statt. Kursleiterin: Mehrfache DDR- und Deutsche Meisterin im Rollkunstlauf, Liane Witt-Kumbier. Infos und Anmeldung unter Telefon 03 85/48 50 00

Fachgeschäft

⊙ **Sport Schefe,** Schmiedestraße 18, 19053 Schwerin, Telefon 03 85/56 15 34. Hier kann man sich preiswert Inline-Skates ausleihen (15 DM pro Tag). Sollte man sich zum Kauf von Inline-Skates bei Sport Schefe entschließen, so wird die Leihgebühr beim Kauf verrechnet.

Übernachtungen

⊙ **Jugendherberge,** Waldschulenweg 3, 19061 Schwerin, Telefon 03 85/21 30 05. ÜF: Junioren 20 DM, Senioren 24 DM

⊙ nächste **Jugendherberge:** Am Schweriner See 1 b, 19067 Flessenow (20 km von Schwerin entfernt), Telefon 0 38 66/4 35. ÜF: 17 DM bis 20 DM

Sonthofen

Sonthofen an der Iller ist die südlichste Stadt Deutschlands. Die beliebte Ferienregion inmitten der Allgäuer Alpen liegt zwischen 750 und 1100 Höhenmetern. Kulturell, sportlich und touristisch ist hier das Zentrum des oberen Allgäus.

Tipps

⊙ **Sonthofer Freibad** – mit Blick auf die Allgäuer Bergwelt

⊙ **geführte Bergwanderung**

⊙ **Canadierfahrt auf der Iller**

⊙ **Heißluft-Ballonfahrt** mit der Ballonsportgruppe »Alpin«

Auskunft

⊙ **Verkehrsamt,** Rathausplatz 1, 87527 Sonthofen, Telefon 0 83 21/61 52 91, Telefax 61 52 93

Treffpunkte

⊙ **Kaufmarkt-Parkplatz** (Hans-Böckle-Straße)

⊙ an der Halfpipe, nahe der **Allgäu-Schwimmhalle**

⊙ in der **Sonthofener Fußgängerzone**

⊙ an der **Rollschuhbahn** (Hindelanger Straße)

⊙ am **Jugendhaus** (Albert-Schweitzer-Straße 21)

⊙ im **Sportpark Fischen** (Mühlenstraße 55, 87538 Fischen)

Ramp

⊙ Eine Halfpipe befindet sich auf dem Platz zwischen der Allgäu-Schwimmhalle und der Außensportanlage des dortigen Gymnasiums **(Albert-Schweitzer-Straße)**.

Rollschuhbahn

⊙ Eine Rollschuhbahn befindet sich bei der **Eissporthalle,** Hindelanger Straße.

Inline-Hockey

⊙ Inline-Hockey wird in der **Eissporthalle** (Hindelanger Straße) gespielt; jedoch nur von Mitgliedern des ERC Sonthofen e.V.

Fitness-Skaten

⊙ Rund um Sonthofen gibt es **kleine Straßen**, auf denen man Fitness-Skaten praktizieren kann.
⊙ auf dem Radweg entlang der Iller

Hallen

⊙ Im Sommerhalbjahr ist die **Eissporthalle** (Eigentümer Stadt Sonthofen) für den ERC Sonthofen e.V. geöffnet.
⊙ **Sportpark Fischen,** Mühlenstraße 55. Auf der dortigen Go-Kart-Bahn kann man montags von 18.00–20.00 Uhr Fitness-Skaten oder Streethockey spielen. Skates und Protektoren können dort geliehen werden. Infos unter Telefon 0 83 26/82 82

Verein

⊙ **Eis- und Rollsportclub (ERC) Sonthofen e.V.,** Hindelanger Straße 24, 87527 Sonthofen, Telefon 0 83 21/8 90 49

Informationen zum Verein:

- *Man muss aus versicherungstechnischen Gründen Mitglied des Vereins sein, um dessen Programme nutzen zu können.*
- *Trainiert wird in der angemieteten **Eissporthalle** Sonthofen. Hier wird im Sommerhalbjahr Inline-Hockey trainiert – nur für Mitglieder!*
- *Es werden Nachwuchsturniere mit umliegenden Eishockey-Nachwuchsmannschaften organisiert. Im Sommerhalbjahr finden **Inline-Hockey-Turniere** statt. Infos unter Telefon 0 83 21/8 90 49*

Kurse

⊙ Kurse können bei **Board'n Skate** – Michael Lösch, Johann-Schütz-Straße 9, 87435 Kempten, Telefon/Telefax 08 31/8 78 98, absolviert werden. Es werden Kurse für Anfänger und Fortgeschrittene angeboten. Auch Kurse im artistischen Inline-Skaten können hier gebucht werden. In Sonthofen-Rieden finden die Kurse immer dienstags und donnerstags von 18.30–21.00 Uhr statt. Die Kurse werden auch in Kempten durchgeführt.
⊙ Inline-Skate-Kurse werden auch im **Sportpark Fischen,** Mühlenstraße 55, 87538 Fischen, veranstaltet. Leih-Skates und Protektoren sind erhältlich. Termine auf Anfrage – Telefon 0 83 26/82 82
⊙ **T+M-Sport,** Sonthofer Straße 8, 87544 Blaichach, vermittelt Inline-Skate-Kurse. Diese finden vorrangig samstags ab 16.00 Uhr in Gunzesried statt. Der Anfängerkurs dauert 2,5 Stunden und kostet 40 DM pro Teilnehmer. Die Kursgebühr für den Aufbaukurs beträgt 25 DM. Anmeldungen werden bei T+M-Sport entgegengenommen.

Fachgeschäft

⊙ **T+M-Sport,** Sonthofer Straße 8, 87544 Blaichach, Telefon 0 83 21/8 75 48. Hier werden Inline-Skates repariert. Bei T+M-Sport sind Leih-Skates und Protektoren erhältlich. Pro Tag werden hierfür 20 DM, fürs Wochenende 40 DM berechnet.

Übernachtung

⊙ Im Ort gibt es günstige **Gasthöfe** und **Gasthäuser.** Vergleichbar günstig sind Privatzimmer auf dem Bauernhof.

Speyer

Speyer, Stadt in Rheinland-Pfalz, am Rhein gelegen, ist eine der ältesten Städte Deutschlands. Pro Jahr zieht die Stadt bis zu eine Million Besucher an. Heute ist die Maximilianstraße die pulsierende Hauptstraße Speyers. Hier drängen sich Cafés und Geschäfte dicht aneinander. Doch schon in den Seitengassen bekommt man ein ganz anderes Bild. Hier findet man eher eine kleinstädtische Idylle.

Tipps

⊙ **IMAX** – eines der größten Filmtheater der Welt, Geibstraße 2, 67346 Speyer. Programm-Hotline: 0 62 32/67 08 50

⊙ die alljährlich im August von hiesigen Gastronomen und Hoteliers aufgebaute 800 m lange **Kaisertafel** in der Maximilianstraße

Auskunft

⊙ **Verkehrsamt,** Maximilianstraße 11, 67346 Speyer, Telefon 0 62 32/1 43 92, Telefax 1 43 32

Treffpunkte

⊙ in der **Maximilianstraße** (Flaniermeile der Stadt)

⊙ vor dem **Dom**

⊙ abends auf dem **Festplatz** (gegenüber dem Domgarten gelegen)

⊙ am **Hans-Purmann-Gymnasium** und am **Friedrich-Magnus-Schwerd-Gymnasium** (Otto-Mayer-Straße und Vincentiusstraße)

Ramp

⊙ Seit April 1998 gibt es im **Rheinstadion** eine Minipipe (nähe Rheinpromenade).

Fitness-Skaten

⊙ Von den Inline-Skatern werden die **Radwege um Speyer** und am **Rheindamm** bis 67165 Waldsee genutzt.

Kurse

⊙ Vom **Sportfachgeschäft Dritschler** werden Inline-Skate-Kurse für Anfänger und Fortgeschrittene organisiert. Die Kurse dauern jeweils 6 Stunden und kosten etwa 120 DM pro Teilnehmer. Die Kurse finden auch am Wochenende statt. Termine nach Absprache.

Fachgeschäfte

⊙ **Sport Dritschler,** Wormser Straße 3, 67346 Speyer, Telefon 0 62 32/7 54 05, führt Inline-Skate-Reparaturen durch.

⊙ **Sporthaus Scheben,** Maximilianstraße 75, 67346 Speyer, Telefon 0 62 32/7 57 39. Hier können Marken-Inline-Skates zur Reparatur abgegeben werden. Nur für Markenmodelle sind Ersatzteile im Geschäft vorhanden. Leih-Skates sind beim Sporthaus Scheben nicht erhältlich.

Übernachtung

⊙ **Jugendgästehaus,** Geibstraße 5, 67346 Speyer, Telefon 0 62 32/7 53 80.
ÜF: 26,30 DM bis 35,50 DM

Stendal

Stendal, die größte Stadt in der Altmark, liegt rund 60 km nördlich von Magdeburg an der Uchte. Als Verkehrsknotenpunkt und Industriestandort ist die Stadt ein regionales Wirtschaftszentrum.

Tipp

⊙ Besuch des **Jugendfreizeitzentrums** Mitte, Altes Dorf, 39576 Stendal. Hier kann man Informationen zum Skaten austauschen.

Auskunft

⊙ **Stendal-Information,** Kornmarkt 8, 39576 Stendal, Telefon 0 39 31/67 71 90, Telefax 67 71 95

Treffpunkte

⊙ **Stendal-Stadtsee** (Johannes-Kepler-Straße): an den dortigen Funboxen

⊙ am **Jugendfreizeitzentrum** Mitte (Altes Dorf)

⊙ am **Uenglinger Tor** (Uenglinger Straße)

⊙ auf dem **Marktplatz** in der Innenstadt

⊙ am Wochenende auf **Parkplätzen großer Einkaufszentren** (z. B. Hoher Weg)

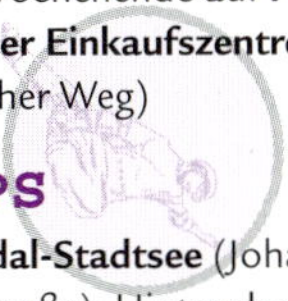

Ramps

⊙ **Stendal-Stadtsee** (Johannes-Kepler-Straße): Hinter dem Jugendclub »Zenit« befinden sich mehrere Funboxen. Dieses Skateareal umfasst etwa 100 qm.

Inline-Hockey

⊙ Wird sonntags auf den **Parkplätzen großer Einkaufszentren** in Stendal gespielt (z. B. Hoher Weg).

Fitness-Skaten

⊙ im Stendal-Stadion **»Am Hölzchen«**

⊙ am Wochenende auf den **Parkplätzen großer Einkaufszentren**

Fachgeschäft

⊙ **Sport Schulz,** Breitestraße 14, 39576 Stendal, Telefon 0 39 31/71 61 78. Hier können Skates zur Reparatur abgegeben werden. Sport Schulz leitet diese zur Reparatur weiter, da im Geschäft nicht alle erforderlichen Ersatzteile vorhanden sind.

Übernachtungen

⊙ Bei der Stendal-Information nach günstigen **Pensionen** oder **Privatquartieren** fragen.

⊙ preiswert: z. B. **Pension Holzapfel**, Mozartstraße 19, 39576 Stendal, Telefon/Telefax 0 39 31/21 37 87. DZ pro Bett 28 DM. Frühstück 6 DM

⊙ preiswert: **Pension Lehmann**, Bergstraße 42, 39576 Stendal, Telefon 0 39 31/71 22 00. DZ mit Frühstück 30 DM pro Person

S

Stuttgart

Die baden-württembergische Landeshauptstadt Stuttgart ist nicht nur wirtschaftliches, kulturelles und sportliches Zentrum einer Region mit knapp 2,5 Millionen Einwohnern, sondern sie gehört auch zu den am schönsten gelegenen Großstädten Europas. Die Innenstadt liegt in einem engen Talkessel, von dem aus die äußeren Stadtteile an den Hängen zu Aussichtspunkten hinaufsteigen, z. B. zur Neuen Weinsteige, zum Hohen Bopser und dem Fernsehturm oder zum Bismarckturm. Von diesen Aussichtspunkten hat man einen schönen Blick über die »Großstadt im Grünen«.

Tipps

⊙ **»Wilhelma«** (zoologisch-botanischer Garten): meistbesuchte Sehenswürdigkeit Stuttgarts, Neckartalstraße, Stuttgart-Bad Cannstatt, Telefon 07 11/54 02-0. Öffnungszeiten: ganzjährig geöffnet von 8.15–16.00 Uhr (Winter) bzw. 8.15–17.30 Uhr (Sommer)

⊙ Aussichtsplattform des **Fernsehturms**: bei schönem Wetter Sicht bis zu den Alpen

⊙ **Cannstatter Volksfest**: Ende September auf dem am Neckar gelegenen **Cannstatter Wasen**. Es geht auf die 1818 ins Leben gerufene Landwirtschaftsschau zurück. Es ist das größte Fest der Schwaben und eines der größten deutschen Volksfeste überhaupt.

Auskunft

⊙ **Touristik-Zentrum »i-Punkt«**, Königstraße 1 A, 70173 Stuttgart, Telefon 07 11/2 22 82 40, Telefax 2 22 82 53

Treffpunkte

⊙ **Cannstatter Wasen** (U-Bahnhof Daimler-Stadion): große Freifläche mit glattem Belag, mit Geländer zum Jumpen und Grinden

⊙ **Rathaus- und Marktplatz** (U-Bahnhof Schlossplatz): ganztägiger Treffpunkt der Skaterszene. Beliebt sind die Treppen beim Rathaus.

⊙ **Jugendhaus Ostend** (Ostendstraße)

⊙ **Schlossgarten** (U-Bahn Mineralbäder): bietet idealen Untergrund für Anfänger

⊙ **Rosensteinpark** (U-Bahnhof Rosensteinpark): Auf den asphaltierten Wegen skatet Jung und Alt.

Hinweis: *In der Königstraße ist das Skaten untersagt, nachdem es einige Unfälle mit Fußgängern gegeben hat. Skater weichen deshalb zum Cannstatter Wasen aus. Den Stuntskatern stehen professionelle Skatehallen zur Verfügung.*

Ramps

⊙ Unter der **König-Karl-Brücke** steht eine Ramp (Bushaltestelle Schwanenplatz).

⊙ Eine große Halfpipe steht zwischen **Gottlieb-Daimler-Stadion** und Hanns-Martin-Schleyer-Halle.

⊙ Unter der **Adenauerbrücke** (S-Bahn Oberesslingen) befindet sich ein Skatepark mit Funbox, Quarterpipe und Pyramide, Grinding-Stangen und mehreren Ramps.

⊙ Ramps etc. befinden sich im **Inline-Dome-Funsport-Zentrum** (Friedrich-List-Straße, Fellbach).

Inline-Hockey

⊙ Streethockey wird am Wochenende auf der Freifläche **Cannstatter Wasen** gespielt.

Fitness-Skaten

⊙ vom **Marienplatz** durch den Schlossgarten in den Rosensteinpark und zurück zum Marienplatz
⊙ ab **Cannstatter Wasen** in Richtung Norden den Neckar entlang
⊙ Ideal ist die Strecke durch den **Naturpark Schönbuch** südlich von Stuttgart. Diese Route führt von Echterdingen durch das Siebenmühlental nach Waldenbuch und zurück (etwa 18 km). An der Strecke liegen sieben Wassermühlen, die zum Teil zu Gastwirtschaften umfunktioniert wurden. Hier kann man sich mit Getränken versorgen.

Skatehalle

⊙ **Inline-Dome-Funsport-Zentrum** – Familie Kahle, Friedrich-List-Straße 2/1, 70736 Fellbach. Öffnungszeiten: Mo.–Do. 13.00–24.00 Uhr, Fr.–Sa. 11.00–0.50 Uhr und So. 11.00–24.00 Uhr

Skatepark

⊙ **Skatepark Esslingen**, unter der Adenauer-Brücke, 73734 Esslingen. Es handelt sich um eine Outdoor-Skateanlage.

Kunsteisbahn

⊙ **Kunsteis- und Rollschuhbahn Waldau,** Keßlerweg 8 (Degerloch), Telefon 07 11/2 16-32 74. Kostenlose Benutzung für Skateboarder und Inline-Skater immer Mo. bis Do. 10.00–15.30 Uhr, Fr. 10.00–14.00 Uhr und Sa. 10.00–16.00 Uhr. Kein Verleih von Inline-Skates. Disco findet jeden 1. und 3. Freitag eines Monats jeweils von 18.00–22.00 Uhr statt. Aufgestellt werden diverse Ramps für Inline-Skater. Der Eintritt beträgt 6 DM.

Kurse

⊙ Das **Sporthaus Breuninger** (Marktstraße 1–3) vermittelt ROLLERBLADE Inline-Skate-Kurse in Stuttgart. Die Kurse gehen von Level 1–3. Bucht man alle drei Kurse, so kostet dies 105 DM. Einen Anfängerkurs gibt es für 40 DM (2 Stunden) und einen Fortgeschrittenenkurs für 45 DM (2 Stunden). Für Interessierte liegen Informationsblätter und Anmeldeformulare aus.
⊙ **Skate & Fun,** Elsa-Brandström-Straße 13, 71229 Leonberg, Telefon 0 71 52/2 31 13. Leitung: Matthias Gunsch, D.I.V.-geprüfter Lehrer. Angeboten werden Anfänger- und Fortgeschrittenenkurse. Des Weiteren noch Kinderkurse und Workshops. Die Kurse finden in der eigenen Halle statt. Die Erwachsenenkurse finden am Wochenende statt, die Kurse für Jugendliche immer mittwochs um 15.00 Uhr. Preise auf Anfrage. Skates und Protektoren können geliehen werden.
⊙ **Jocks Sport,** Röhrer Weg 4, 71032 Böblingen, Telefon 0 70 31/72 84-0. Leitung: Mike Mazur. Es werden Anfänger- und Fortgeschrittenenkurse angeboten. Die Kurse können von März bis Oktober besucht werden. Termine gibt es mittwochs und samstags. Preise auf Anfrage. Skates und Protektoren können geliehen werden.

Fachgeschäfte

⊙ **Inflagranti Sportartikel GmbH,** Hirschstraße 27,

70173 Stuttgart, Telefon 07 11/ 2 36 40 20

⊙ **Sporthaus Breuninger,** Marktstraße 1–3, 70173 Stuttgart, Telefon 07 11/2 11 13 92. Reparatur-Service

⊙ **Sport Röhrle,** Rathausstraße 7, 70565 Stuttgart, Telefon 07 11/ 74 42 83

Übernachtung

⊙ **Jugendherberge,** Haußmannstraße 27, 70188 Stuttgart (Eingang: Werastraße/Ecke Kernerstraße), Telefon 07 11/ 24 15 83. ÜF: Junioren 22 DM, Senioren 27 DM

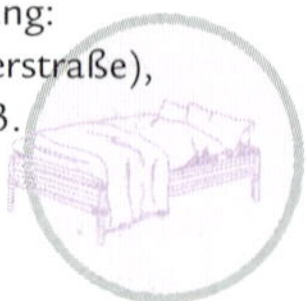

Timmendorfer Strand

Das Ostseeheilbad in der Lübecker Bucht ist ein fortschrittliches Seebad mit der heilenden Wirkung des Seewassers.
Der Besucher findet heute einen acht Kilometer langen Sandstrand und eine ebenso lange Promenade vor. Sauberes Wasser und klare Luft garantieren einen hohen Erholungswert.
Sehenswert ist das erstmalig in Deutschland eröffnete Meerwasseraquarium Sealife. Es bietet eine faszinierende Reise in die Unterwasserwelt an. Der Besucher geht spazieren inmitten der Fauna der Meere. In einem 8 m langen Tunnel schwimmen Haie und Rochen an den Besuchern vorbei. Durch modernste Aquariumtechnologie sind alle Tiere in ihrer natürlichen Umgebung untergebracht.

Tipps

⊙ **Sealife,** Kurpromenade 5, 23669 Timmendorfer Strand, Telefon 0 45 03/35 88 88. Tägl. ab 9.00 Uhr geöffnet

⊙ **Surf-Schule**, Strandstraße 22 a, Telefon 0 45 03/3 12 44

Auskunft

⊙ **Fremdenverkehrsverein** im Kongresshaus, Strandallee 73a, 23669 Timmendorfer Strand, Telefon 0 45 03/60 09 99, Telefax 8 60 06

Treffpunkte

⊙ **Strandallee**

⊙ **Strandpromenade**

⊙ Radweg entlang der **B 76**

⊙ am **Bahnhof**

⊙ Grundschule **Niendorf**

⊙ auf dem Parkplatz des **ETC** (Eissport- und Tennis-Centrum)

Ramps

⊙ Eine Skateanlage mit Halfpipe wird in der Gemeinde **Timmendorfer Strand** gebaut. Mit der Fertigstellung ist 1999 nicht mehr zu rechnen.

⊙ Genutzt wird die Halfpipe im nahegelegenen **Eutin**. Diese befindet sich an der dortigen Grund- und Hauptschule am Kleinen Eutiner See.

Inline-Hockey

⊙ Auf dem Schulhof der **Grundschule Niendorf** wird Inline-Hockey gespielt.

⊙ Auf dem **Parkplatz des ETC** (Eissport- und Tennis-Centrum, Am Kurpark), jedoch ist der Platz eher ungeeignet, da abschüssig und gepflastert. Trotzdem wird dort gespielt, in Ermangelung geeigneter Plätze.

Verein

⊙ **Eishockey Club Timmendorfer Strand e.V.,** Am Kurpark, Telefon 0 45 03/50 20, Telefax 50 29. Im Sommerhalbjahr wird mit Inline-Skates trainiert.

Fitness-Skaten

⊙ Fitness-Skaten wird praktiziert auf dem Fahrradweg entlang der **B 76** entlang der Küste.

⊙ Ideal ist die Tour vom **Timmendorfer Strand** nach Sierksdorf (etwa 20 km). Die Strecke verläuft an der Lübecker Bucht entlang. Am besten unter der Woche. Am Wochenende tummeln sich hier zahlreiche Fußgänger und Radfahrer.

Skatehallen

⊙ Das **Eissport- und Tennis-Centrum ETC** (Am Kurpark) wurde erstmals vor zwei Jahren anlässlich eines Inline-Events Skatern zur Verfügung gestellt. Für Skater ist die Anlage ansonsten nicht geöffnet, nur für Inline-Skate-Events.

⊙ Ansonsten trifft man sich im **Line Inn,** Kronsforder Allee 130, 23560 Lübeck. Öffnungszeiten: So.–Mi. 10.00–22.00 Uhr, Do.-Sa. 10.00–24.00 Uhr und Fr.–So. ca. 16.00–21.00 Uhr mit DJ, coolen Rhythmen und Lightshow.

Kurse

⊙ Bei Axel Sommer, **Inlinecenter,** 23683 Scharbeutz, können Anfängerkurse im Bereich Fitness-Skaten gebucht werden. Die Kursdauer beträgt etwa 2 Stunden. Skates und Protektoren können geliehen werden. Kursgebühr auf Anfrage – Telefon 0 45 03/3 12 44.

Empfehlenswerte Inline-Skate-Kurse finden auch in den Städten **Lübeck** und **Kiel** statt.

⊙ **Line Inn,** Kronsforder Allee 130, 23560 Lübeck, Telefon 04 51/5 13 33. Kontakt: Coolz Skate-Shop, Telefon 04 51/ 5 50 52. Die Kurse werden von D.I.V.-geprüften Lehrern durchgeführt. Zur Auswahl stehen Kurse für Anfänger und Fortgeschrittene. Es können auch Aggressive-Kurse absolviert werden. Die Kurse finden in der Line-Inn-Skatehalle statt. Preise und Termine auf Anfrage. Skates und Protektoren können geliehen werden.

⊙ **Sport Spatz,** Hasseldieksdammer Weg 3, 24114 Kiel, Telefon 04 31/1 31 06. Leitung: Petra Körber. Es werden Anfänger- und Fortgeschrittenenkurse angeboten. Des Weiteren noch Kinderkurse. Durchgeführt werden die Kurse von D.I.V.-geprüften Lehrern. Die so genannten Schnupperkurse sind sogar kostenlos. Veranstaltet werden außerdem noch Lauftreffs. Die Kurse finden samstags ab 10.00 Uhr statt. Preise auf Anfrage. Skates und Protektoren können geliehen werden.

Skate-Verleih

⊙ Das **Eissport- und Tennis-Centrum ETC** (Am Kurpark) verleiht Inline-Skates.

⊙ Bei Axel Sommer, **Inlinecenter**, 23683 Scharbeutz, können ebenfalls Inline-Skates und Protektoren geliehen werden. Pro Tag werden 30 DM für die komplette Ausrüstung berechnet.

Fachgeschäfte

⊙ **Inlinecenter Surf & Fashion,** Ostseetherme, 23683 Scharbeutz, Telefon 0 45 03/3 12 44.
Skates werden hier gewartet und repariert.

⊙ **Fun Box Lübeck,** Wahmstraße 87, 23552 Lübeck, Telefon 04 51/7 48 88. Im Geschäft werden Skates repariert.

⊙ **Skateland by Sport Corner,** Königstraße 41, 23552 Lübeck, Telefon 04 51/7 30 80. Skates können zur Reparatur abgegeben werden.

Übernachtungen

⊙ **Jugendherberge,** Uhlenflucht 30, 23684 Scharbeutz, Telefon 0 45 24/4 28

⊙ **Jugendherberge**, Am Gertrudenkirchhof 4, 23568 Lübeck, Telefon 04 51/3 34 33. ÜF: Junioren 22 DM, Senioren 27 DM

⊙ **Jugendgästehaus:** JGH, Mengstraße 33, 23552 Lübeck, Telefon 04 51/7 02 03 99. ÜF: Junioren ab 26,50 DM, Senioren ab 31,50 DM

Titisee-Neustadt

Der Ortsteil Titisee ist Luft- und Kneippkurort am gleichnamigen See (858 m ü. NN). Der Titisee ist der größte Natursee im Schwarzwald. Der Kurort ist übrigens internationales Ferienziel. Direkt am See befindet sich ein beheiztes Freibad, eine Surf- und Segelschule und ein Campingplatz.

Tipps

⊙ **Seerundfahrt** mit Elektrobooten: Bootsverleih Winterhalder, Titisee, Seestraße 33, Telefon 0 76 51/82 14

⊙ **Surf- oder Segelkurs** auf dem Titisee vor traumhafter Kulisse

Auskunft

⊙ **Kurverwaltung Titisee**, im Kurhaus, 79822 Titisee-Neustadt, Telefon 0 76 51/9 80 40, Telefax 98 04 40

⊙ **Kurverwaltung Neustadt**, Sebastian-Kneipp-Anlage, 79822 Titisee-Neustadt, Telefon 0 76 51/20 62 50, Telefax 44 36

Treffpunkte

⊙ Beliebtester Treffpunkt ist die Skateanlage beim **Bahnhof Neustadt**.

⊙ In Titisee werden die Parkplätze in der **Seestraße** nahe der Bootsvermietung zum Skaten genutzt.

⊙ Ansonsten wird auf den **Gehwegen** im gesamten Ortsbereich von Titisee und Neustadt geskatet.

Ramps

⊙ Im Sommer 1997 eröffnete der **Jugend-Sportpark** in Neustadt beim Bahnhof eine Superanlage für Jugendliche, Kids und Junggebliebene mit 35 × 50 m großer Skatingfläche, ausgestattet mit

Flutlicht und Basketballkörben. Des Weiteren sind dort drei Halfpipes von 1, 2 und 3 m Standhöhe und eine Coping-Ramp zu finden. Gegen Entrichtung von 6 DM kann man die Anlage ein Jahr nutzen.

Rollschuhanlage

⊙ Eine Rollschuhanlage befindet sich an der **Hauptschule** in der **Faulenfürster Straße,** 79859 Schluchsee. Diese Anlage wird im Winter zum Eissportplatz.

Inline-Hockey

⊙ Inline-Hockey wird in Titisee hinter dem SB-Edeka-Markt (Gewerbestraße 1) gespielt.

Fitness-Skaten

⊙ geeignete Straße: **Wanderweg** vom Altenheim in Neustadt nach Langenordnach

⊙ oder **Radweg** Neustadt–Titisee

Kurse

⊙ Das **Sporthaus Ski-Hirt** erteilt Inline-Skate-Schulungskurse. Angeboten werden Gruppen- und Einzelkurse für Anfänger oder Fortgeschrittene. Die Kursgebühr berechnet sich je nach Kursdauer (pro Stunde 40 DM). Skates und Protektoren können geliehen werden. Termine nach Absprache. Anmeldung unter: Telefon 0 76 51/74 94

Fachgeschäft

⊙ **Sporthaus Ski-Hirt,** Wilhelm-Stahl-Straße 6, 79822 Titisee-Neustadt, Telefon 0 76 51/74 94. Der Skater trifft hier auf kompetente Ansprechpartner. Rundum-Service

Übernachtungen

⊙ **Jugendherberge,** Rudenberg 6, 79822 Titisee-Neustadt (OT Neustadt), Telefon 0 76 51/73 60. ÜF: Junioren 22 DM, Senioren 27 DM. Kurtaxe wird erhoben.

⊙ **Jugendherberge,** Bruderhalde 27, 79822 Titisee-Neustadt (OT Titisee), Telefon 0 76 52/2 38. ÜF: Junioren 22 DM, Senioren 27 DM. Kurtaxe wird erhoben.

Trier

Trier, die älteste Stadt Deutschlands, liegt an der Mosel, eingebettet in die Berge und Wälder von Hunsrück und Eifel sowie in die Weinterrassen von Mosel, Saar und Ruwer.

Tipps

⊙ **Römerexpress** – Stadtrundfahrt ab Porta Nigra tägl. ca. alle 45 Minuten, von April bis Oktober, von 11.00–19.00 Uhr

⊙ **Mosel-Rundfahrt** – ab Trier/Nähe Kabinenbahn. Jeden Samstag von Anfang Mai bis Mitte Oktober. Anmeldung unter: Personenschifffahrt Kolb, 56820 Briedern, Telefon 0 26 73/15 15

Auskunft

⊙ **Tourist-Information**, Simeonstraße 60, 54290 Trier, Telefon 06 51/9 78 08-0, Telefax 70 00 48

Treffpunkte

- oftmals vor der **Basilika**
- am Trierer **Hauptmarkt**
- zwischen **Porta Nigra** und **Kornmarkt**
- Moselufer am **Messepark** Trier – Parkplatz

Fitness-Skaten

- Wird auf dem **Mosel-Radweg** ausgeübt. Ideal ist die Tour von Trier nach Nittel (27 km).

Eissporthalle

- Im Sommerhalbjahr wird die **Eissporthalle (Diedenhofener Straße)** von Inline-Skatern genutzt, jedoch nur samstags und sonntags. Es finden dann Inline-Skate-Kurse statt. Ansonsten trainieren hier Inline-Hockey-Vereine.

Vereine

- Inline-Hockey: **Eissportclub Trier e. V.,** Hans-Adamy-Straße 2, 54293 Trier. Ansprechpartner: Herr Wolfgang Kinzig, Telefon 06 51/6 10 80
- **Eishockeyclub Trier e. V.,** Diedenhofener Straße, 54294 Trier, Telefon 06 51/82 01 35. Das Training erfolgt auch mit Inline-Skates.

Skate-Verleih

- **skate away** – Verleih hochwertiger Inline-Skates und Schutzausrüstung. Der Verleih erfolgt am Moselufer am Messepark (unterhalb von McDrive) von Di. bis Fr. ab 15.00 Uhr bis Sonnenuntergang, Sa. und So. schon ab 10.00 Uhr bis Sonnenuntergang. Verleihpreise Skates: 1 Stunde 8 DM, 1,5 Stunden 12 DM, 2 Stunden 15 DM und 3 Stunden 21 DM (jede weitere Stunde 4 DM). Verleihpreise Schutzausrüstung: Knieschutz 2 DM, Ellenbogenschutz 1 DM, Handgelenkschutz 1,50 DM, komplett 4 DM. Hinweis: Eine Kaution von 20 DM muss hinterlegt werden und der Personalausweis ist vorzuzeigen. Infos unter Telefon 06 51/30 90 82

Kurse

- Finden im Sommerhalbjahr in der **Eissporthalle** Trier, Diedenhofener Straße, statt. Organisator ist die Inline-Skate-Schule und zugleich Fachgeschäft Trick 17, Walramsneustraße 2 B, Telefon 06 51/ 9 94 17 17. Die Kurse finden immer samstags und sonntags in der Halle statt. Der Anfängerkurs kostet 35 DM pro Teilnehmer und dauert 3–4 Stunden. Möchte man sich Skates und Protektoren leihen, so werden hierfür 15 DM berechnet. Die Kurse werden nach den D.I.V.-Richtlinien durchgeführt.

Fachgeschäfte

- **Sport Friedländer,** Paulinstraße 57, 54292 Trier, Telefon 06 51/2 40 94, führt Inline-Skate-Reparaturarbeiten durch.
- **Trick 17,** Walramsneustraße 2 B, 54290 Trier, Telefon 06 51/ 9 94 17 17. Skates können zur Reparatur abgegeben werden.

Übernachtungen

- **Jugendgästehaus** Trier (an der Mosel gelegen), An der Jugendherberge 4, 54292 Trier, Telefon 06 51/1 46 62-0
- **Campingplatz** Trier-City, Luxenburger Straße 81, 54294 Trier, Telefon 06 51/8 69 21

Tübingen

Tübingen am Neckar ist geographischer Mittelpunkt des Landes Baden-Württemberg.
Die Stadt ist weltbekannt durch ihre alte traditionsreiche Universität. Sie ist die älteste württembergische Universität. Heute beherrschen die Studenten, die mehr als ein Drittel der Bevölkerung ausmachen, das Straßenbild in der Tübinger Altstadt.

Auskunft

- **Verkehrsverein,** An der Eberhardsbrücke, 72072 Tübingen, Telefon 0 70 71/9 13 60, Telefax 3 50 70

Treffpunkte

- Nach Auskunft des Schul- und Sportamtes Tübingen ist in der Stadt keine Differenzierung möglich, auch schwerpunktmäßig nicht.

Ramps

- Standort Skateboard-/Halfpipebahn: Unterhalb der **Straßenbrücke B 28** zum Schlossbergtunnel in der Jahnallee
- Standort Skateboard-/Halfpipebahn: Schulgelände **Geschwister-Scholl-Schule,** Stadtteil Waldhäuser-Ost, Fichtenweg

Hinweis: *Ansonsten gibt es in Tübingen keine offiziellen Ramps oder Halfpipes.*

- **Reutlingen:** Gegenüber dem **Tübinger Tor** befindet sich eine kleine Halfpipe.
- **Reutlingen:** Im Außengelände der Eissporthalle (Rommelsbacher Straße 55) befindet sich eine Halfpipe.

Inline-Hockey

- Derzeit gibt es in Tübingen noch keinen Inline-Hockey-Verein. In Reutlingen gibt es inzwischen den neu gegründeten **Reutlinger Inline Club** (RIC). Dieser sucht Inline-Hockey-Mannschaften, die gegen den Verein antreten wollen. E-Mail-Adresse: rainer.keppeler@schwaben.de

Fitness-Skaten

- auf den Wegen im **Alten Botanischen Garten**
- am **Neckar** entlang

Kurse

- Bei der **Glide Zeit Gleitschirm- und Drachenflugschule Tübingen GmbH,** Albertstraße 3, Telefon 0 70 71/8 11 44, können auch Inline-Skate-Kurse gebucht werden. Diese finden in der Albertstraße 3 immer mittwochs ab 19.00 Uhr statt. Die Kursgebühr beträgt 25 DM inkl. Leih-Equipment. Wird die eigene Ausrüstung mitgebracht, so beträgt die Kursgebühr nur noch 15 DM.
- Inline-Skate-Kurse für Erwachsene werden von **Sport-Räpple** vermittelt. Die Kurse finden immer donnerstags von 18.00–20.00 Uhr und samstags von 15.00–17.00 Uhr statt. Die Kursgebühr beträgt 30 DM pro Teilnehmer. Der Kursort wird bei der Buchung genau erklärt.

Fachgeschäfte

- **Glide Zeit,** Albertstraße 3, 72074 Tübingen, Telefon 0 70 71/8 11 44. Bei Glide Zeit sind Leih-

Skates erhältlich. Pro Tag werden 20 DM, von Sa. bis Mo. 30 DM berechnet.

⊙ **Sport-Räpple,** Friedrichstraße 6, 72072 Tübingen, Telefon 0 70 71/91 25-0. Hier kann man seine Skates warten und reparieren lassen.

Übernachtungen

⊙ **Jugendherberge,** Gartenstraße 22/2, 72074 Tübingen, Telefon 0 70 71/2 30 02. ÜF: Junioren 22 DM, Senioren 27 DM. Freizeitmöglichkeiten: In Verbindung mit dem Sportinstitut der Uni Tübingen werden Sportlehrgänge aller Art angeboten.

⊙ **Campingplatz** Fremdenverkehrsgesellschaft mbH, Rappenberghalde 61, 72070 Tübingen, Telefon 0 70 71/4 31 45. Der Campingplatz liegt unmittelbar vor den Toren der Stadt, direkt am Neckar. Preise pro Übernachtung: Erwachsene 9,50 DM, Kinder 6 DM, großes Zelt 7 DM, kleines Zelt 5,50 DM

Wangen im Allgäu

Der Luftkurort Wangen mit den Ortschaften Deuchelried, Karsee, Leupolz, Neuravensburg, Niederwangen, Schomburg und den angrenzenden Gemeinden Achberg und Amtzell ist touristisches Zentrum des württembergischen Allgäus. Von hier aus lassen sich Ausflüge an den nahen Bodensee und in die Allgäuer, Österreicher und Schweizer Alpen machen.

Tipp

⊙ Führungen durch die **historische Altstadt** – während der Hauptsaison Di. und Do. 15.30–17.00 Uhr, außerhalb der Saison jeden Do. 15.30–17.00 Uhr

Auskunft

⊙ **Gästeamt**, Marktplatz 1, 88239 Wangen im Allgäu, Telefon 0 75 22/7 42 11, Telefax 7 41 11 Telefonische Ansage freier Zimmer in Hotels, Gasthöfen und Pensionen, Telefon 0 75 22/1 94 12

Treffpunkte

⊙ **Finanzamt** – beim Frauentor, gegenüber der Polizei, in Richtung Lindau

⊙ **Aumühleweg**

Ramps

⊙ Eine Miniramp befindet sich auf der **Argeninsel,** Aumühleweg.

⊙ In 88069 **Tettnang** befindet sich eine kleine Skateanlage – man muss am Waldrand bei der Mega-Company (Klausenburger Straße 17) rechts einbiegen und den Berg auf dem dortigen Kiesweg hochfahren. Dort befinden sich folgende Geräte: 1 Double Miniramp mit Spine, 1 Beton Hip, 1 Jumpramp, mehrere Curbs und 1 Rail (5 m).

Fitness-Skaten

⊙ Es gibt verschiedene Wohngebiete in Wangen, die sehr wenig befahren sind. So z. B. **Wittwais** (wenn man von Ravensburg kommt, gleich nach dem Ortsschild, erste Straße rechts) und **Gehrenberg**; hier kann man ungestört skaten.

⊙ Empfehlenswert zum Skaten sind aber auch die 5 beschilderten **Radwege R 1 – R 5.** Diese Radwege sind alle komplett asphaltiert. Schön ist die Route vorbei am Zeppelindenkmal (R 5).

Skatehalle

⊙ **Skate Factory,** Spinnnereistraße 1, 88239 Wangen. Öffnungszeiten: Mo. bis Fr. 15.00–21.00 Uhr, Sa. 13.00–22.00 Uhr und So. 10.00–20.00 Uhr. Es können Skates und Protektoren geliehen werden.

Kurse

⊙ **Sport-Mayrhofer,** Zeppelinstraße 26, Telefon 0 75 22/9 71 00, veranstaltet Fitness- und Einsteigerkurse. Die Preise liegen zwischen 35 DM und 65 DM. Die Kurse finden 2 × wöchentlich statt.

⊙ Inline-Skate-Kurse können auch in der **Skate-Factory-Skatehalle** absolviert werden. Die Kursgebühr beträgt 35 DM pro Teilnehmer. Infos unter Telefon 0 75 22/91 32 70.

⊙ Bei der **Skate academy,** Leitung Sepp Weihs, Meisenweg 36, 87480 Weitnau/Allgäu, können Anfängerkurse und Fortgeschrittenenkurse gebucht werden. Angeboten werden auch Workshops für Aggressive-Skating. Die Kurse finden in der Skate Factory-Skatehalle, Spinnereistraße 1, oder auch auf dem Schulhof des Gmynasiums in Wangen statt. Infos und Anmeldung unter Telefon 0 83 75/13 20

Fachgeschäft

⊙ **Sport-Mayrhofer,** Zeppelinstraße 26, 88329 Wangen, Telefon 0 75 22/9 71 00. Bei Sport-Mayrhofer gibt es Ausleih-Skates. Pro Tag werden 15 DM inkl. Schützer berechnet. Die Leihgebühr wird beim Kauf von Skates im Geschäft angerechnet. Außerdem organisiert Sport-Mayrhofer - mit seinem Stunt-Team - Inline-Skate-Veranstaltungen.

Übernachtungen

⊙ **Gasthof »Taube«,** Bindstraße 47, 88239 Wangen, Telefon 0 75 22/2 13 38. ÜF: Pro Person 50 DM

⊙ **Pension Praßberger,** Kolpingstraße 7, 88239 Wangen, Telefon 0 75 22/2 12 34. ÜF: Pro Person 40 DM bis 48 DM

⊙ **Gasthof »Baumgarten«,** Schillerstraße 13, 88239 Wangen, Telefon 0 75 22/66 06. ÜF: Pro Person 45 DM bis 55 DM

⊙ **Georg-Sulzberger-Jugendherberge,** Dekan-Marquart-Straße 18, 88316 Isny/Allgäu, Telefon 0 75 62/25 50. ÜF: Junioren 22 DM, Senioren 27 DM

Wetzlar

Wetzlar ist Kreisstadt des Lahn-Dill-Kreises. Die Altstadt ist geprägt von engen Gassen, mittelalterlichen Marktplätzen und prachtvollen Fachwerkhäusern.

Auskunft

- **Verkehrsamt**, Domplatz 8, 35578 Wetzlar, Telefon 0 64 41/ 9 93 38, Telefax 9 93 39

Treffpunkte

- im Bereich der **Schulen** und der Orte, an denen sich Skatereinrichtungen befinden
- im Bereich der **Kaufhausunterführung am Karl-Kellner-Ring** – an den dortigen Treppen
- Im benachbarten Ort **Aßlar** treffen sich die Skater auf dem Schulhof der Grundschule Wendorf und auf dem Schulgelände der Integrierten Gesamtschule Aßlar-Hermannstein.

Ramps und Rollschuhbahnen

- Im **Freizeitgelände Europapark** (grenzt an Frankfurter Straße/ Lessingstraße und Friedenstraße) befindet sich eine große Halfpipe modernster Bauweise (relativ wartungsfrei, da Stahl und Edelstahl) in unmittelbarer Nähe der dortigen Rollschuhbahn. Diese Skateanlage wurde im Mai 1997 mit Curb, Miniramp und Quarterpipe ergänzt. Zusätzlich sind hier zwei Streetballkörbe vorhanden. Der Platz ist mit Flutlicht ausgestattet.
- Im **Freizeitgelände Niedergirmes** steht eine große Halfpipe (8,00 m × 4,00 m; Höhe 2,00 m), garniert mit Curb und Spine Ramp. Die Anlage steht auf der dortigen Rollschuhbahn. Auch hier befinden sich zwei Streetballkörbe.
- Am **Sportplatz Wetzlar-Garbenheim** sind folgende Geräte zu finden: 1 Funbox, 1 Spine Ramp, 2 Hockeytore und zusätzlich 1 Streetballkorb.
- Die Stadt verfügt über eine **mobile Minipipe** (6,50 m × 2,50 m), die per Trailer, im Rhythmus von 14 Tagen, von April bis Oktober an zehn verschiedenen Standorten im Stadtgebiet und in den Stadtteilen aufgestellt wird. Diese ist seit Mai 1997 mit Curb und Jumpramp »garniert«. Die Anlage ist teilweise im Rahmen der Jugendarbeit betraut.
- Der Nachbarort 35614 **Aßlar** verfügt in seiner Gemarkung über einen Outdoor-Pool (20 m × 8 m). Dieser befindet sich beim Schwimmbad, zwischen Stadtrand und Gewerbegebiet gelegen. Ein bei den Skatern sehr beliebter und gefragter Treffpunkt.
- In **Solms-Albshausen** befindet sich am Freibad eine Inline-Skating-Bahn.

Inline-Hockey

- Wird auf den oben genannten Rollschuhbahnen gespielt.

Fitness-Skaten

- Ideale Voraussetzungen zum Fitness-Skaten finden sich im **Lahntal,** wo es unzählige Kilometer asphaltierter Radwege gibt. Der Einstieg ist an vielen Stellen möglich, u. a. im Bereich Freizeitzentrum Niedergirmes bzw. am dortigen Campingplatz. Empfehlenswert ist die Route an die Heuchelheimer Seen, als Radweg nach Gießen ausgeschildert. Man kann bis nach Lollar skaten. Von hier nach Dutenhofen und zurück zum Ausgangspunkt. Für diese Route sollte man 1,5 bis 2 Stunden einplanen.

Skatepark

⊙ In einem der Nachbarorte – **Solms-Oberbiel** – unterhält die Fa. Sporthaus Kaps einen der besten Outdoor-Skaterparks in Mitteldeutschland. Die dortige Rollschuhbahn ist sehr empfehlenswert. Anschrift: Sporthaus Kaps, Wetzlarer Straße 1 a, 35606 Solms-Oberbiel, Telefon 0 64 41/5 01 90.

Kurse

⊙ Inline-Skate-Kurse können beim **Sporthaus Kaps,** Wetzlarer Straße 1 a, gebucht werden. Die Allround-Skate-Kurse finden direkt hinter dem Sporthaus Kaps statt. Die Kursgebühr beträgt 30 DM pro Teilnehmer. Die Kurse dauern 3 Stunden. Termine auf Anfrage

Veranstaltungen

⊙ Über das **Jugendamt** der Stadt Wetzlar und über den **Stadtjugendring** werden regelmäßig Inline-Skate-Veranstaltungen durchgeführt. Oftmals erfolgt dies aber sehr kurzfristig.

⊙ **Mobile Halfpipe:** Die Standorte der Halfpipe werden vom Jugendamt festgelegt und können dort in Erfahrung gebracht werden.

⊙ 20. 11. 1999: **Fitness-Event »Inline-Skating und koordinatives Training«**. Infos: LSB Hessen, Telefon 0 69/6 78 92 85

Fachgeschäfte

⊙ **Kaufhof Mode & Sport,** Bahnhofstraße 14, 35576 Wetzlar, Telefon 0 64 41/4 11-0

⊙ **Sportgeschäft »Sportteam Ebert«,** Bahnhofstraße 20–24, 35576 Wetzlar, Telefon 0 64 41/4 59 63. Das Sportteam Ebert bietet bei Sonderveranstaltungen ein Skaterprogramm vor dem Ladengeschäft an.

Übernachtungen

⊙ **Jugendgästehaus,** Richard-Schirrmann-Straße 3, 35578 Wetzlar, Telefon 0 64 41/7 10 68.
ÜF: Junioren 26,50 DM, Senioren 31,50 DM. In der Nähe befindet sich eine Rollschuhbahn.

⊙ **Campingplatz** in Wetzlar-Dutenhofen (Dutenhofer See), Telefon 06 41/2 32 20

Wilhelmshaven

Wilhelmshaven bildet gleichsam das wirtschaftliche und kulturelle Oberzentrum der Ferienregion südliche Nordsee und hat sich zu einem touristischen Mekka Norddeutschlands entwickelt.
Am Südstrand starten Helgoland-Fahrten und die Hafenrundfahrten mit zollfreiem Einkauf. Einen herrlichen Blick über Wilhelmshaven hat man vom 49 m hohen Rathausturm.

Tipps

⊙ **Helgolandfahrt** ab Südstrand, Helgolandkai, 26. 4. bis 5. 10., tägl. 9.00 Uhr, mit der MS »Wilhelmshaven«, Telefon 0 44 21/ 4 34 43 oder 0 44 64/94 95-0

⊙ 1. Wochenende im Juli: Fünftägiges **Volks- und Hafenfest** mit einem Partnerland; Sport-, Kultur- und Musikveranstaltungen und Höhenfeuerwerk

Auskunft

⊙ **Wilhelmshaven-Information,** Bahnhofsplatz 7, 26382 Wilhelmshaven, Telefon 0 44 21/9 13 00-0, Telefax 9 13 00-10

Treffpunkte

⊙ im **Jadeviertel** (Zentrum)

⊙ am **Südstrand** – direkt am Jadebusen

⊙ am **Kraftwerk** (Kraftwerkstraße)

Hinweis: *Am* ***Südstrand*** *ist das Skaten teilweise untersagt.*

Ramps

⊙ Eine kleine Ramp befindet sich auf dem Abenteuerspielplatz im **Stadtteil Voslapp**.

⊙ Extreme Movement, Kai-Uwe Hille, Halligenweg 35, 26384 Wilhelmshaven, Telefon 01 71/ 2 10 62 08. Hier kann **eine der größten transportablen Halfpipes Europas** mit 16 m Länge, 4,5 m Breite, 3,30 m Höhe, mit oder ohne Showteam, Programm und Moderation, gemietet werden.

Inline-Hockey

⊙ auf dem Platz am **Kurpark** (Parkmittelweg)

Fitness-Skaten

⊙ ab **Kraftwerk** (Zum Kraftwerk) nach Hooksiel, ca. 20 km auf der Außenseite am Deich (Beton)

⊙ **Südstrand** – Cäciliengraben, ca. 12 km auf der Außenseite am Deich

Skatehalle

⊙ Am **Dodoweg** ist eine professionelle Skatehalle mit Halfpipes und anderen Geräten im Entstehen. Bislang wurde dort bereits provisorisch geskatet.

Kurse

⊙ Können bei Herrn **H. Ehlers,** Telefon 0 44 21/50 21 92, gebucht werden. Termine und Preise auf Anfrage

Veranstaltung

⊙ 13. 6. 1999: **2. Maritimes Funsport Festival Wilhelmshaven, Halbmarathon und Marathon** (Speed/Straße). Diese Veranstaltung wird es auch im nächsten Jahr geben. Informationen sind erhältlich bei Fr. Thomas, Telefon 0 44 21/16 37.

Fachgeschäfte

⊙ **Sport-Shop H. Jahnke,** Grenzstraße 18, 26384 Wilhelmshaven, Telefon 0 44 21/1 31 00. Für die gängigen Markenskates sind Ersatzteile erhältlich. Skates können zur Reparatur abgegeben werden. Leih-Skates stehen dem Kunden zur Verfügung. Es werden pro Stunde 5 DM, pro Tag 25 DM und von Fr. bis Mo. 50 DM berechnet.

Übernachtungen

⊙ **Jugendherberge,** Freilingrathstraße 131, 26386 Wilhelmshaven, Telefon 0 44 21/6 00 48. ÜF: Junioren 22 DM, Senioren 27 DM

⊙ **Campingplatz** am Geniusstrand, Telefon 0 44 21/99 50 35. Saison: 1. April bis 15. Oktober

Wörth am Rhein

Aus dem ehemals verträumten Dorf ist eine liebenswerte Kleinstadt entstanden. Heute befindet sich hier das größte Lkw-Montagewerk Europas (Mercedes Benz).

Tipps

⊙ **Badepark** Wörth: Attraktion der Südpfalz, eines der schönsten und größten Freibäder Deutschlands, Telefon 0 72 71/63 73. Öffnungszeiten: Mai–September Mo.–Do. 9.00–20.00 Uhr, Fr. 7.00–20.00 Uhr, Sa. und So. 9.00–19.00 Uhr

⊙ **Jugendzentrum** Wörth, Ottstraße 54, Telefon 0 72 71/86 22. Empfehlenswert ist deren »Fete am Freitag«, Fr. 20.00–0.30 Uhr.

Auskunft

⊙ **Stadtverwaltung**, Rathaus, Mozartstraße 2, 76744 Wörth am Rhein, Telefon 0 72 71/1 31-0

Treffpunkte

⊙ beliebter Treffpunkt: Skateboardanlage beim **Badepark**

⊙ ansonsten im **ganzen Ort**

Ramp

⊙ Skateboardanlage beim **Badepark** (Freibad): Halfpipe, Sidewalk mit Slide, Ollibox, Funbox und Jumpramp

Hinweis: *Hier findet regelmäßig der Wörth-Cup in den Disziplinen Street & Halfpipe statt. Die von der Stadt Wörth errichtete Skateanlage wird dem TV Maximiliansau zur Verfügung gestellt, um Skateveranstaltungen durchführen zu können.*

Fitness-Skaten

⊙ Entlang des **Rheindamms** und am Rhein. Empfehlenswert ist die Strecke ab Hagenbach Goldgrund nach Maximiliansau zum Landeshafen Wörth. Eine weitere Route führt von der Raffinerie in Wörth Richtung Leimersheim.

Verein

⊙ **TV Maximiliansau e. V.,** Abteilung Skateboard, Staudenäcker 31, 76744 Wörth am Rhein, Telefon 0 72 71/43 98, Telefax 94 01 32. Ansprechpartner: Andreas Preißler

W

Kurse

⊙ Inline-Skate-Kurse werden im **Skatepark Wörth** angeboten. Termine nach Absprache. Trainiert wird jeden Freitag ab 18.00 Uhr, je nach Witterung.

⊙ In den örtlichen Schulen wird das Thema Inline-Skating von den dortigen Arbeitsgemeinschaften behandelt. Es werden Inline-Skate-Schulungen durchgeführt. Die Schüler trainieren auf den Schulhöfen.

Veranstaltungen

⊙ Vom Turnverein Pfortz, Maximiliansau 1901 e. V., Abteilung Skate- und Snowboard, wird der jährlich stattfindende **Wörth-Cup, German Open** Skateboarding & offizielle rheinland-pfälzische Meisterschaft Skateboarding mit Rahmenprogramm organisiert. Infos und Termine 1999: Telefon 0 72 71/94 05 33, Mobil 01 72/ 7 21 12 37, Telefax 0 72 71/ 94 01 32. Des Weiteren auch der ebenfalls jährlich stattfindende **Inline-Cup**. Infos und Termine 1999: Benjamin Werling, Telefon 0 72 71/5 28 37

Fachgeschäft

⊙ **Schädler,** Ludwigstraße 41, 76744 Wörth am Rhein, Telefon 0 72 71/7 95 45. Hier werden keine Inline-Skate-Reparaturen durchgeführt. In dringenden Fällen wird jedoch geholfen. Ersatzteile (Rollen, Bremsen etc.) sind im Geschäft erhältlich.

Übernachtung

⊙ Nächste **Jugendherberge:** Moltkestraße 24, 76133 Karlsruhe, Telefon 07 21/2 82 48. ÜF: Junioren 22 DM, Senioren 27 DM

Wolfsburg

Wolfsburg hat mit der Porschestraße und deren über 200 Geschäften einiges zu bieten. Deshalb wird die Porschestraße auch als »Kurfürstendamm der Wolfsburger« bezeichnet. Aber auch ländliches Flair ist hier noch zu finden. So in den 18 angegliederten Dörfern und in den Stadtteilen Fallersleben und Vorsfelde mit ihren Fachwerkbauten und ihren Landwirtschaften.

Auskunft

⊙ **Tourist-Information**, Porschestraße 47 a, 38440 Wolfsburg, Telefon 0 53 61/28 28 28, Telefax 28 25 50

Treffpunkte

⊙ in der 1,5 km langen **Fußgängerzone**

⊙ am **Rathaus** und am **Kulturzentrum** (Porschestraße)

⊙ vor dem **Kunstmuseum**

⊙ am **Jugendhaus Ost** (Walter-Flex-Weg 2)

⊙ am **Jugendtreff Onkel Max** (Breslauer Straße 215)

⊙ am **TV-Jahn-Stadion** (Heinrich-Heine-Straße)

Ramps

⊙ Im **Jugendhaus Ost** befindet sich eine Skateboardanlage.

⊙ Im Jugendtreff **Onkel Max** ist eine weitere Skateboardanlage vorhanden.

Rollschuhbahn

⊙ Eine Rollschuhbahn befindet sich am **TV-Jahn-Stadion,** direkt neben dem Kongresspark (Heinrich-Heine-Straße).

Eissporthalle

⊙ Der **Eispalast** Wolfsburg, Allerpark 8, steht nur als Austragungsort von Rollsport-Meisterschaften zur Verfügung.

Vereine

⊙ **VFL Wolfsburg** (Verein für Leibesübungen Wolfsburg e.V.), Abteilung Rollsport, Ansprechpartnerin Hannelore Trettin, Steinhauer Straße 46, 38458 Velpke, Telefon 0 53 64/36 44

⊙ **Eishockeyclub Grizzly-Adams Wolfsburg e.V.,** Allerpark 8, 38448 Wolfsburg, Telefon 0 53 61/6 83 44, trainiert im Sommer mit Inline-Skates

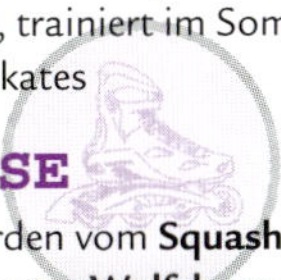

Kurse

⊙ Werden vom **Squash- und Fitness-Center Wolfsburg,** Heinrich-Heine-Straße 34, Telefon 0 53 61/2 26 83, veranstaltet. Anfängerkurse finden immer dienstags 18.30–20.00 Uhr statt und Fortgeschrittenenkurse immer donnerstags 19.00–20.00 Uhr. Die Kurse sind für Mitglieder kostenlos. Nichtmitglieder zahlen für eine 3er-Karte 35 DM inkl. Leih-Ausrüstung. Für Kinder sind jedoch keine Leih-Skates vorhanden, könnten aber bei Bedarf bestellt werden.
Die Kurse finden vor dem Squash- und Fitness-Center (SFC) statt und werden von Frau Schönberger (D.I.V.-geprüfte Lehrerin), Telefon 0 53 63/7 25 88, veranstaltet. Die Kurse umfassen ausschließlich den Bereich Fitness und Recreation.
Wer die Teilnahme am Skate-Gruppenunterricht scheut, kann auch Einzelunterricht vereinbaren. Es werden 15 DM pro Skate-Unterrichtsstunde berechnet. Das Fitness-Center organisiert auch Fahrten zu Inline-Skate-Marathon-Veranstaltungen.

Fachgeschäft

⊙ **PM Sport,** Porschestraße 45, 38440 Wolfsburg, Telefon 0 53 61/1 26 16. Hier werden Inline-Skates repariert. Kompetente Ansprechpartner stehen dem Skater zur Verfügung.

Übernachtung

⊙ **Jugendgästehaus,** Lessingstraße 60, 38440 Wolfsburg, Telefon 0 53 61/1 33 37.
ÜF: Junioren 22 DM,
Senioren 27 DM

Worms

Worms, Stadt im Bundesland Rheinland-Pfalz, ist eine geschichtsträchtige Stadt am Rhein. In den meisten Wormser Stadtteilen wird Wein angebaut.

Tipps

- **Backfischfest** Worms: das größte Wein- und Volksfest am Rhein Ende August
- Wormser **Spaßbad** (Heinrich-Völker-Bad), Alzeyer Straße 111, Telefon 0 62 41/8 58-6 24

Auskunft

- **Verkehrsverein** Worms e. V., Neumarkt 14, 67547 Worms, Telefon 0 62 41/2 50 45, Telefax 2 63 28

Treffpunkte

- Beliebt ist die Skateanlage am Spielplatz **Friedrichsweg**.
- am **Lutherdenkmal** (Lutherring)
- am **Hauptbahnhof**
- vor dem **Dom**
- entlang der **Rheinpromenade**

Ramp

- Am Spielplatz **Friedrichsweg,** im Wormser Naherholungsgebiet »Stadtpark«, hat die Stadt in Zusammenarbeit mit 2 Wormser Sportgeschäften eine Skateanlage mit einer Halfpipe errichtet.

Fitness-Skaten

- entlang der **Rheinpromenade**
- Tour entlang dem **Rheinufer**

Kurse

- Werden vom **Fitness-Studio black & white** (Alzeyer Straße 121) angeboten. Kurse für Erwachsene finden ab dem 16. Juni statt (alle vier Wochen). Die Kursgebühr beträgt für Nichtmitglieder 79 DM, für Mitglieder 49 DM. Inline-Skate-Kurse für Kinder finden ab dem 18. Juni statt (alle vier Wochen) und kosten 49 DM pro Teilnehmer. Alle Kurse werden von 17.30 bis 18.30 Uhr veranstaltet. Man muss sich im Fitness-Studio für die Kurse anmelden, mindestens einen Tag vor Kursbeginn, da die Teilnehmerzahl begrenzt ist. Start der Kurse ist vor der Tür des Fitness-Studios. Die Grundkenntnisse des Skatens werden den Teilnehmern auf einem Parkplatz vermittelt, danach wird durch die ganze Stadt geskatet. Infos unter Telefon 0 62 41/ 9 59 00-0

Veranstaltungen

- Am 11. 7. 1998 fand eine Skateveranstaltung an der Halfpipe im Naherholungsgebiet Stadtpark statt. Organisator dieser Veranstaltung war das Sporthaus Stein.
- Auch 1999 finden Veranstaltungen dieser Art statt, so am 20. 6. 1999 am Festplatz. Diese Veranstaltung wird abermals vom Sporthaus Stein, diesmal aber in Zusammenarbeit mit dem Hessischen Sportbund, organisiert. Weitere Termine können unter Telefon 0 62 41/2 51 33 erfragt werden.

Fachgeschäfte

- **Sporthaus Stein,** Kämmererstraße 51, 67547 Worms, Telefon 0 62 41/2 51 33. Hier kann man seine Skates reparieren lassen.

Man erhält hier aber auch Tipps, wie man Skates selbst warten und reparieren kann.
⊙ **Sport Voigt,** Römerstraße 43, 67547 Worms, Telefon 0 62 41/ 2 24 47

Übernachtung

⊙ **Jugendgästehaus** (direkt am Dom gelegen), Dechaneigasse 1, 67547 Worms, Telefon 0 62 41/ 2 57 80. Preise auf Anfrage

Würzburg

Würzburg ist die Hauptstadt des Regierungsbezirks Unterfranken und Mittelpunkt eines fruchtbaren Gebietes zwischen Steigerwald, Rhön und Spessart.
Würzburg ist für viele Besucher der Inbegriff städtischer Schönheit. Sie ist unter den zehn schönsten deutschen Städten eingereiht.

Tipps

⊙ **Stadtrundfahrten** finden vom 1. Mai bis Ende Oktober werktags ab 14.30 Uhr und an Sonn- und Feiertagen ab 10.30 Uhr statt – Treffpunkt Falkenhaus am Markt.
⊙ **Kiliani-Volksfst** jährlich im Juli

Auskunft

⊙ **Verkehrsamt,** Pavillon vor dem Hauptbahnhof, Telefon 09 31/ 3 74 36, und Marktplatz (Haus zum Falken), 97070 Würzburg, Telefon 09 31/3 73 98
⊙ **Tourismus-Zentrale** im Würzburg-Palais, am Kongresszentrum, 97070 Würzburg, Telefon 09 31/ 3 73 35, Telefax 3 76 52

Treffpunkte

⊙ **Stadtteil Heuchelhof**
⊙ Parkplatz am Studentenhaus am **Friedrich-Ebert-Ring**
⊙ am **Dallenbergbad** in der Nähe des Käppele (Spittelbergweg)
⊙ am **Erlebnisbad Nautiland** (Luitpoldstraße)
⊙ an der **Augustinerkirche** in der Innenstadt (Schönbornstraße)
⊙ **Großparkplatz Talavera** bei der Friedensbrücke
⊙ an der **Musikhochschule** beim Residenzplatz
⊙ auf dem Gelände der **Bundesgartenschau**
⊙ **Omnibusbahnhof** am Hauptbahnhof
⊙ bevorzugter Treffpunkt im Sommer: das Gelände der **Kunsteisbahn am Nigglweg**

Ramps

⊙ Das **Jugendzentrum Heuchelhof,** nahe der Grund- und Hauptschule in der Schulstraße, besitzt eine Outdoor-Skateanlage mit verschiedenen Geräten.
⊙ **Sportplatz Heuchelhof:** 1 Halfpipe
⊙ **Pan Sport** (Sportfachgeschäft), Max-Planck-Straße 6, 97204 Höchberg, Telefon 09 31/ 4 89 50. Hier findet man eine überdachte Halfpipe (8 m Länge, 4 m Breite, 2 m Höhe) und eine Skateaußenanlage. Die Halfpipe kann von Mo.–Fr. 14.00–17.00 Uhr und Sa. 13.00–16.00 Uhr genutzt werden. Der Eintritt beträgt etwa 3 DM.

Inline-Hockey

⊙ In 97250 **Erlabrunn** wird Inline-Hockey regelmäßig unter der dortigen Brücke gespielt.

⊙ **Pan Sport,** 97204 **Höchberg,** plant die Gründung eines Hockeyvereins; momentan gibt es noch Probleme mit der Nachfrage.

Fitness-Skaten

⊙ ab **Mainbrücke,** auf dem **Main-Radweg** nach Randersacker, oder ab Mainbrücke nach Veitshöchheim

⊙ Fitness-Tour über die **Friedensbrücke** und die **Ludwigsbrücke**

Kunsteisbahn

⊙ Nach Auskunft des Sportamtes Würzburg wird die Kunsteisbahn am **Nigglweg** (ohne Halle, im Freien) vom Würzburger Eis- und Rollsportverein im Sommerhalbjahr genutzt. Aber auch die jugendlichen Skater der Stadt sind hier anzutreffen. Auf der Bahn finden auch Skateveranstaltungen statt.

Skatepark

⊙ **Fun-Park,** Stuttgarter Straße, 97084 Würzburg-Heuchelhof. Öffnungszeiten: Mo.–Fr. 15.00–21.00 Uhr, Sa. 14.00–21.00 Uhr und So. 13.00–21.00 Uhr

Kurse

⊙ **Inline-Skating-Schule Oliver Mai und Karin Bertholdt**. Termine auf Anfrage, Telefon 09 31/8 42 09

⊙ Inline-Skate-Kurse werden von **Pan Sport,** Max-Planck-Straße 6, 97204 Höchberg, veranstaltet. Für diese Trainingskurse gibt es keine festen Termine. Zusätzlich werden auch Fahrten zu großen Skatehallen organisiert. Außerdem werden mit den Kindern und Jugendlichen Contest- oder Skate-Partys veranstaltet. Infos unter Telefon 09 31/ 4 89 50

Veranstaltung

⊙ 6. 8.–11. 8. 1999 in 97993 Creglingen: **Skatetour Fränkische Schweiz** via Taubertal. Veranstaltet von der Jugendherberge Creglingen, Telefon 0 79 33/3 36

Fachgeschäfte

⊙ **Fresh & Flip-Seitz,** Sanderstraße 3, 97070 Würzburg, Telefon 09 31/1 45 57. Hier finden Aggressive-Skater kompetente Ansprechpartner. Fresh & Flip-Seitz veranstaltet auch Skate-Events.

⊙ **Sport-Eilbacher Ice- & Inlineskates,** Reibeltgasse 3A, 97070 Würzburg, Telefon 09 31/1 53 13. Bei Sport-Eilbacher können Inline-Skates zur Reparatur abgegeben werden.

⊙ **Surf In – Trendsport,** Karmelitenstraße 26, 97070 Würzburg, Telefon 09 31/1 77 65. Leih-Skates sind hier erhältlich.

⊙ **Pan Sport** (Sportfachgeschäft), Max-Planck-Straße 6, 97204 Höchberg, Telefon 09 31/ 4 89 50. Hier ist eine Werkstatt für Inline-Skates vorhanden.

Übernachtung

⊙ **Jugendgästehaus,** Burkardenstraße 44, 97082 Würzburg, Telefon 09 31/4 25 90. ÜF: Junioren 25 DM, 29 DM

Wuppertal

Über 8000 öffentliche Stufen sind in Wuppertal erforderlich, um Höhen und Tiefen – die Stadt liegt 100 bis 350 Meter hoch – zu überwinden. Von den schmalen, steilen Treppen sind es nur ein paar Schritte zu den weitläufigen Fußgängerzentren.
Die Schwebebahn ist das weltbekannte Wahrzeichen Wuppertals. Diese gilt, seit ihrer Einweihung im Jahre 1901, als das sicherste Verkehrsmittel der Welt.

Tipps

- **Fahrt mit der Schwebebahn** – knapp 35 Minuten dauert die luftige Fahrt von Endstation zu Endstation (umfasst 13,3 km); Videokameras überwachen das Ein- und Aussteigen der täglich 70 000 Fahrgäste.
- **Zoologischer Garten,** Hubertusallee 30, angelegt 1881, einer der wohl landschaftlich reizvollsten Tiergärten der Welt. Öffnungszeiten: täglich 8.30–18.00 Uhr

Auskunft

- **Informationszentrum** Pavillon Döppersberg, 42103 Wuppertal, Telefon 02 02/1 94 33, Telefax 5 63 80 52

Treffpunkte

- vorrangig an den **städtischen Skateanlagen**
- am **Hauptbahnhof** – bei schlechtem Wetter im **Fußgängertunnel zum Hauptbahnhof**
- Platz vor dem **Wuppertaler Rathaus**
- am **Haus der Jugend** (Geschwister-Scholl-Platz)
- am **Laurentiusplatz**
- beim **Tippen-Tappen-Tönchen** (Treppen) – in der Nordstadt
- an den **Schwebebahnstationen**
- auf dem **Unigelände**

Ramps

- Inline-/Skateboardanlage **Am Kindergarten,** Oberbarmen
- Inline-/Skateboardanlage **Am Kothen,** Schluchtstraße, Barmen, Telefon 02 02/5 63 62 99
- Inline-/Skateboardanlage **Goetheplatz,** Vohwinkel
- Inline-/Skateboardanlage **Hardt,** Elberfeld
- Inline-/Skateboardanlage **Im Rehsiepen,** Ronsdorf
- Inline-/Skateboardanlage **Klever Platz,** Elberfeld
- Inline-/Skateboardanlage **Lippestraße,** Langerfeld-Beyenburg
- Inline-/Skateboardanlage **Mastweg,** Cronenberg
- Inline-/Skateboardanlage **Nordpark,** Barmen
- Inline-/Skateboardanlage **Schenkstraße,** Ronsdorf

Rollsportanlagen

- Rollsportanlage **Schönebecker Platz,** Schönebecker Platz 1, Telefon 02 02/2 80 02 20
- Rollsportanlage **Am Hofe,** Am Hofe 1, Telefon 02 02/5 63 74 54

Rollsporthalle

- **Alfred-Henckels-Halle,** Ringstraße 13, Telefon 02 02/47 18 34

Verein

- **Rollschuhclub Cronenberg e.V.,** Ringstraße 13, Telefon 02 02/47 18 34

Kurse

⊙ **Skate & Parts** (Skate-Shop mit Schulungsangeboten und Skate-Verleih), Oberbilker Allee 57 b, 40233 Düsseldorf, Telefon 02 11/34 03 71. Es werden Kurse für Anfänger und Fortgeschrittene angeboten. Preise auf Anfrage. Leih-Skates und Protektoren gegen Gebühr.

Veranstaltung

⊙ 27. 11.–28. 11. 1999: **D.I.V. Deutsche Amateurmeisterschaft im Inline-Hockey – Finale Junioren und Finale Senioren**. Veranstaltungsort: Uni-Halle Wuppertal. Infos: D.I.V.-Hockey, Telefon 0 21 91/88 23 07

Fachgeschäft

⊙ **Sport Voswinkel,** Turmhof 11, 42103 Wuppertal, Telefon 02 02/44 54 14. Hier werden Inline-Skates repariert.

Übernachtung

⊙ **Jugendherberge** Wuppertal, Obere Lichtenplatzer Straße 70, 42287 Wuppertal, Telefon 02 02/55 23 72. ÜF: 1. Nacht 25 DM, 2. bis 3. Nacht 23 DM

Skatehallen

Deutschland

Belgien

Österreich

Schweiz

Hallenübersicht

Skate Hall

Carl-Zeiss-Straße 79
73431 Aalen
Telefon 0 73 61/94 30 64

Öffnungszeiten
Di.–So. 14.00–22.00 Uhr;
am Wochenende bis 24.00 Uhr

Eintritt
bis 10 Jahre 5 DM/
10er-Karte 40 DM
bis 18 Jahre 6 DM/
10er-Karte 50 DM
Erwachsene 7 DM/
10er-Karte 60 DM

Ausstattung
- Halfpipe im Außengelände
- Jumpramps
- Wall Ramps
- Rails

Service
- Skaten mit Musik
- Leih-Skates (1 Stunde 7 DM inkl. Schützer, 2 Stunden 12 DM inkl. Schützer und 3 Stunden 15 DM inkl. Schützer)
- Inline-Skate-Kurse finden sonntags von 10.00–12.00 Uhr statt. Die Kursgebühr beträgt 15 DM pro Teilnehmer.

Übernachtung
- Schubart-Jugendherberge, Stadionweg 8, 73430 Aalen, Telefon 0 73 61/4 92 03. ÜF: Junioren 20 DM, Senioren 25 DM. Öffnungszeiten: 7.00–22.00 Uhr

Sportcenter Adelberg

Eishalle und Sportcenter
Klosterpark 3–5
73099 Adelberg
Telefon 0 71 66/4 04

Anreise
Das Sportcenter liegt direkt an der Landstraße, die durch Adelberg führt.

Öffnungszeiten
Mo. 14–19.45 Uhr
Di.–Fr. 14.00–21.00 Uhr
Sa. 10.00–23.00 Uhr
So. 10.00–19.00 Uhr

Eintritt
bis 6 Jahre 6 DM, 6 bis 13 Jahre 8 DM, ab 13 Jahre 9 DM

Anmerkung
Im Winter kann man für einen Preis Halfpipe fahren und Eislaufen.

Ausstattung
- im Winter nur Halfpipe
- im Sommer auch Miniramps
- Street-Obstacles
- Rails

Übernachtung
- nach günstigen Pensionen im Ort fragen

Roll-o-Drom

Reese-Kaserne 8, Ecke Ulmer Straße/ Langemarckstraße 1a
86156 Augsburg
Telefon 08 21/44 21 22

Öffnungszeiten
Mi.–Do. 15.00–22.00 Uhr
Fr.–Sa. 15.00–24.00 Uhr
So. 10.00–13.00 Uhr und
15.00–22.00 Uhr

Eintritt
nachmittags 5 DM,
abends 8 DM

Ausstattung
- Hallengröße: 700 qm
- Halfpipe
- Miniramp
- Street-Obstacles
- Hockeyfeld

Service
- Skate-Verleih
- Hier kann man auch seinen Geburtstag feiern; das Team vom Roll-o-Drom ist dabei behilflich.

Übernachtung

⊙ Jugendherberge, Beim Pfaffenkeller 3, 86152 Augsburg, Telefon 08 21/3 39 09. ÜF: Junioren 20 DM

Skatepark

Bergheimer Straße 35
86199 Augsburg
Telefon 08 21/99 40 04

Öffnungszeiten

Mo.–Fr. ab 14 Uhr
Sa.–So. ab 10 Uhr

Eintritt

Tageskarte 5 DM,
Monatskarte 10 DM

Anmerkung

In Augsburg-Inningen wurde am 20. 6. 1998 eine Outdooranlage eröffnet. Diese wurde in Zusammenarbeit mit Jugendlichen geplant. Die Anlage wurde vom Fußball-Sportverein Inningen e. V. erstellt.

Ausstattung

⊙ kleine Halfpipe
⊙ Miniramp
⊙ Pyramide
⊙ Street-Obstacles

Service

⊙ Eine Gaststätte befindet sich neben der Anlage.

Übernachtung

⊙ Jugendherberge, Beim Pfaffenkeller 3, 86152 Ausburg, Telefon 08 21/3 39 09. ÜF: Junioren 20 DM

Inline Center Aurich (ICA)

Finkenburgweg 9
26603 Aurich
Telefon 0 49 41/18 08 10

Öffnungszeiten

Mo.–Fr. 14.00–22.00 Uhr
Sa.–So. ab 10.00 Uhr. Sa. ist hier übrigens Disco angesagt.

Eintritt

bis 15 Jahre 4 DM,
ab 16 Jahren 6 DM

Anmerkung

Die Eröffnung des Indoor-Skaterparks fand am 18. Oktober 1997 statt. Die Skateanlage wurde in einer ehemaligen Fabrikhalle einer Stahlbaufirma untergebracht. Die kommerziell von der »Inline Center Aurich GmbH und Co. KG« betriebene und mit einem Investitionsvolumen von 1,8 Millionen Mark aufgebaute Skatehalle ist vorrangig für Inline-Skater entwickelt worden. Aber auch Skateboarder, Snakeboarder und BMX-Fahrer dürfen hier trainieren. Täglich skaten hier bis zu 200 Jugendliche.

Ausstattung

⊙ Die Hallengröße beträgt insgesamt 3000 qm; zum Skaten stehen insgesamt 2400 qm zur Verfügung.
⊙ Halfpipe (3,50 m hoch, 6 m breit und 14 m lang)
⊙ Miniramp
⊙ Quarterpipes
⊙ Funbox zum Jumpen
⊙ Sprungschanzen und Geräte zum Grinden
⊙ Ein Inline-Hockeyfeld wird an 2 Abenden (Dienstag, Freitag) abgeteilt.

Service

⊙ Ausrüstungsverleih gegen Gebühr
⊙ Bistro
⊙ Skater-Shop
⊙ Metallspinde
⊙ Tischfußball, E-Dartspiel
⊙ Inline-Skate-Einsteigerkurse: Erwachsene 39 DM (2 Unterrichtsstunden), Kinder 19 DM (1 Unterrichtsstunde). Die Kurse

finden immer mittwochs statt; die Kinderkurse von 17.00–18.00 Uhr, die Erwachsenenkurse von 18.00–20.00 Uhr.

Übernachtung

- Jugendherberge, Am Ellernfeld, 26603 Aurich, Telefon 0 49 41/29 27. ÜF: Junioren 22 DM, Senioren 27 DM

Skatehalle Flughafen Oos

Flughafenstraße 13
76532 Baden-Baden
Telefon 0 72 21/18 10 80

Öffnungszeiten

Di.–Fr. 15.00–22.00 Uhr
Sa.–So. 12.00–22.00 Uhr

Eintritt

Di.–Fr. 5 DM,
am Wochenende 6 DM

Anmerkung

Die Skatehalle ist für Skateboarder, Inline-Skater, BMXer und vergleichbare Sportarten geeignet.

Ausstattung

- Pyramide
- verschiedene Ramps
- Ollibox
- Gap
- 2 Curbs
- Bank
- Quarterpipe

Hinweis

Es werden keine Inline-Skate-Kurse veranstaltet.

Übernachtung

- Jugendherberge, Hardbergstraße 34, 76532 Baden-Baden, Telefon 0 72 21/5 22 23. ÜF: Junioren 22 DM, Senioren 27 DM

Factory

Försterweg 32
32683 Barntrup
Telefon 0 52 63/95 35 07

Öffnungszeiten

Mo.–Do. 15.00–21.00 Uhr
Fr. 15.00–22.00 Uhr
Sa. 11.00–22.00 Uhr
So. 11.00–21.00 Uhr

Eintritt

Tageskarte bis 12 Jahre 2,50 DM, bis 18 Jahre 4 DM, über 18 Jahre 5 DM

Hinweis

Es handelt sich um eine mittelgroße Halle. Inline-Skate-Kurse werden nicht durchgeführt.

Ausstattung

- Halfpipe
- verschiedene Street-Obstacles

Service

- Leih-Skates (2 DM pro Stunde)
- Snacks und Getränke

Übernachtung

- Jugendherberge, Meinwerkstraße 16, 33098 Paderborn, Telefon 0 52 51/2 20 55. ÜF: Junioren 21 DM, Senioren 26 DM

Rollerhouse

Miraustraße 62–80
13509 Berlin
Telefon 0 30/43 55 13 94 oder 0 30/82 70 30 87

Öffnungszeiten

Mo.–Do. 15.00–22.00 Uhr
Fr. 15.00–24.00 Uhr
Sa. 11.00–24.00 Uhr
So. 11.00–22.00 Uhr

Eintritt

Kinder/Schüler 5 DM, Erwachsene 8 DM, mittwochs wird zum halben Preis geskatet.

Anmerkung

Die Halle wird im Winterhalbjahr beheizt.

Ausstattung

- Hallengröße: 2600 qm
- 1 Halfpipe (3,50 m hoch, 6 m breit, 14 m lang)
- 3 Funboxen
- 1 Quarterramp (2 m hoch)
- 1 Miniramp
- mehrere Jumpramps
- Rails
- Grindboxen u. a.
- Hockeyfläche

Service

- Skate-Shop
- Skate-Verleih
- Bistro
- Schließfächer

Übernachtungen

- Jugendgästehaus am Wannsee, Badeweg 1, 14129 Berlin, Telefon 0 30/8 03 20 35. ÜF: Junioren 32 DM, Senioren 41 DM. Anmeldungen nur über die Zentralreservierung des Landesverbandes Berlin-Brandenburg e. V., Kluckstraße 3, 10785 Berlin, Telefon 0 30/2 62 30 24
- Jugendgästehaus Wannsee-Süd, Badeweg 7, 14129 Berlin, Telefon 0 30/8 03 55 03. Preise auf Anfrage
- Jugendgästehaus »Haus Europa«, Schwarzspechtweg 46, 13505 Berlin, Telefon 0 30/4 31 40 12. Preise auf Anfrage
- Jugendherberge Ernst Reuter, Hermsdorfer Damm 48–50, 13467 Berlin, Telefon 0 30/4 04 16 10. ÜF: Junioren 26 DM, Senioren 33 DM. Halbpension (warmes Abendessen) buchbar. Anmeldungen nur über die Zentralreservierung des Landesverbandes Berlin-Brandenburg e. V., Kluckstraße 3, 10785 Berlin, Telefon 0 30/2 62 30 24
- Jugendtouristenhotel, Franz-Mett-Straße 7, 10319 Berlin, Telefon 0 30/5 12 91 27. Preise auf Anfrage

Skate Inn Skatehalle

Schichauweg 48
12307 Berlin
Telefon 0 30/7 21 50 70

Öffnungszeiten

Di.–So. 10.00–22.00 Uhr (Montag Ruhetag)

Eintritt

5 bis 8 DM je nach Wochentag und Uhrzeit

Ausstattung

- Halfpipe
- Quarterpipe
- Rail
- Funbox etc.

Service

- Skate-Verleih
- Bistro

Übernachtungen

- Jugendgästehaus am Wannsee, Badeweg 1, 14129 Berlin, Telefon 0 30/8 03 20 35. ÜF: Junioren 32 DM, Senioren 41 DM. Anmeldungen nur über die Zentralreservierung des Landesverbandes Berlin-Brandenburg e. V., Kluckstraße 3, 10785 Berlin, Telefon 0 30/2 62 30 24
- Jugendgästehaus Wannsee-Süd, Badeweg 7, 14129 Berlin, Telefon 0 30/8 03 55 03. Preise auf Anfrage
- Jugendgästehaus »Haus Europa«, Schwarzspechtweg 46, 13505 Berlin, Telefon 0 30/4 31 40 12. Preise auf Anfrage
- Jugendherberge Ernst Reuter, Hermsdorfer Damm 48–50, 13467 Berlin, Telefon 0 30/4 04 16 10. ÜF: Junioren 26 DM, Senioren 33 DM. Halbpension

(warmes Abendessen) buchbar. Anmeldungen nur über die Zentralreservierung des Landesverbandes Berlin-Brandenburg e. V., Kluckstraße 3, 10785 Berlin, Telefon 0 30/2 62 30 24

⊙ Jugendtouristenhotel, Franz-Mett-Straße 7, 10319 Berlin, Telefon 0 30/5 12 91 27. Preise auf Anfrage

Aa See Halle

Aa See Freizeitgelände
46395 Bocholt
Telefon 01 71/7 40 08 81

Öffnungszeiten

Mo.–Sa. 14.00–18.00 Uhr. Sonntags geschlossen

Eintritt

frei

Ausstattung

⊙ Hallengröße: 1500 qm
⊙ Hockeyfeld
⊙ Street-Obstacles
⊙ Fitness-Parcours
⊙ Quarterpipe (Außengelände)

Übernachtung

⊙ Jugendherberge, Im Schöning 83, 46286 Dorsten-Wulfen, Telefon 0 23 69/87 22. ÜF: Junioren 21 DM, Senioren 26 DM

Skate-Area SportArt-Area

Friederikastraße 148
44789 Bochum
Büro: Telefon 02 34/9 37 52 31

Anmerkung

Der Verein SportArt betrieb drei Jahre lang eine mobile Skate-Schule auf den Ruhrpark-Parkplätzen. Seit Anfang Mai 1997 wird in einer ehemaligen Maschinenbauhalle trainiert. Insgesamt stehen den Skatern zwölf Inline-Skate-Lehrer zur Verfügung. Dieses nordrhein-westfälische Schulungszentrum wird von Frank Fischöder und Britta Kohlhaase geleitet.

Ausstattung

⊙ Hallengröße: 1000 qm
⊙ flexibel gestalteter Skate-Parcours

Service

⊙ In der vom Verein SportArt angemieteten Halle können Einsteiger bis zum geübten »Freerider« ihre Fahrkünste mittels eines umfangreichen Kursangebotes perfektionieren.
⊙ Inline-Hockey
⊙ Snakeboarding
⊙ Kletterfelsen
⊙ Mountainbikeparcours
⊙ Kinderprogramme
⊙ Veranstaltungen mit Musik und Moderation

Übernachtung

⊙ nächste JH: Jugendherberge, Pastoratsberg 2, 45239 Essen, Telefon 02 01/49 11 63. ÜF: Junioren 22,50 DM/25 DM, Senioren 27,50 DM/30 DM

Skater Park 2000 GmbH

Krähenhorst 1
53119 Bonn
Telefon 02 28/66 20 44

Anreise

Autobahn A 555 bis zum Bonner Verteilerkreis, dann direkt rechts, an der Feuerwehr links, wieder rechts hinter dem Vobis Super-Store

Öffnungszeiten

Mo.–Fr. 14.00–21.00 Uhr
Sa. 10.00–22.00 Uhr
So. 10.00–21.00 Uhr

Eintritt

Tageskarte 10 DM, 10er-Karte 85 DM, Monatskarte 120 DM

Ausstattung

- Halle 600 qm, darunter zweite Halle für Inline-Kurse (insgesamt 2000 qm)
- kleine Halfpipe
- Miniramps
- 3-Side-Funbox
- Wallramp
- Jumpbox
- Hockeyfeld
- Street-Obstacles
- 3 Quarterpipes

Service

- Inline-Skate-Kurse (Ausbildungszentrum des Deutschen Inline-Skate-Verbandes); Schnupperkurse, Basic-Kurse, Advanced-Kurse, Instructor-Workshops
- Shop (Skates, Beratung und Verkauf, Verleih und Service)
- Roller-Disco

Übernachtungen

- Jugendgästehaus Bonn-Venusberg, Haager Weg 42, 53127 Bonn, Telefon 02 28/28 99 70. ÜF: Junioren 37 DM
- Jugendgästehaus Bonn-Bad Godesberg, Horionstraße 60, 53177 Bonn, Telefon 02 28/ 31 75 16. ÜF: Junioren 37 DM

Skate-World

Saarbrücker Straße 267
38116 Braunschweig
Telefon 05 31/57 67 76

Ausstattung

- Hallengröße: 4000 qm
- Halfpipe
- Miniramp
- Quarterpipe
- Spine Ramp

Service

- Bistro
- Skate-Verleih

Hinweis

Das »Skate-World« musste wegen Hallenverkaufs leider schließen. Eine andere Halle wurde bis jetzt noch nicht eröffnet.

Skatehalle im Kikyo Center

(Tennis- und Bowlingcenter)
Stiegstraße/Christenfeld 1
41379 Brüggen
Telefon 0 21 57/8 78 70

Anreise

Autobahn A 61, Ausfahrt Brüggen-Bracht, Richtung Bracht, dann der Beschilderung folgen. Die Halle befindet sich direkt neben der Bowlingbahn.

Öffnungszeiten

Mo.–Fr. 14.00–23.00 Uhr
(Ferien 11.00–23.00 Uhr)
Sa.–So. ab 11.00 Uhr

Eintritt

Tageskarte 9 DM; Kinder bis 1 m Körpergröße 5 DM

Ausstattung

- Hallengröße: 2300 qm
- Halfpipe
- Minirampenlandschaft
- Pool
- diverse Rails
- Street-Obstacles

Service

- Skate-Verleih

Übernachtung

- Jugendherberge, Auf dem Eggenberg 1, 41379 Brüggen, Telefon 0 21 63/51 61. ÜF: Junioren 21,60 DM/24 DM, Senioren 26 DM/29 DM

Island Skate Hall

Industriestraße
23769 Burg auf Fehmarn
Telefon 0 43 71/56 72

Anreise

Richtung Burg auf Fehmarn, hinter den Tankstellen links in die Industriestraße, Disco-Wegweiser »Resi« folgen und links halten

Öffnungszeiten

täglich

Eintritt

3 DM

Ausstattung

- Hallengröße: 700 qm
- Halfpipe
- Miniramp
- Inline-Hockeyfeld

Service

- Skate-Verleih
- Getränkeverkauf

Übernachtung

- Jugendherberge, Mathildenstraße 34, 23769 Burg auf Fehmarn, Telefon 0 43 71/21 50. ÜF: Junioren 20 DM, Senioren 25 DM

Skaterdrom

Dasselsbrucher Straße 50
29227 Celle
Telefon 0 51 41/98 18 43 oder 98 18 41

Öffnungszeiten

Mo.-Fr. 15.00-20.00 Uhr
Sa.-So. 10.00-20.00 Uhr

Eintritt

Kinder und Jugendliche 6 DM, Erwachsene 8 DM

Ausstattung

- Halfpipe
- diverse Ramps
- In der vorderen Halle befindet sich eine Lauffläche.

Service

- Skate-Verleih (7 DM inkl. Schützer)

Übernachtung

- Jugendherberge, Weghausstraße 2, 29223 Celle, Telefon 0 51 41/5 32 08. ÜF: Junioren 20 DM, Senioren 25 DM

Fun + Sport Center

Ferienpark Damp
24349 Damp
Telefon 0 43 52/80 01

Öffnungszeiten

täglich 10.00-22.00 Uhr

Eintritt

3-16 Jahre 5 DM,
über 16 Jahre 6 DM

Ausstattung

- Halfpipe
- Miniramp
- Funbox
- Quarterpipe
- Pool

Service

- Leih-Skates (7 DM inkl. Protektoren)
- Inline-Skate-Kurse (2 Stunden 20 DM; für das Leih-Equipment werden noch 10 DM berechnet)

Übernachtung

- Im Ferienpark Damp, Infos unter Telefon 0 43 52/80 01

Chamhalla Skating

Siechen 12
93413 Cham, Oberpfalz
Telefon 0 99 71/80 37 56 oder 0 99 71/21 03

Öffnungszeiten

Mi. 15.00-20.00 Uhr
Fr., Sa., So. 15.00-20.00 Uhr

Eintritt

Tageskarte 7 DM inkl. einem alkoholfreien Getränk

Anmerkung

Die Halle gibt es seit Februar 1998. In der Halle treffen sich auch Skateboarder.

Ausstattung

- Halfpipe
- Funbox
- Sprunggeräte

Service

- Leih-Skates (10 DM pro Tag)
- Inline-Skate-Kurse nach Absprache
- Bistro

Übernachtung

- im Ort nach günstigen Pensionen fragen

U.S. Play

Lomatzscher Straße 98
01139 Dresden

Verwaltungsadresse:
U.S. Play Brunswick GmbH,
Peschelstraße 31,
01139 Dresden,
Telefon 03 51/8 51 16 66

Anreise

Die Halle befindet sich im Elbe-Park Dresden-Kaditz/Mickten, Lommatzscher Straße 98. Erreichbar mit der Buslinie 79, 80, 91. Bushaltestelle Kötzschenbroder Straße.

Öffnungszeiten

So.–Do. 10.00–2.00 Uhr
Fr.–Sa. 10.00–4.00 Uhr

Eintritt

7 DM pro Stunde inkl. Ausrüstung. Beim Kauf einer 10er-Karte ist die 11. Karte gratis.

Anmerkung

Das U.S. Play wurde am 21. 8. 1996 eröffnet und ist eine Erlebniswelt für sich. Auf über 6000 qm wird für die ganze Familie Sport, Spiel und Spaß geboten. In der Sports Arena kann man mit Rollerblade-Equipment trainieren, denn dieses kann hier geliehen werden.

Ausstattung

- Die Sports Arena hat eine Größe von ca. 300 qm und ist mit einem Fitness-Parcours ausgestattet. Aufgrund der geringen Größe hat die Anlage keine Rampen und Pipes. Die Deckenhöhe beträgt ca. 5 m.
- Hockeyfeld

Hinweis

Schutzausrüstung muss getragen werden. Helmpflicht für Kinder bis 10 Jahre!

Service

- Skate-Verleih: Die dafür anfallenden Kosten sind bereits im Eintrittspreis von 7 DM enthalten. Allerdings muss eine Kaution von 20 DM hinterlegt werden.
- veranstaltet werden Hockeyturniere
- Inline-Skate-Anfängerkurse für 10,50 DM (jeweils 2 Stunden inkl. Ausrüstung). Dieser findet zweimal im Monat, je nach Nachfrage, statt.
- Bistro Chicago's Bar
- Pizza Hut
- Applebee's Neighborhood Grill (Köstlichkeiten der Staaten)
- Bowlingbahn (32 Bahnen)
- Billard Room (9 Billardtische)
- Sega Park, Electronic-Simulator

Übernachtungen

- Jugendgästehaus, Maternistraße, 22, 01067 Dresden, Telefon 03 51/4 92 62-0.

ÜF: Junioren 33 DM/40 DM, Senioren 38 DM/45 DM

⊙ JH »Rudi Arndt«, Hübnerstraße 11, 01069 Dresden, Telefon 03 51/4 71 06 67. ÜF: Junioren 22 DM, Senioren 27 DM

Alma Inline Action Park

Hansaallee 189
40549 Düsseldorf
Telefon 02 11/5 21 33 33

Öffnungszeiten

Sa. 12.00–19.00 Uhr

So. 12.00–19.00 Uhr

Eintritt

Schüler 7 DM,
Erwachsene 9 DM

Ausstattung

⊙ Halfpipe

⊙ Quarterpipe

⊙ Funbox

⊙ Jumpramp

⊙ Wallramp

⊙ Grinding-Stangen

Service

⊙ Leih-Skates (10 DM inkl. Protektoren)

⊙ Inline-Skate-Kurse – diese umfassen zwei Unterrichtseinheiten, jeweils von 18.00–21.00 Uhr. Die Kursgebühr beträgt 79 DM pro Teilnehmer.

Übernachtung

⊙ Jugendherberge und Jugendgästehaus, Düsseldorfer Straße 1 (Rheinufer, unmittelbar an der Rheinkniebrücke), 40545 Düsseldorf, Telefon 02 11/ 55 73 10. ÜF: Junioren 33,30 DM/37 DM. Pauschalprogramm »Düsseldorf-Weekend« buchbar

Skater's Paradise

Konrad-Adenauer-Ring 17
47167 Duisburg
Telefon 02 03/51 28 62

Ausstattung

⊙ Auf 2500 qm Grundfläche hat man die erste Allroundhalle für Inliner, Skateboarder, Snakeboarder, Recreation und BMX gestellt.

⊙ WM-taugliche Halfpipe 3,50 m

⊙ Minirampe 2,10 m

⊙ Mammut Grindbox 12 m – 3 Etagen

Service

⊙ Bistro

⊙ Biergarten

⊙ Freestyle-Shop

Hinweis

Das Skater's Paradise ist inzwischen geschlossen.

Fun Park Elzach

Nähe Kläranlage
79215 Elzach

Anmerkung

Am 4. 5. 1997 wurde diese Outdooranlage auf dem Sportgelände in Elzach eröffnet. Das Projekt wurde von Skatern in Eigenarbeit durchgeführt. Die Anlage kann von jedem Skater zum Training genutzt werden.

Ausstattung

⊙ Ramps etc.

Übernachtung

⊙ Jugendherberge, Rohrbacher Straße 3, 78098 Triberg, Telefon 0 77 22/41 10. ÜF: Junioren 22 DM, Senioren 27 DM

Skatepark Eschwege

Am Eschweger Festplatz
37269 Eschwege
Info: Stadtverwaltung
Telefon 0 56 51/3 04-0

Öffnungszeiten
täglich

Eintritt
frei

Anmerkung
Es handelt sich um eine kleine Outdooranlage. Die Stadtverwaltung hat die Anlage für die jugendlichen Skater aufbauen lassen. Die Anlage ist stets gut besucht.

Ausstattung
- Halfpipe
- diverse Ramps

Übernachtung
- Jugendherberge, Fritz-Neuenroth-Weg 1, 37269 Eschwege, Telefon 0 56 51/6 00 99. ÜF: Junioren 21,50 DM, Senioren 26,50 DM

Lead Sled Boarding

Ruhrtalstraße 333
45219 Essen
Telefon 0 20 54/8 48 51

Öffnungszeiten
Mo.–Fr. 12.00–20.00 Uhr
Sa. 10.00–16.00 Uhr

Eintritt
frei

Anmerkung
Es handelt sich um eine sehr kleine Skateboardhalle in Essen-Kettwig.

Ausstattung
- Ramps

Übernachtung
- Jugendherberge, Pastoratsberg 2, 45239 Essen, Telefon 02 01/49 11 63. ÜF: Junioren 22,50 DM/25 DM, Senioren 27,50 DM/30 DM

Skate Factory

Max-Keith-Straße 25
45136 Essen
Telefon 02 01/25 52 33

Anreise
Das Skate Factory liegt 5 Minuten vom Hauptbahnhof Essen entfernt. Erreichbar mit der Straßenbahn Linie 104, 105, 115, 160, 161 – Haltestelle Töpferstraße

Öffnungszeiten
Mo.–Do. 14.00–21.00 Uhr
Fr. 14.00–22.00 Uhr
Sa.–So. 10.00–22.00 Uhr
Sa. 8.00–10.00 Uhr »only for girls«

Eintritt
Tageskarte 10 DM, Mo.–Do. 19.00–21.00 Uhr 5 DM, 10er-Karte 89 DM, Monatskarte 120 DM

Hinweis
Die Halle ist im Winterhalbjahr beheizt!

Ausstattung
- 1 Halfpipe mit Holzbelag (3,50 m hoch, 8 m breit)
- 1 Halfpipe (2,50 m hoch, 5 m breit)
- 1 Spine Ramp
- 3 Miniramps (Belag ist aus Buchenholz)
- 2 Quarterpipes (1,80 m hoch)
- Rails
- Streetparcours

Service
- Aggressive-Kurse für Kinder von 4–10 Jahren
- Skate-Shop
- Skate-Verleih
- Bistro
- Schließfächer

Übernachtung

- Jugendherberge, Pastoratsberg 2, 45239 Essen, Telefon 02 01/49 11 63. ÜF: Junioren 22,50 DM/25 DM, Senioren 27,50 DM/30 DM

Skatepark Esslingen

Unter der Adenauer-Brücke
73734 Esslingen
Bürgerservice:
Telefon 07 11/35 12-23 71

Anmerkung

Es handelt sich um einen Outdoor-Skatepark. Freestyler kommen hier voll auf ihre Kosten.

Ausstattung

- mehrere Ramps
- 1 Funbox
- 1 Pyramide
- Quarterpipes
- Grinding-Stangen

Übernachtung

- Jugendherberge, Neuffenstraße 65, 73734 Esslingen, Telefon 07 11/38 18 48. ÜF: Junioren 20 DM, Senioren 25 DM

Inline Dome

Friedrich-List-Straße 2/1
70736 Fellbach
Telefon/Telefax 07 11/58 30 77

Anreise

Autobahn Abfahrt Fellbach, Richtung Fellbach; gleich neben McDonald's

Öffnungszeiten

Mo.-Do. 13.00-24.00 Uhr
Fr.-Sa. 11.00-1.00 Uhr
So., Feiertag 11.00-24.00 Uhr

Eintritt

Erwachsene 8 DM, Schüler, Studenten, Azubis 7 DM

Ausstattung

- Hallengröße: 2000 qm
- 1 große und 1 kleine Halfpipe
- Steilkurve
- Funbox
- Rails
- Hockeyfeld

Hinweis

Helmpflicht besteht nur in der Halfpipe!

Benutzung der Skatebahn

- Befahren der Anlage auf eigene Gefahr
- Benutzen der Bahn ist nur mit Schutzkleidung gestattet.
- In der Halfpipe besteht Helmpflicht.
- In der Halfpipe darf sich immer nur eine Person aufhalten.

Service

- Disco: jeden Tag
- Contests
- Skate-Verleih: für Jugendliche 5 DM pro Stunde; für Erwachsene 7 DM pro Stunde
- Fitness-Skaten ist in der Halle möglich, denn die Bahn hat 1800 qm Fahrfläche.
- Pizza-Stand
- Musik Pub MTV
- Gaststätte

Übernachtung

- Jugendherberge, Haußmannstraße 27, 70188 Stuttgart, Telefon 07 11/24 15 83. ÜF: Junioren 22 DM, Senioren 27 DM

Outdoor-Skatepark

Alter Husumer Weg
24941 Flensburg

Öffnungszeiten

täglich

Eintritt

3 DM

Hinweis

Die Anlage ist nicht öffentlich. Da aber der Jugendtreff Weiche e.V. den Skatepark betreut, kann hier täglich geskatet werden. Für Anfänger ist die Anlage weniger empfehlenswert.

Ausstattung

- 1 Halfpipe. Sie soll die größte in Norddeutschland sein, die je von einer Stadtverwaltung aufgestellt wurde.
- Ramps u. a.

Übernachtung

- Jugendherberge, Fichtestraße 16, 24943 Flensburg, Telefon 04 61/3 77 42

K2 – Skaterworld

Nordwest-Zentrum
60439 Frankfurt am Main
Telefon 0 69/9 41 41 11

Öffnungszeiten

Fr. 15.00–22.00 Uhr
Sa. 10.00–22.00 Uhr
So. 10.00–20.00 Uhr

Eintritt

Kinder/Jugendliche 5 DM,
Erwachsene 7 DM

Ausstattung

- Funbox
- Miniramp
- Quarterpipe
- Street-Obstacles

Service

- Getränke- und Süßigkeitenverkauf
- Leih-Skates (6 DM pro Paar)
- Leih-Protektoren (komplett 5 DM)
- Inline-Skate-Kurse (3 Stunden 45 DM)

Übernachtung

- Jugendherberge und Jugendgästehaus, Deutschherrnufer 12, 60594 Frankfurt/Main, Telefon 0 69/61 90 58. ÜF: Junioren 24 DM, Senioren 29,50 DM. Jugendgästehaus: 35 DM

Fun- und Action-Park

Ketteler Straße 38
47574 Goch
Telefon 0 28 23/1 84 44

Öffnungszeiten

Mo.–Fr. 14.00–22.00 Uhr
Sa.–So. 10.00–22.00 Uhr

Eintritt

Mo.–Fr. 6 DM, Sa. 9 DM und So. 10 DM. Montags ist Ladies-Day. Skaterinnen zahlen dann nur 3 DM.

Ausstattung

- Hallengröße: 2000 qm
- mehrere Pipes
- Hockeyarena
- 150-m-Rundlaufbahn
- Jump-Pool

Service

- Veranstaltung von Contest-Serien

Übernachtung

- nach günstigen Pensionen im Ort fragen

Funbox

Bertha-von-Suttner-Straße 4
37085 Göttingen
Telefon 01 77/3 92 76 97

Öffnungszeiten

Mo.–Fr. 14.00–20.00 Uhr
Sa.–So. 12.00–20.00 Uhr

Eintritt

Tageskarte 5 DM

Anmerkung

Es handelt sich um eine kleine Skatehalle (400 qm). Vormittags steht die Halle Schulklassen zur Verfügung. Es werden 40 DM pro Stunde berechnet, unabhängig von der Gruppengröße.

Ausstattung

- 2 Quarterpipes
- 2 kleine Quarterpipes
- 1 Pyramide
- 1 Minipipe

Service

- Inline-Skate-Kurse können hier absolviert werden. Die Kurse werden von zwei bekannten Skatern aus Göttingen erteilt oder auch von Skatelehrern des ASC Göttingen von 1846 e.V.

Übernachtung

- Jugendherberge, Habichtsweg 2, 37075 Göttingen, Telefon 05 51/5 76 22. ÜF: Junioren 22 DM, Senioren 27 DM

I-Punkt Skateland

Amsinckstraße 70
20097 Hamburg
Telefon 0 40/23 44 58

Anreise

Einfach über die Autobahn A 1 nach Hamburg rein (wird zur A 255); nach Ende der Autobahn erste Straße links, linke Seite.

Öffnungszeiten

Mo.–Fr. 15.00–20.00 Uhr
Sa.–So. 13.00–20.00 Uhr
Mi. 15.00–23.00 Uhr

Eintritt

frei, außer Mi. abends

Anmerkung

Eine der Skatehallen, die zu den ersten in Deutschland gehörte.

Ausstattung

- Hallengröße: 750 qm
- Halfpipe
- Minirampenlandschaft mit Bowl
- Street-Area
- Im Außengelände befinden sich Halfpipe, Miniramp und Street-Obstacles.

Service

- Skate-Verleih

Übernachtung

- Jugendherberge »Auf dem Stintfang«, Alfred-Wegener-Weg 5, 20459 Hamburg, Telefon 0 40/31 34 88. ÜF: Junioren 24 DM, Senioren 29 DM

Hannover-Messegelände

Info: Telefon: 0511/3076767

Anmerkung

Die Halle 25 auf dem Hannover-Messegelände stand den Skatern vom 11. 10. 1997 bis zum 22. 2. 1998 – unter dem Motto »skate'n more« – zur Verfügung. Dies soll wiederholt werden.

Ausstattung

- Halle 25: 8000 qm

Service

- Es wurden dort zahlreiche Veranstaltungen geboten, z. B. 24-Stunden-Inline-Skaten.
- Inline-Hockeyturniere
- Miniramp-Contests

Übernachtung

- Jugendherberge, Ferd.-Wilh.-Fricke-Weg 1, 30169 Hannover, Telefon 05 11/1 31 76 74. ÜF: Junioren 22 DM, Senioren 27 DM

Skate World

Am Bahndamm 20–22
30453 Hannover
Telefon 05 11/4 86 00 60

Öffnungszeiten

Mo.–Fr. 15.00–21.00 Uhr
Sa.–So. 10.00–21.00 Uhr

Eintritt

Tageskarte 6 DM,
am Wochenende 8 DM

Ausstattung

- Hallengröße: 2000 qm
- Halfpipe

- diverse Ramps
- Funbox
- Quarterpipe
- Rails

Service

- Skate-Verleih
- Inline-Skate-Kurse

Übernachtung

- Jugendherberge, Ferd.-Wilh.-Fricke-Weg 1, 30169 Hannover, Telefon 05 11/1 31 76 74. ÜF: Junioren 22 DM, Senioren 27 DM

SKATE PARK HASSLOCH

Siemensstraße 18 (Industriegebiet Süd, Nähe TÜV)
67454 Hassloch, Pfalz
Telefon 0 63 24/36 66
Telefax 0 63 24/98 05 30

Öffnungszeiten

Di. 20.00–22.00 Uhr
Oldi-Skaten
Mi.–Fr. 16.00–21.00 Uhr
Do. zusätzlich Streethockey von 18.00–21.00 Uhr
Sa. 14.00–21.00 Uhr
So., Feiertag 14.00–19.00 Uhr

Eintritt

Jugendliche 5 DM
Erwachsene 8 DM
Familien 20 DM
10er-Karte Jugendl. 45 DM
10er-Karte Erwachs. 72 DM
Monatskarte Jugendl. 90 DM
Monatskarte Erwachs. 144 DM

Ausstattung

- Miniramp 1,80 m
- Funbox
- Pyramide
- Quarterpipe
- Rails

Service

- Skate-Verleih (mit Ausweis)
- Inline-Skater-Disco, samstags 16.00–22.00 Uhr
- Snacks

Übernachtung

- Gasthaus am Rennplatz, Rennbahnstraße 149, 67454 Hassloch, Telefon 0 63 24/9 24 70

PAN SPORT

Max-Planck-Straße 6
97204 Höchberg
Telefon 09 31/4 89 50
Telefax 09 31/40 98 03

Anreise

Die Anbindung der öffentlichen Buslinie ist sehr gut. Von der Haltestelle zur Halle sind es mit Inline-Skates 2 Minuten. Buslinie 18 Würzburg – Zellerau – Höchberg, Buslinie 17 Würzburg – Sanderring – Höchberg

Öffnungszeiten

für die Halfpipe:
Mo.–Fr. 14.00–17.00 Uhr
Sa. 13.00–16.00 Uhr

Eintritt

ca. 3 DM oder 10er-Karte (Skate-Pass) 25 DM

Anmerkung

Es handelt sich hier um keine Skatehalle, sondern um ein Sportfachgeschäft mit überdachter Halfpipe und einer Skateaußenanlage. Im dortigen Inline-Skate-Shop ist eine große Auswahl an Skates, Schonern, Zubehör etc. zu finden. Ein Rundum-Service wird hier geboten.

Ausstattung

- Halfpipe (8 m lang, 4 m breit, 2 m hoch)
- Im Freigelände befinden sich 2 Rails.
- 1 private Halfpipe (12 m lang, 5 m breit, 2,70 m hoch) befindet sich auf einem Privatgrundstück (zu Fuß 5 Min.)
- Fashion-Shop mit den Surf- und Skate-Marken

Hinweis

Die komplette Schutzausrüstung – einschließlich Helm – ist zu tragen!

Service

- Getränkeautomat
- kein Skate-Verleih
- Trainingskurse: keine festen Termine, einfach nachfragen. Nach Terminvereinbarungen werden mit den Kindern und Jugendlichen Contest- oder Skate-Partys veranstaltet. Es werden auch Fahrten zu großen Skateparks organisiert.
- Geplant ist die Gründung eines Hockeyvereins; momentan gibt es noch Probleme mit der Nachfrage.
- Eine Werkstatt für Inline-Skates ist vorhanden.

Übernachtung

- Jugendgästehaus, Burkardenstraße 44, 97082 Würzburg, Telefon 09 31/4 25 90. ÜF. Junioren 25 DM/29 DM

ASS HALL

Schleizerstraße 1091/2
95028 Hof, Saale
Telefon 0 92 81/33 51

Öffnungszeiten

Fr. 17.00–22.00 Uhr
Sa., So. 14.00–22.00 Uhr

Eintritt

Fr. 6 DM, Sa./So. 8 DM

Ausstattung

- Hallengröße: 600 qm
- Miniramp
- Street-Obstacles

Service

- Skate-Verleih im dortigen Geschäft

Übernachtung

- Jugendherberge, Beethovenstraße 44, 95032 Hof/Saale, Telefon 0 92 81/9 32 77. ÜF: Junioren 20 DM

FRESHFANTASY E.V.

KinderHalle, Wilhelmstraße 22
59439 Holzwickede
Telefon 0 23 01/91 20 80
Telefax 91 20 82

Anreise

Die Halle befindet sich im Gewerbegebiet.

Öffnungszeiten

tägl. von 12.00–18.00 Uhr, an Feiertagen und Wochenenden bereits ab 11.00 Uhr geöffnet

Eintritt

5 DM für den ganzen Tag

Ausstattung

- nur Inline-Hockey

Service

- Hüpfburg
- Hier kann man auch die neuesten CDs anhören.
- Saftbar
- Bistro
- Geburtstagspartys

Übernachtung

- im Ort nach günstigen Pensionen fragen

SKATEHALLE SKATEBOARD

Straße B, 02977 Hoyerswerda
Telefon 0 35 71/40 76 50

Anreise

Die Skateanlage ist im Gewerbegebiet zu finden. Die Halle befindet sich in der Parallelstraße hinter dem Kaufland. Erreichbar ist die Skatehalle mit der Stadtlinie, die fast vor der Haustüre hält. Aber auch Parkplätze stehen zur Verfügung.

Öffnungszeiten

Mo.–Do. 14.00–22.00 Uhr
Fr., Sa. 10.00–24.00 Uhr
So. 10.00–22.00 Uhr

Eintritt

Tageskarte Erwachsene 8 DM, Kinder/Jugendliche 5 DM

Anmerkung

Am 4. 7. 1998 wurde die Skateanlage in der ehemaligen Molkerei eröffnet. Auf zirka 1200 qm Fließasphalt können die Skater ihre Runden drehen und auf dem Streetparcours ihr Können testen.

Ausstattung

- Funbox
- Doublespine
- ein mit Matten gepolstertes Springbecken (alles TÜV-geprüfte Geräte von der Fachfirma »Viola's«)
- Für Anfänger steht ein spezieller Bereich mit einfacher Welle, Bordsteinkanten- und Geländernachbildung zur Verfügung.
- Ein Hockeyfeld ist vorhanden.

Service

- Imbissstand (Fast Food aus der Mikrowelle)
- Die komplette Ausrüstung (Skates und Schutzkleidung) kann man sich zum Tagespreis von 20 DM ausleihen.
- Inline-Skate-Kurse für Anfänger (3 Stunden/50 DM pro Teilnehmer)

Übernachtungen

- günstig: Pension Bleicher, W.-Rathenau-Straße 12, 02977 Hoyerswerda, Telefon 0 35 71/ 40 55 07
- günstig: Pension »Ritz«, Andreas-Seiler-Straße 6, 02977 Hoyerswerda, Telefon 0 35 71/ 40 99 92

Eventarena von ProSM

(Professionelles Sportmanagement GmbH)
Thomas-Mann-Straße 21
74360 Ilsfeld
Telefon 0 71 33/95 00-0

Öffnungszeiten

Fr. 14.00–18.00 Uhr allg. Skaten
So. 10.30–14.00 Uhr Skate and Breakfast

Eintritt

Freitags 7 DM, sonntags 15 DM für Skates und Frühstück, sonntags 45 DM für Skates und Frühstück und Inline-Skate-Kurs

Anmerkung

Es handelt sich um eine Eventhalle mit einer 1500 qm großen Außenfläche.

Ausstattung

- mobile Geräte, u. a. Halfpipe und diverse Rampen – buchbar für Gruppen
- Hockeyfeld

Service

- Inline-Skate-Kurse in erster Linie für Erwachsene (15 DM pro Stunde)

Übernachtung

- im Ort nach günstigen Pensionen fragen

Zeppelinhalle

Hohe Buchleuthe 5
87600 Kaufbeuren
Telefon 0 83 41/51 81

Anmerkung

Es handelt sich um zwei Hallen.

Ausstattung

Große Halle:

- Minirampe mit zwei Quarterauffahrten
- große Funbox
- Jumpramps
- Rails

- Im hinteren Drittel der Halle steht eine 9-m-Krah-Rampe.

Kleine Halle:

- 1 Pool (ist in den Boden eingebaut)

Hinweis

Eine Neueröffnung der Hallen ist geplant, wird es aber voraussichtlich nicht geben.

Übernachtung

- Jugendherberge, Kaltenbrunnweg 11, 87724 Ottobeuren, Telefon 0 83 32/3 68. ÜF: Junioren 16,50 DM

Skatepark Weidenpesch

(gegründet als North Brigade e.V.)
Bezirkssportanlage Weidenpesch
Scheibenstraße 13 a
50737 Köln
Telefon 02 21/74 32 95

Öffnungszeiten

täglich ab 13.00 Uhr

Eintritt

Tageskarte 4 DM

Hinweis

Die Anlage darf nur von Skatern ab 12 Jahren benutzt werden. Inline-Skater haben die komplette Schutzausrüstung zu tragen, d. h. auch den Helm.

Ausstattung

- Hallengröße: 2500 qm
- Halfpipes (eine ist 3,80 m hoch)
- Quarterpipes
- Funboxen
- Spine Ramps
- Jumpramps
- Skateübungsfläche ohne Geräte

Service

- Nach Absprache gibt es dort auch Inline-Skate-Kurse.

Übernachtungen

- Jugendherberge, Siegesstraße 5 a, 50679 Köln-Deutz, Telefon 02 21/81 47 11. ÜF: Junioren 27 DM/30 DM, Senioren 32 DM/37 DM inkl. Bettwäsche
- Jugendgästehaus, An der Schanz 14, 50735 Köln-Riehl, Telefon 02 21/76 70 81. ÜF: Junioren 33,30 DM/37 DM

Skatehalle Three Sixty

Eupener Straße 57–59
50933 Köln
Telefon 02 21/4 91 12 90

Anreise

Autobahn A 1, Ausfahrt Löwenich, Richtung Zentrum, rechts in die Eupener Straße

Öffnungszeiten

Mo.–Do. 14.00–22.00 Uhr
Fr.–Sa. 14.00–24.00 Uhr
So. 10.00–22.00 Uhr

Eintritt

Tageskarte bis 16 Jahre 10 DM, ab 16 Jahre 12 DM, 10er-Karte bis 16 Jahre 80 DM, ab 16 Jahre 100 DM

Hinweis

Im Winter wird die Halle beheizt. Parkmöglichkeiten gibt es direkt vor der Skatehalle.

Ausstattung

- Hallengröße: 2000 qm
- Halfpipe (3,30 m × 5 m mit 30 cm Vert)
- 100 qm Pool
- Funbox
- diverse Ramps und Rails
- Miniramp
- mobile Streethockeyfelder

Service

- Shop und Verleih von Skates und Protektoren

- Inline-Skate-Kurse für Anfänger und Fortgeschrittene (Kursdauer ca. 3 Stunden, max. 12 Teilnehmer, Trainer vom D.I.V.)
- Schließfächer und Umkleideräume
- Gastronomiebereich innen und außen (Biergarten)
- Inline-Erlebnistage Rollschuh- und Inline-Disco (Motto »back to the 80's«), regelmäßig alle zwei Wochen

Übernachtungen

- Jugendherberge, Siegesstraße 5 a, 50679 Köln-Deutz, Telefon 02 21/81 47 11. ÜF: Junioren 27 DM/30 DM, Senioren 32 DM/37 DM inkl. Bettwäsche
- Jugendgästehaus, An der Schanz 14, 50735 Köln-Riehl, Telefon 02 21/76 70 81. ÜF: Junioren 33,30 DM/37 DM

Jugendzentrum HOT

Breite Straße 38
32791 Lage, Lippe
Telefon 0 52 32/20 89

Öffnungszeiten

Di.-Mi. 13.00-21.00 Uhr
Do.-Fr. 13.00-19.00 Uhr
Sa. 15.00-20.00 Uhr
So., Mo. geschlossen

Eintritt

frei

Anmerkung

- Die Skateanlage umfasst 480 qm. Geskatet wird im Keller des Jugendzentrums. Im Außengelände befindet sich noch eine Miniramp.

Ausstattung

- Miniramps
- Quarterpipes
- Pyramide
- Banks
- Curbs
- Rails
- Hockeyfeld

Hinweis

- Inline-Skater unter 18 Jahre müssen für die Nutzung der Anlage eine schriftliche Genehmigung der Eltern mitbringen. Formulare sind im Jugendzentrum erhältlich.

Übernachtung

- Jugendherberge, Schirrmannstraße 49, 32756 Detmold, Telefon 0 52 31/2 47 39. ÜF.: Junioren 21 DM, Senioren 26 DM

Indoorkart-Sportcenter Speed

Graf-Zeppelin-Straße 20
86899 Landsberg am Lech
Telefon 0 81 91/9 26 70

Öffnungszeiten

Den Skatern steht die Kart-Bahn Mo., Di., Do. von 13.00-16.00 Uhr zur Verfügung

Eintritt

Kinder 2 DM, Erwachsene 5 DM

Ausstattung

- Es kann hier nur auf der Kart-Bahn geskatet werden (Fitness-Skaten); es gibt hier keine Halfpipe etc.

Service

- Restaurant ist vorhanden

Übernachtung

- im Ort nach günstigen Pensionen fragen

Fun Fabrik

Hitdorferstraße 10 c
40764 Langenfeld
Telefon 0 21 73/91 96 36

Öffnungszeiten

in den Ferien 11.00–22.00 Uhr
sonst tägl. 14.00–22.00 Uhr

Eintritt

Tageskarte für Kinder, Jugendliche, Erwachsene 10 DM, nach 19.00 Uhr 7 DM

Ausstattung

- Halfpipe
- Miniramps
- Rails etc.

Service

- Skate-Shop mit Skate-Verleih
- Inline-Skate-Kurse – Preise und Termine auf Anfrage

Übernachtung

- Jugendherberge, Flockertsholzer Weg 10, 42653 Solingen, Telefon 02 12/59 11 98.
ÜF: Junioren 21,60 DM/24 DM, Senioren 26,60 DM/29 DM

Radi•cal•LE (»Peng«)

BMX-Verein, Spinnereistraße
04179 Leipzig
Telefon 03 41/4 98 03 21
oder 49 80 32

Anreise

in der alten Baumwollspinnerei

Öffnungszeiten

tägl. ab 14.00 Uhr

Eintritt

3 DM

Ausstattung

- Miniramp
- Spine
- Corner
- Funbox

Übernachtung

- Jugendherberge, Käthe-Kollwitz-Straße 64, 04109 Leipzig, Telefon 03 41/9 83 45 07.
ÜF: Junioren 22 DM, Senioren 27 DM

Colosseum

Elzerstraße 2–4
65549 Limburg an der Lahn
Telefon 06431/932710
oder 01 72/6 74 35 37
Infoprospekt:
Telefon 0 64 31/2 71 91
Telefax 2 71 91 + 5 28 29

Anreise

Autobahn A 3, Abfahrt Limburg Nord, Richtung Elz, nach 400 m rechts

Öffnungszeiten

in den Ferien 11.00–22.00 Uhr
Mo.–Fr. 13.00–21.00 Uhr
Sa., So. 12.00–21.00 Uhr

Eintritt

Tageskarte 10 DM, Zehnerkarte 70 DM, Monatskarte 95 DM, Jahreskarte 580 DM

Anmerkung

Es handelt sich um eine sehr große, helle Halle mit sehr empfehlenswerten Rampen.

Ausstattung

- Hallengröße: 2000 qm
- Pool
- Halfpipe (8 m breit, 3,30 m hoch)
- Minirampenlandschaft und zusätzliche Miniramps
- eine Streetfläche mit Obstacles

Service

- Skate-Verleih
- Inline-Skate-Kurse – immer sonntags von 9.00–12.00 Uhr
- Skate-Shop
- Zuschauertribüne

Hinweis

An einer Kooperation mit der Jugendherberge Limburg wird gearbeitet. Es sollen für angereiste Skater preisgünstige Skaterwochenenden angeboten werden.

Übernachtung

- Jugendherberge, Auf dem Guckucksberg, 65549 Limburg, Telefon 0 64 31/4 14 93. ÜF: Junioren 21 DM, Senioren 25,50 DM

Line Inn

Kronsforder Allee 130
23560 Lübeck
Telefon 04 51/5 13 33

Öffnungszeiten

So.–Mi. 10.00–22.00 Uhr
Do.–Sa. 10.00 –24.00 Uhr
Fr.–So. 16.00–21.00 Uhr mit DJ, coolen Rhythmen und Lightshow

Anreise

Die Buslinien 2, 24, 16 halten direkt vor dem Hallenparkplatz.

Anmerkung

Die Laufflächе der Skateanlage beträgt 1900 qm und der Funpark umfasst 500 qm. Man kann hier Inline-Club-Reisen zu den Skater Hot Spots der Welt buchen. Der Geschäftsführer stellt die Halle der Stadt Lübeck zur Verfügung, damit hier Schulklassen trainieren können.

Ausstattung

- Halle: 2500 qm (Erweiterung auf 3200 qm ist geplant)
- Halfpipe 3,30 m Höhe
- Funpipe 1,20 m
- Funbox mit Rail
- diverse Rails
- Wellental
- Spine
- 35°-Bank
- Außerdem 2 Funpipes (1,60 m und 1,20 m), die durch Tables mit der ersten Funpipe verbunden sind. Des Weiteren 1 Quarterramp, 1 Funpipe (1,80 m) und mehrere Streetelemente.
- Streetparcours
- Inline-Hockeyfeld (kann nach Bedarf aufgebaut werden)

Eintritt	Tageskarte	Halbtageskarte ab 18.00 Uhr	10er-Karte	Monatskarte	Jahreskarte
Kinder bis 15 J.	5 DM	3 DM	30 DM	75 DM	500 DM
Schüler, Azubis, Studenten	7 DM	4 DM	50 DM	105 DM	700 DM
Erwachsene	9 DM	6 DM	70 DM	135 DM	1100 DM

Hinweis

Komplette Schutzausrüstung ist nur beim Befahren des Funparks nötig.

Service

- Shops (Shop-in-Shop-Meile); Besucherzone
- Bistro
- Verleih von Skates und Protektoren: Inline-Skates (nur führende Hersteller) pro Stunde 5 DM, pro Tag 20 DM. Protektoren 2 DM pro Stunde/Paar, pro Tag 5 DM/Paar und 10 DM (inkl. Helm, Ellenbogen-, Handgelenk- und Knieschützer)
- Inline-Aerobic-Kurse
- Mutter-und-Kind-Aktionen am Vormittag
- Inline-Skate-Kurse für Anfänger und Fortgeschrittene; Anfängerkurse jeweils Mi. um 16.00 Uhr und um 20.00 Uhr sowie Do. um 16.00 Uhr und um 18.00 Uhr; Kurse für Fortgeschrittene auf Anfrage. Die Kursgebühr beträgt pro Kurs 50 DM inkl. Leih-Equipment. Die Kurse umfassen jeweils zwei Unterrichtsstunden.
- Discoveranstaltungen: Do.-Sa. 20.00-24.00 Uhr Disco mit DJ und Lightshow
- Contests

Übernachtung

- Jugendgästehaus, Mengstraße 33, 23552 Lübeck, Telefon 04 51/7 02 03 99. ÜF: Junioren ab 26,50, Senioren ab 31,50 DM

Skate Club Sauerland e.V.

Jahnstraße 13
58511 Lüdenscheid
Telefon 0 23 51/38 09 25

Anreise

Im Zentrum von Lüdenscheid befindet sich das Jahnstadion. Die Halle befindet sich neben dem Fußballplatz, zwischen Jahnstraße und Parkstraße.

Öffnungszeiten

Di.-So. 16.00-21.00 Uhr

Eintritt

8 DM pro Tag

Anmerkung

Die Halle besitzt keine Heizung. Der Hallenboden könnte verbessert werden.

Ausstattung

- Hallengröße: 600 qm
- Halfpipe
- Miniramp
- große Spine Ramp
- Streetparcours

Übernachtung

- Jugendherberge Burg-Altena, Fritz-Thomee-Straße 80, 58762 Altena, Telefon 0 23 52/2 35 22. ÜF: Junioren 20 DM, Senioren 25 DM

Skatehalle und Outdooranlage Area 45

Harsdorfer Straße 45
39110 Magdeburg
Telefon 0177/5142580

Öffnungszeiten

Mo.-Do. 15.00-21.00 Uhr
Fr.-Sa. 15.00-22.00 Uhr
So. 15.00-21.00 Uhr

Eintritt

2 DM, am Wochenende 3 DM

Anmerkung

Initiator der Halle ist der Verein Aufbau Elbe, Vorsitzende Fr. Karin Kürbis, Telefon 03 91/ 7 31 83 42. Im Sommerhalbjahr steht den Skatern die Outdooranlage zur Verfügung. Im Winterhalbjahr wird in der dortigen Halle geskatet.

Ausstattung

- Skatefläche: 2500 qm
- Quarterpipes (6 m und 1,5 m)
- Spine
- Funbox
- 4 kleine Pipes
- Street-Obstacles
- Hockeyfeld

Hinweis

- keine Leih-Skates
- keine Inline-Skate-Kurse

Übernachtung

- Jugendherberge, Leiterstraße 10, 39104 Magdeburg, Telefon 03 91/53 21 01. ÜF: Junioren 32 DM, Senioren 47 DM

ROLLSCHUHBAHN

Gräwenkolkstraße 85
45770 Marl
Telefon 0 23 65/8 36 94

Öffnungszeiten

Mi., Do. 15.00–20.00 Uhr
Fr., Sa. 15.00–24.00 Uhr
So. 15.00–22.00 Uhr

Eintritt

Schüler 6 DM,
Erwachsene 8 DM

Ausstattung

- Rollschuhbahn ohne Street-Obstacles

Service

- Verleih von Roller-Skates (3 DM); Inline-Skates werden nicht angeboten.
- Rollerdiscos

Übernachtung

- Jugendherberge, Pastoratsberg 2, 45239 Essen, Telefon 02 01/49 11 63. ÜF: Junioren 22,50 DM/25 DM, Senioren 27,50 DM/30 DM

TENNIS- UND SQUASH-CENTER MENGEN GMBH

Outdoor-Skateanlage
»Fun Park«, Saarstraße 3
88512 Mengen
Telefon 0 75 72/58 58

Öffnungszeiten

Die Outdooranlage ist bedingt durch die Wetterlage erst ab Mai des Jahres geöffnet. Dann kann man dort täglich von Sonnenaufgang bis Sonnenuntergang skaten.

Eintritt

5 DM

Ausstattung

- Halfpipe
- Ramps

Anmerkung

Im Herbst/Winter wird die Halfpipe der obigen Outdooranlage in der Go-Kart-Bahn in Herbertingen, beim »Kegelstüble«, aufgebaut. Weniger gut ist dort allerdings, dass um die Halfpipe die Go-Karts fahren.

Übernachtung

- Hohenzollern-Jugendherberge, Hohenzollernstraße 31, 72488 Sigmaringen, Telefon 0 75 71/1 32 77. ÜF: Junioren 20 DM, Senioren 25 DM

Factory Freizeitwelt

Wehnerstraße 1
41068 Mönchengladbach
Telefon 0 21 61/83 70 83

Öffnungszeiten

in den Ferien
11.00–20.00/21.00 Uhr
ansonsten
Mo.–Fr. 14.00–20.00 Uhr
Sa., So. 11.00–20.00 Uhr

Eintritt

3 Stunden 7 DM, jede weitere Stunde 2 DM

Anmerkung

In der Halle befindet sich u. a. auch eine Bowling-Bahn.

Ausstattung

- große und kleine Halfpipe
- diverse Ramps
- Rails etc.

Service

- Bistro

Hinweis

Skates und Protektoren können nicht geliehen werden. Es finden auch keine Inline-Skate-Kurse statt.

Übernachtung

- Jugendherberge »Hardter Wald«, Brahmsstraße 156, 41169 Mönchengladbach, Telefon 0 21 61/55 95 12. ÜF: Junioren 22,50 DM/25 DM, Senioren 27,50 DM/30 DM

Olympiapark München

(im Eislaufzelt)
Lerchenauer Straße
80809 München
Telefon 0 89/30 67 21 50

Öffnungszeiten

täglich 10.00–21.00 Uhr

Eintritt

Kinder bis 6 Jahre frei, Jugendliche 3 DM, Erwachsene 5 DM

Ausstattung

- 2 Halfpipes
- Miniramp
- Quarterpipe
- Street-Area
- Funbox

Übernachtungen

- Jugendgästehaus, Miesingstraße 4, 81379 München (Stadtteil Thalkirchen), Telefon 0 89/7 23 65-50. ÜF: Junioren 27,50 DM bis 35,50 DM
- Jugendherberge, Wendl-Dietrich-Straße 20, 80634 München (Stadtteil Neuhausen), Telefon 0 89/13 11 56. ÜF: Junioren 23 DM bis 25,50 DM

Rollpalast

Stockacher Straße 5
81243 München
Telefon 0 89/8 34 55 55

Anreise

Die Inline-Diskothek befindet sich direkt am S-Bahnhof Westkreuz (S 5 + S 6).

Öffnungszeiten

Mi. 20.00–01.00 Uhr ab 16 Jahre
Do. 20.00–24.00 Uhr ab 16 Jahre
Fr. 14.30–18.30 Uhr,
20.00–02.00 Uhr ab 16 Jahre
Sa. 10.00–12.00 Uhr,
14.30–18.30 Uhr,
20.00–02.00 Uhr ab 16 Jahre
So. 12.00–18.30 Uhr,
20.00–24.00 Uhr ab 16 Jahre
in den Ferien Mo.–Do.
15.30–18.30 Uhr (Eintritt 6 DM)
an Tagen vor Feiertagen
20.00–24.00 Uhr (Eintritt 9 DM)
an Feiertagen 14.30–18.30 Uhr
(Eintritt 9,50 DM)

Eintritt

Mi. frei, Do. 9 DM, Fr. 6 DM, ab 20.00 Uhr 10 DM, Sa. 5 DM, ab 14.30 Uhr 9,50 DM, ab 20.00 Uhr 10 DM, So. 9,50 DM, ab 20.00 Uhr 9 DM

Ausstattung

- 2800 qm Gesamtfläche
- Die 1600 qm große Lauffläche ist in kurvenreiche Parkett-Straßen, wie in einem Labyrinth, angelegt, deren Länge sich auf 350 m erstreckt.

Service

- Bistro
- Café
- Skate-Verleih (alle Laufzeiten 6 DM)
- kostenlose Inline-Skate-Kurse für Anfänger – jeden So. von 14.00–17.00 Uhr. Mitmachen können Erwachsene und Kinder ab 3 Jahre.
- Partys
- Geburtstagspartys finden immer sonntags von 10.00–13.00 Uhr statt. Infos unter Telefon 0 89/ 8 34 45 49.

Übernachtungen

- Jugendgästehaus, Miesingstraße 4, 81379 München (Stadtteil Thalkirchen), Telefon 0 89/7 23 65-50. ÜF: Junioren 27,50 DM bis 35,50 DM
- Jugendherberge, Wendl-Dietrich-Straße 20, 80634 München (Stadtteil Neuhausen), Telefon 0 89/13 11 56. ÜF: Junioren 23 DM bis 25,50 DM

SKATE 'N ' FUN

Im Kunstpark Ost
Grafinger Straße 6
81671 München
Telefon 0 89/49 00 13 13
Telefax 0 89/49 00 13 14

Anreise

mit S-Bahn, U-Bahn, Bus, Trambahn, Haltestelle Ostbahnhof

Öffnungszeiten

Mo.–Fr. 12.00–22.00 Uhr
in den Ferien ab 10.00 Uhr
Sa., So. 11.00–22.00 Uhr

Eintritt

10er-Karte 80 DM
30er-Karte 180 DM
50er-Karte 225 DM
Tageskarte 10 DM
Monatskarte 170 DM

Anmerkung

Die Anlage befindet sich auf dem ehemaligen Pfanni-Betriebsgelände, inmitten der neuen Münchner Kneipen- und Kultur-Area. Die Skatehalle wird im Winter ausreichend beheizt.

Ausstattung

- Hallengröße: 1250 qm; Park: 3000 qm
- Halfpipe (3,5 m hoch, 6 m breit, 15 m lang, Vert, Flat 5 m, Coping, Transition)
- Miniramp (2,5 m hoch, 4 m breit, 10 m lang, Vert, Flat 4 m, Coping, Transition)
- Funbox (1 m hoch, 3 m breit, 4 m lang)
- Rails
- Hockeyfeld

Hinweis

Die komplette Schutzausrüstung ist beim Befahren der Anlage zu tragen.

Service

- Disco
- Geburtstagsfeiern
- Skate-Verleih: 15 DM pro Tag, inkl. Schützer
- Inline-Skate-Kurse – Termine auf Anfrage
- geplant sind Contests

Übernachtungen

- Jugendgästehaus, Miesingstraße 4, 81379 München (Stadtteil Thalkirchen), Telefon

0 89/7 23 65-50. ÜF: Junioren 27,50 DM bis 35,50 DM

⊙ Jugendherberge, Wendl-Dietrich-Straße 20, 80634 München (Stadtteil Neuhausen), Telefon 0 89/13 11 56. ÜF: Junioren 23 DM bis 25,50 DM

Berg Fidel Skatepark

Am Preußenstadion
48165 Münster
Telefon 02 51/70 04 80

Anreise

Autobahnabfahrt Münster-Süd – der Beschilderung zum Preußenstadion folgen

Öffnungszeiten

täglich

Anmerkung

Es handelt sich um eine Outdooranlage.

Ausstattung

⊙ Halfpipe
⊙ Ramps

Übernachtung

⊙ Jugendgästehaus »Aasee«, Bismarckallee 31, 48151 Münster, Telefon 02 51/53 24 70/77. ÜF: Auf Anfrage

ASN-Pfeil Skatepark

Marienbergstraße 41
90411 Nürnberg

Anreise

Der Platz befindet sich im Norden von Nürnberg in der Nähe des Autokinos.

Öffnungszeiten

Mo.–Sa. 9.00–20.00 Uhr
So., Feiertag 15.00–20.00 Uhr

Eintritt

Tageskarte 5 DM

Ausstattung

⊙ Skateanlage: 1000 qm
⊙ 1 Miniramp
⊙ 1 Halfpipe
⊙ Obstacles (Funbox, Bank, Quarterpipe etc.)

Übernachtungen

⊙ Jugendgästehaus, Burg 2, 90403 Nürnberg, Telefon 09 11/ 24 13 52, ÜF: Junioren 29 DM

⊙ Jugendhotel Nürnberg, Rathsbergstraße 300, 90411 Nürnberg, Telefon 09 11/ 5 21 60 92

Trend Sportpark Oberhausen

Am Kaisergarten
46049 Oberhausen
Stadtverwaltung
Telefon 02 08/8 25-1

Öffnungszeiten

täglich 10.00–22.00 Uhr

Eintritt

frei

Anmerkung

Den Skatern steht ein Outdoor-Skatepark zur Verfügung. Beim Aufbau des Parks haben arbeitslose Jugendliche mitgeholfen.

Ausstattung

⊙ Jumpramps
⊙ Minipipe
⊙ Speed-Skating-Strecke
⊙ Rollhockeyfeld

Übernachtung

⊙ Jugendherberge, Mendener Straße 3, 45470 Mülheim/Ruhr, Telefon 02 08/38 21 91.
ÜF: Junioren 21,60 DM/24 DM, Senioren 26,60 DM/29 DM

Fun Park

Wildbader Straße
75179 Pforzheim

Anmerkung

Es handelt sich um eine Outdooranlage.

Ausstattung

- Platzgröße: 500 qm
- Funbox
- 2 Tables 98 cm
- 2 Coping Ramps
- Table 60 cm
- Bank
- Stairs
- 2 Corners

Übernachtung

- Jugendherberge »Burg Rabeneck«, Kräheneckstraße 4, 75180 Pforzheim, Telefon 0 72 31/97 26 60. ÜF: Junioren 22 DM, Senioren 27 DM

Inline Skating Regensburg

Dechbettener Straße 63
93049 Regensburg
Halle hat kein Telefon.

Öffnungszeiten

Di.–Fr. 14.30–17.30 Uhr
Sa. 10.00–14.00 Uhr
So. 14.00–19.00 Uhr

Eintritt

Di.–Fr. 6 DM, Sa. 5 DM, So. 8 DM

Hinweis

Die Halle hat keine Heizung. Im Winter ist somit der Skatespaß etwas beeinträchtigt. Im Sommer wird das Skateangebot erweitert. Hierfür werden auf dem Außengelände Obstacles aufgebaut. Den Besuchern der Halle stehen ausreichend viele Parkplätze zur Verfügung.

Ausstattung

- Hallengröße: 1375 qm
- Halfpipe (3,30 m hoch, Vert)
- Miniramp (1,6–1,8 m hoch, 4 m breit, Flat, Coping)
- Funbox (1,5 m hoch, 3,5 m breit, 5 m lang)
- Spine Ramp (1,3–1,8 m hoch, 4 m breit, 16 m lang)
- Rails (8 m lang, 0,3 m hoch)

Service

- Contests
- Inline-Skate-Kurse für Anfänger, Fortgeschrittene und Kinder. Angeboten werden auch Spezialkurse im Speed-Skaten und Inline-Hockey.
- Shop: Snacks und Getränke
- Skate-Verleih

Übernachtung

- Jugendherberge, Wöhrdstraße 60, 93059 Regensburg, Telefon 09 41/5 74 02. ÜF: Junioren 22 DM

Inline-Skate-Center

Saarwellinger Straße 199
66740 Saarlouis
Telefon 0 68 31/98 80 85

Öffnungszeiten

Mo.–Fr. 15.00–22.00 Uhr
Sa. 14.00–22.00 Uhr
So. 10.00–22.00 Uhr
in den Ferien 10.00–22.00 Uhr

Eintritt

7 DM

Hinweis

Es können hier keine Inline-Skates geliehen werden.

Ausstattung

- Halfpipe
- Quarterpipe
- Funbox
- Wallride
- diverse Ramps

Service

- Inline-Skate-Kurse: jeden Do., durchgeführt von Carola Becker

Übernachtung

- Jugendgästehaus, Meerwiesentalweg 31, 66123 Saarbrücken, Telefon 06 81/3 30 40. ÜF: 26,30 DM bis 35,50 DM

Skate-o-drome

Julius-Bührer-Straße 24
78224 Singen, Hohentwiel
Telefon 0 77 31/18 45 55

Öffnungszeiten

Mo.–Fr. 14.00–22.00 Uhr
Sa., So. 11.00–22.00 Uhr

Eintritt

7 DM

Ausstattung

- Hallengröße: ca. 2000 qm
- diverse Ramps
- 1 große Halfpipe
- 1 Streetparcours
- Außerdem gibt es noch einen Rundkurs für Fitness-Skater.

Service

- In regelmäßigen Abständen sollen Contests organisiert werden.

Übernachtung

- Jugendherberge, Friedinger Straße 28, 78224 Singen, Hohentwiel, Telefon 0 77 31/4 25 90. ÜF: Junioren 20 DM, Senioren 25 DM

Fa. Sporthaus Kaps

Wetzlarer Straße 1a
35606 Solms-Oberbiel
Telefon 0 64 41/5 01 90

Anmerkung

Die Fa. Sporthaus Kaps unterhält einen der besten Outdoor-Skateparks in Mitteldeutschland.

Öffnungszeiten

Täglich geöffnet, entsprechend den Ladenöffnungszeiten des Sporthauses Kaps.

Ausstattung

- Halfpipe
- Miniramp
- Street-Obstacles
- Rollschuhbahn

Service

- Inline-Skate-Kurse werden vom Sporthaus Kaps veranstaltet. Die Kursgebühr beträgt 30 DM pro Teilnehmer. Die Kurse beinhalten jeweils drei Unterrichtsstunden. Termine auf Anfrage.

Übernachtung

- Jugendherberge, Richard-Schirrmann-Weg 53, 35398 Gießen, Telefon 06 41/6 58 79. ÜF: Junioren 20,50 DM, Senioren 25 DM

Ferienpark Glocknerhof

Inline-Halle
Glocknerhofstraße 1
93491 Stamsried
Telefon 0 94 66/1 80

Öffnungszeiten

Mo.–Fr. 14.00–19.00 Uhr
Sa., So. 10.00–20.00 Uhr

Eintritt

frei

Anmerkung

Hier wird seit März 1999 geskatet. Es handelt sich um eine ehemalige Reithalle.

Ausstattung

- Lauffläche mit Street-Obstacles
- Hockeyfeld mit Toren

Service

- Leih-Skates (2 Stunden/ 5 DM)
- Wirtshaus mit Café

Übernachtung

- im Ort nach günstigen Pensionen fragen

Skate Factory

im Fun Park Wangen
Spinnereistraße 1
88239 Wangen im Allgäu
Telefon 0 75 22/91 32 70
Postanschrift: Skate Factory
Praßbergstraße 6
88239 Wangen im Allgäu

Öffnungszeiten
Mo.–Fr. 15.00–21.00 Uhr
Sa. 13.00–22.00 Uhr
So. 10.00–20.00 Uhr

Eintritt
Schüler 7 DM, Erwachsene 9 DM

Ausstattung
- Hallengröße: 1800 qm
- Halfpipe (2,50 m hoch, 5 m breit, Flat, Coping, Transition)
- Pool/Bowl (1 m hoch, 6 m breit, 6 m lang)
- Miniramp
- Funbox
- Rails
- Jumpbox
- Steilwandkurve
- Rundkurs
- Hockeyfeld

Hinweis
Schutzausrüstung und Helm sind nur auf den beiden Rampen Pflicht.

Service
- Shop, Flipper, Tischfußball
- Bistro
- Inline-Skate-Kurse (35 DM pro Teilnehmer; Termine auf Anfrage)
- Contests
- Skate-Verleih

Übernachtung
- Georg-Sulzberger-Jugendherberge, Dekan-Marquart-Straße 18, 88316 Isny/Allgäu, Telefon 0 75 62/25 50. ÜF: Junioren 22 DM, Senioren 27 DM

Wheelers Skate House

Industriestraße 45
41844 Wegberg
Telefon 0 24 34/92 89 06

Öffnungszeiten
Mo. geschlossen
Di.–Do. 14.00–22.00 Uhr
Fr.–Sa. 12.00–23.00 Uhr
So. 14.00–22.00 Uhr

Eintritt
Erwachsene 9 DM,
Jugendliche 7 DM

Anmerkung
Die Skateanlage wurde von Skatern konzipiert und verspricht vielleicht schon deshalb echten Skatespaß.

Ausstattung
- Hallengröße: 1600 qm
- Halfpipe
- Miniramp
- Spine Ramp
- Funbox
- Jumpramps
- Streethockey

Service
- Bistro
- Soundanlage
- Shop
- Skate-Verleih

Übernachtung
- im Ort nach günstigen Pensionen fragen

Kattwinkel Fabrik

Kattwinkelstraße 3
42929 Wermelskirchen
Telefon 0 21 96/7 24 00

Anreise
In Wermelskirchen nach der Kattwinkelschen Fabrik fragen

Öffnungszeiten
Es handelt sich um eine städtische Halle. Diese ist nicht immer geöffnet!

Di. 16.00–18.00 Uhr (Inlinetag)
Mi. 15.00–22.00 Uhr
Fr. 15.00–20.00 Uhr

Eintritt

frei

Ausstattung

- Hallengröße: 450 qm
- Street-Obstacles

Übernachtung

- Jugendherberge Burg an der Wupper, An der Jugendherberge 11, 42659 Solingen, Telefon 02 12/4 10 25.
ÜF: Junioren 21,60 DM/24 DM, Senioren 26,60 DM/29 DM

KULTURZENTRUM KUK

(in Wiesbaden e.V.)
Schlachthof
Gartenfeldstraße 57
65189 Wiesbaden
Telefon 06 11/73 12 12

Anreise

mit den Buslinien 3, 6, 13 (Haltestelle »Welfenstraße«; Buslinie 16 »P+R-Parkplatz«). Das Zentrum Schlachthof ist ca. 2 Skateminuten vom Hauptbahnhof entfernt.

Öffnungszeiten

Mi.–So. 14.00–18.00 Uhr
Di. bis ca. 24.00 Uhr

Eintritt

frei

Ausstattung

- Miniramp
- Pyramide
- Spine
- Funtable mit Rails
- 2 Quarterpipes
- diverse Kleinigkeiten
- Halfpipe
- Vor dem Schlachthof, in dessen Halle die Miniramp steht, gibt es einen sehr großen Parkplatz, der im Sommer mit den beschriebenen Obstacles bestückt wird. Hier wird auch Inline-Hockey gespielt. Der Boden der Halle ist zum Skaten nur bedingt geeignet.

Hinweis

Die komplette Schutzausrüstung ist nur Pflicht in der Pipe.

Service

- nur Getränkeverkauf
- kostenloser Protektoren-Verleih (inkl. Helm)
- Im Zentrum Schlachthof gibt es, neben den Öffnungszeiten für Skater, jeden Monat noch etwa 15 Veranstaltungen, von Disco bis zu Konzerten.
- Skate-Contests (Street und Halfpipe)
- Inline-Skater-Partys

Übernachtung

- Jugendherberge, Blücherstraße 66, 65195 Wiesbaden, Telefon 06 11/4 86 57 oder 44 90 81. ÜF: Junioren 24 DM, Senioren 29 DM

INLINER WORLD

Hubenröder Straße 36
37217 Witzenhausen
Telefon 0 55 42/99 93 45

Öffnungszeiten

täglich 11.00–22.00 Uhr

Eintritt

Tageskarte Kinder 7 DM
Jugendliche 8 DM
Erwachsene 10 DM

Ausstattung

- Halfpipe
- Funbox
- Quarterpipe
- diverse Sprunggeräte
- Hockeyfeld

Service

- Bistro
- Leih-Skates 8 DM,

komplette Ausrüstung 15 DM
- Inline-Skate-Kurse (Kinder 50 DM, Erwachsene 90 DM, Kursdauer jeweils 6 Unterrichtsstunden)

Übernachtung
- Jugendherberge, Habichtsweg 2, 37075 Göttingen, Telefon 05 51/5 76 22. ÜF: Junioren 22 DM, Senioren 27 DM

Walhalla

Salzdahlumer Straße 75
38302 Wolfenbüttel

Anreise
Die Halle liegt direkt an der englischen Kaserne.

Öffnungszeiten
für Inline-Skater nur mittwochs 14.30–19.00 Uhr

Eintritt
5 DM

Ausstattung
- Hallengröße: 2000 qm
- Miniramps
- Streetparcours

Service
- Disco

Übernachtung
- Jugendgästehaus, Salzdahlumer Straße 170, 38126 Braunschweig, Telefon 05 31/6 22 68. ÜF: auf Anfrage

Fun Park

Stuttgarter Straße
97084 Würzburg-Heuchelhof
Telefon 09 31/61 12 29

Öffnungszeiten
Mo.–Fr. 15.00–21.00 Uhr
Sa.14.00–21.00 Uhr
So.13.00–21.00 Uhr

Eintritt
5 DM

Anmerkung
Es handelt sich um eine Outdoor-Skateanlage.

Ausstattung
- Halfpipes
- große und kleine Funbox
- Street-Obstacles etc.

Service
- BMX-Shows
- Pro-Shows der Inliner
- abends Party

Übernachtung
- Jugendgästehaus, Burkarderstraße 44, 97082 Würzburg, Telefon 09 31/4 25 90/4 25 95. ÜF: Junioren 25 DM, 29 DM

B E L G I E N

K2 Benelux – BVBA

Sportifique-Skatepark
Coenenstraat
B-1820 Steenokkerzeel
Telefon 00 32/2/7 59 76 91

Öffnungszeiten

September–März:
Mi. 13.00–19.00 Uhr
Fr. 18.00–22.00 Uhr
Sa., So. 13.00–19.00 Uhr
April–August:
täglich 13.00–19.00 Uhr

Eintritt

150 BF

Anmerkung

Es handelt sich um eine Indoor- und Outdoor-Skateanlage.

Ausstattung

In der Halle:

- Halfpipe
- Miniramps
- Spine Ramp
- Pool (15 m × 8 m × 2 m)

In der Außenanlage:

- Quarterpipe
- Jumpramps
- Funbox
- Curbs
- Rails

Übernachtung

- Informationen erhältlich bei: Les Auberge de Jeunesse, Rue Van Oost 52, B-1030 Bruxelles, Telefon 00 32/2/2 15 31 00

Ö S T E R R E I C H

Skatelab

Ecke Engerthstraße/Walcherstraße
A-1020 Wien
Telefon 00 43/1/2 14 95 65

Öffnungszeiten

Di., Mi. 13.00–22.00 Uhr

Eintritt

zwischen 35 und 80 öS

Ausstattung

- Hallengröße: 4000 qm
- Halfpipe
- Street-Obstacles
- Miniramp
- Rundkurs (230 m)

Service

- Skate-Verleih

Übernachtungen

- Jugendherberge, Friedrich-Engels-Platz 24, A-1200 Wien, Telefon 00 43/1/33 28 29 40
- Jugendherberge, Lechnerstraße 12, A-1030 Wien, Telefon 00 43/1/7 13 14 94

Rolling Rock AG

Industriestraße 44
CH-5000 Aarau
Telefon/Telefax 00 41/62/ 8 23 30 23

Öffnungszeiten

Di.–Fr. 13.00–22.00 Uhr
Sa. 10.00–23.00 Uhr
So. 10.00–22.00 Uhr

Eintritt

Tageskarte Kinder 6 sfr, Erwachsene 11 sfr

Ausstattung

- Hallengröße: 1200 qm
- Halfpipe (3,5 m hoch, 6 m breit, 14 m lang)
- Miniramp
- Funbox
- Rails
- Hockeyfläche: 280 qm
- 2 Steilkurven (1,5 und 2,5 m hoch, ca. 40 m lang, Radius 17 m)

Service

- Kiosk und Shop
- Disco
- Inline-Skate-Kurse
- organisiert werden Hockeyturniere und Halfpipe-Contests

Übernachtung

- Jugendherberge Brugg, Im Hof 11, Schlössli Altenburg, CH-5200 Brugg, Telefon 00 41/ 56/4 41 10 20

Sportcenter Baregg

Zelggweg 11
CH-5405 Baden
Telefon 00 41/56/4 93 44 55

Öffnungszeiten

täglich 8.00–23.00 Uhr, von Ende März bis Mitte September

Eintritt

pro Stunde 3 sfr,
5 Stunden 10 sfr

Anmerkung

Es handelt sich um eine Outdooranlage.

Ausstattung

- Minipipe
- Halfpipe
- Steilwandkurve
- Jumpramps
- Quarterpipe
- Stairs
- Rundbahn 120 m
- Hockeyfeld 12 × 24 m

Service

- Shop
- Restaurant

Übernachtung

- Jugendherberge, Kanalstraße 7, CH-5400 Baden, Telefon 00 41/56/2 21 67 36

Hypnotic Skatehall

Zuger Straße 64b
CH-6340 Baar
Stadtgrenze Zug
Telefon 00 41/41/7 63 08 63

Öffnungszeiten

Mo.–Fr. 12.00–22.00 Uhr
Sa., So. 11.00–22.00 Uhr
in den Ferien 11.00–22.00 Uhr

Eintritt

Skater 7 sfr, Besucher 5 sfr; Jahreskarte erhältlich

Ausstattung

- Hallengröße: 700 qm
- Halfpipe (3,5 m × 8 m)
- Minipipe (1,8 m × 5 m)
- Quarterpipes
- Banks
- Wallride 4 m
- Funboxes
- Rails

Service

- Inline-Skate-Kurse
- Freestyle-Shop
- Kiosk mit Snacks
- Videogames, Tischfußball

- Bei schönem Wetter werden diverse Grindstangen und Jumpramps vor der Halle aufgebaut.

Übernachtung

- Jugendherberge, Allmendstraße 8, CH-6300 Zug, Telefon 00 41/42/7 11 53 54

Skating-Bahn Soli-Bülach

Solistraße 88
CH-8180 Bülach
Telefon 00 41/1/8 62 08 11

Öffnungszeiten

Mo.-Di. 15.00-22.00 Uhr
Mi. 13.00-22.00 Uhr
Do.-Fr. 15.00-22.00 Uhr
Sa. 10.00-22.00 Uhr
So. 10.00-20.00 Uhr

Hinweis

Betriebsferien von Mitte Juli bis Ende August

Eintritt

Mo.-Fr. Erwachsene 6 sfr,
Jugendliche bis 16 Jahre 4 sfr
Sa., So. Erwachsene 9 sfr,
Jugendliche bis 16 Jahre 6 sfr

Ausstattung

- Hallengröße: 1000 qm
- Halfpipe - z. T. im Boden versenkt
- Miniramp
- Rails
- Sprintbahn

Service

- Inline-Skate-Kurse
- Skate-Verleih
- Organisation von Geburtstagsfeten
- Disco-Veranstaltungen
- Halle kann tageweise angemietet werden
- Shop
- Bistro

Übernachtung

- im Ort nach günstigen Pensionen fragen

Skate Park

Chemin de Bouleyres
CH-1630 Bulle
Telefon 00 41/26/9 13 15 62

Öffnungszeiten

Die Anlage ist täglich geöffnet.

Anmerkung

Es handelt sich um einen Outdoor-Skatepark.

Ausstattung

- Funbox
- mehrere Slides
- Miniparcours

Übernachtung

- Jugendherberge, 2 Rue de L'Hôpital, CH-1700 Fribourg, Telefon 00 41/26/3 23 19 16

Rollerpark Erlen

Niederhaslistraße 20
CH-8157 Dielsdorf
Telefon 00 41/1/8 53 35 20

Öffnungszeiten

Mo. 11.00-22.00 Uhr
Di.-Sa. 9.00-22.00 Uhr
So. 9.00-19.00 Uhr

Eintritt

7 sfr, Jahresabo 220 sfr

Anmerkung

Es handelt sich um eine Outdooranlage.

Ausstattung

- Halfpipe
- Funbox
- Minipipe
- Hockeyfeld

Service

- Shop

Übernachtung

- im Ort nach günstigen Pensionen fragen

Fägt-ory

Edikerstraße 16
CH-8635 Dürnten
Telefon 00 41/55/2 60 13 63

Öffnungszeiten

Mi. 14.00–18.00 Uhr
Do. 19.30–22.00 Uhr
Fr. 14.00–18.00 Uhr und 19.30–22.00 Uhr
Sa. 14.00–18.30 Uhr und 19.30–22.00 Uhr

Eintritt

unter 16 Jahre 4 sfr,
über 16 Jahre 5 sfr

Ausstattung

- Hallengröße: 1300 qm
- Rundbahn 75 m
- Miniramp
- Street-Obstacles
- Hockeyfeld

Service

- Snackbar
- Skate-Verleih

Übernachtung

- im Ort nach günstigen Pensionen fragen

Skater-Treffpunkt

Fabrikstraße 1
CH-8586 Erlen
Telefon 00 41/71/6 48 33 22

Öffnungszeiten

Mo.–Sa. 14.00–21.00 Uhr
So. 10.00–19.00 Uhr

Eintritt

12 sfr

Ausstattung

- Hallengröße: 1500 qm
- Halfpipe (3,5 m hoch, 6 m breit, 13 m lang)
- Miniramp (1,8 m hoch, 4,5 m breit, 12 m lang)
- Rails (8 m lang, 30 cm hoch)

Service

- Inline-Skate-Kurse
- Kiosk
- Dart, Videospiele, Fußballkästen, Kinderspielecke
- Bistro
- Café
- Shop

Übernachtung

- im Ort nach günstigen Pensionen fragen

Skate-Park HS 36

Av. de Sevelin 36
CH-1004 Lausanne
Telefon 00 41/21/6 26 37 93

Öffnungszeiten

Mo.–Fr. 14.00–21.00 Uhr
Sa. 15.00–19.00 Uhr

Eintritt

Tageskarte 20 sfr

Ausstattung

- Hallengröße: 1200 qm
- Halfpipe
- Bowl
- Miniramp
- Street-Obstacles

Service

- Skate-Verleih

Übernachtung

- Jugendherberge, Chemin du Muguet 1, CH-1007 Lausanne-Ouchy, Telefon 00 41/21/6 16 57 82

Skatertreff im Schlösslipark

Schlösslipark
CH-8587 Oberaach
Telefon 00 41/71/6 48 33 22

Öffnungszeiten

Mo.–Do. 9.00–18.00 Uhr
Fr. 14.00–21.00 Uhr
Sa. 14.00–17.00 Uhr
So. 10.00–17.00 Uhr

Eintritt

Kinder 5 sfr, Erwachsene 8 sfr

Ausstattung

- insgesamt 300 qm Fläche
- Halfpipe
- Miniramp

Service

- Skate-Verleih

Übernachtung

- Jugendherberge, Gottfried-Keller-Straße 6, CH-8590 Romanshorn, Telefon 00 41/71/4 63 17 17

Rollerdome

Industriestraße 36c
CH-9400 Rorschach
Telefon 00 41/71/8 41 64 16

Öffnungszeiten

Mo. geschlossen
Di. 13.00–21.00 Uhr
Mi. 11.00–21.00 Uhr
Do. 13.00–21.00 Uhr
Fr. 13.00–22.00 Uhr
Sa. 10.00–22.00 Uhr
So. 10.00–20.00 Uhr

Ausstattung

- Hallengröße: ca. 1600 qm
- Halfpipe (3,4 m hoch, 6 m breit, 14 m lang)
- Funbox
- Rails

Service

- Inline-Skate-Kurse
- Konzerte ohne Skatebetrieb
- Skatertreff
- Shop
- Bistro

Übernachtung

- Jugendherberge, Rorschacher Berg, CH-9400 Rorschach, Telefon 00 41/71/8 41 54 11 (nur für Gruppen)

Eintritt in sfr	Ganz-tags	Abend-karte	Jahres-karte	20er-Karte
bis 16 Jahre	8,–	5,–	200,–	120,–
16 bis 20 Jahre	10,–	7,–	280,–	140,–
über 20 Jahre	12,–	9,–	350,–	180,–

Halle 21

Rollorama Lazarus
Scheibenstraße 21
CH-3600 Thun
Telefon 00 41/33/2 22 02 42

Öffnungszeiten

Mi.–Do. 14.00–22.00 Uhr
Fr.–Sa. 14.00–18.00 Uhr
Sa. 20.00–1.00 Uhr
So. 15.00–19.00 Uhr

Eintritt

Kinder 4 sfr, Erwachsene 5 sfr, Disco (Sa.) 7 sfr

Ausstattung

- Halfpipe (3,2 m × 6 m)
- Miniramp
- Street-Obstacles
- Funbox

Service

- Skate-Verleih
- samstags Rollerdisco (Eintritt 7 sfr)

Übernachtung

- Jugendherberge, Weihergasse 4, CH-3005 Bern, Telefon 00 41/31/3 11 63 16

Steinfelsareal Zürich

Josefstraße (alte Fabrikhalle)
CH-8005 Zürich
Telefon 00 41/1/2 73 48 78

Öffnungszeiten

Mo.-Di. geschlossen
Mi. 14.00-22.00 Uhr
Do.-Fr. 16.00-22.00 Uhr
Sa.-So. 13.00-19.00 Uhr

Eintritt

5 sfr, 10er-Abo für 40 sfr, demnächst Monatskarte für 75 sfr
Eintritt für Schulklassen ermäßigt

Ausstattung

- Hallengröße: 900 qm im Park
- Halfpipe (3,8 m hoch, 8 m breit, 16 m lang)
- Miniramp (2 m hoch, 6 m breit, 12 m lang)
- Funbox (0,5 m hoch, 4 m breit, 8 m lang)
- Fly Box
- Rails
- Quarterpipe

Service

- Bistro
- Fernseher, Video, Gamekasten

Übernachtung

- Jugendherberge, Mutschellenstraße 114, CH-8038 Zürich-Wollishofen, Telefon 00 41/1/4 82 35 44

Adressen der Verbände

Deutscher Inline-Skate Verband e.V. (D.I.V.)

Bergstraße 20
64342 Seeheim-Jugenheim
Telefon 0 62 57/96 22 36
Telefax 0 62 57/96 22 32

Aggressive Sparte Flint-Kaserne

83646 Bad Tölz
Telefon 0 80 41/21 80
Telefax 08041/2031

D.I.V.-Referat Ausbildung

Bergstraße 20
64342 Seeheim-Jugenheim
Telefon 0 62 57/96 22 36
Telefax 0 62 57/96 22 32

D.I.V. Sektion Speed-Station

Bergstraße 20
64342 Seeheim-Jugenheim
Telefon 0 62 57/96 22 36
Telefax 0 62 57/96 22 32

D.I.V. Sektion Inline-Hockey

Hütz 12
42857 Remscheid
Telefon 0 21 91/88 23 07
Telefax 0 21 91/88 23 09

Deutscher Rollsportverein Inline-Verband e. V.

Sterngasse 5
89073 Ulm
Telefon 07 31/6 64 14
oder 9 60 35 15
Telefax 07 31/9 60 35 17

Hockey DIHL Deutscher-Eishockey-Bund

Betzenweg 34
81247 München
Telefon 0 89/81 82-74
Telefax 0 89/81 82-84

Swiss Inline Hockey League (SIHL)

Blegistraße 15
CH-6340 Baar
Telefon 00 41-41-7 60 90 06
Telefax 00 41-41-7 60 92 60

Streethockey Liga Österreich

Rainbergstraße 5
A-5020 Salzburg
Telefon 00 43-6 64-3 38 34 03
Telefax 00 43-6 62-8 43 86

SKATERLATEIN

A

ABEC
(Annular Bearing Engineers Committee) Qualitätsmerkmal für Kugellager

Aggressive-Skating
Variante des Inline-Skatings mit den Kategorien Streetstyle, Ramp (Halfpipe), High-Jump

Airs
Sprünge mit Figurausführung z. B. in der Halfpipe

Airwalk
riesiger Schrittsprung in der Luft

Alley-Qop Soul
auf einer Kante grinden (rutschen)

Ankle Strap
Fixiergurt fürs Sprunggelenk

Anti-Rockering
oder auch Negative-Rockering genannt; v. a. von Stunt- und Streetskatern angewandt. Die beiden mittleren Rollen werden erhöht oder man ersetzt die zweite und dritte Rolle durch kleinere Rollen.

Aktivbremse
mechanische Bremsvorrichtung an der Ferse des Inline-Skates

B

Back
Gleiten auf Steinkanten oder Treppengeländer zwischen zweiter und dritter Rolle mit dem Rücken zur Steinkante bzw. Treppengeländer

Backflip
Rückwärtssalto

Back Pass
bezeichnet beim Inline-Hockey einen Rückpass

Bail
kontrollierter Sturz

Bail out
annehmbare Möglichkeit (z. B. Rasenfläche) für die Durchführung eines kontrollierten Sturzes suchen

Balls
Kugeln im Kugellager

Ballistic
sehr schnell durchgeführter Slalomlauf

Bearings
Kugellager

Black Ice
glatte Asphaltstraße

Blade
Schlagfläche vom Hockeyschläger

Board Pass
Schuss an die Seitenbande beim Inline-Hockey

Bank
Rampe ohne Transition, d. h. die Auffahrt der Rampe ist gerade und nicht gebogen

Backflip
Rückwärtssalto, auch Backloop genannt

Body Check
harter Körpereinsatz beim Hockey. Beim Inline-Hockey ist absichtlicher Körperkontakt auf keinem Niveau erlaubt.

Breakaway
Ausreißversuch beim Speed-Skating

Buckle
Schnalle (Verschlussart des Inline-Skate-Schuhs)

Bully
Anstoß beim Streethockey

C

Cab
Aufspringen auf Rail oder Curb mit Drehung (90°–540°)

Carving
Übersetzen zum Kurvenfahren

Cones
Kegel zum Markieren eines Slalomparcours

Contest
Wettkampf

Coping
Stahlrohr am oberen Ende einer Pipe, Miniramp oder Rampe

Core
Kern einer Inline-Skate-Rolle

Cross
mit überkreuzten Beinen rollen

Crossover
Übersetzen der Beine zum Kurvenlaufen

Curb
Steinkante, auf der quer zur Fahrtrichtung gerutscht werden kann

Curb Jump
Sprung auf eine Steinkante

D

D.B.S.
Disc-Brake-System der Firma Ultra Wheels. Der Bremsblock (Stopper) ist durch eine Rolle ersetzt, in deren Inneren sich ein Federbremssystem befindet.

DEB
Deutscher Eiskockey-Bund

Defensive Zone
Verteidigungszone beim Inline-Hockey

Defensive Stick Skills
Verteidigungstechniken mit dem Stock beim Inline-Hockey

D.I.V.
Deutscher Inline-Skate-Verband e. V.

Diameter
Durchmesser einer Inline-Skate-Rolle

Downhill
schnelles Bergabfahren mit Inline-Skates

Drafting
im Windschatten skaten (z. B. beim Speed-Skating)

DRB
Deutscher Rollsport-Bund e. V.

Dribbling
Führen des Pucks mit dem Hockeyschläger

Drop In
im Stehen von oben in die Pipe einfahren

Drop Pass
taktisches Liegenlassen des Pucks für einen Mitspieler

Duck Walk
ein Trick, bei dem der vordere Skate auf der hinteren Rolle und der hintere Fuß auf der vorderen Rolle fährt

Durometer
Rollenhärte, die mit »A« und einer Zahl angegeben wird; je höher die Zahl, desto härter die Rolle

Elbow Pads
Ellbogenschützer

Extention
absolut senkrechter Bereich der Halfpipe

Face-Off
Bully beim Inline-Hockey

Fakie
Rückwärtsfahren

Fast Slide
Grinden mit einem Fuß an Steinkanten oder Treppengeländer

Fat
eindrucksvoller Stunt in der Luft

Fifty/fifty 50/50
Lip-Trick mit einem Fuß am Table, anderer Fuß hängt über der Transition

FIRS
Fédération Internationale de Roller-Skating

Fiveforty
540-Grad-Drehung; $1^1/_2$-fache Drehung beim Sprung um die eigene Achse

Flat
die untere flache Ebene der Halfpipe-Bahn (Bodenplatten) zwischen den Transitions

Flat Rockering
alle Rollen befinden sich auf einer Ebene

Flat Top
Rolle mit flacher Lauffläche

Flip
Salto (Backflip oder Frontflip)

Frame
Schiene unterm Schuh; dient der Rollenaufnahme

Frame Spacer
Spacer, direkt an der Schiene

Freestyle
freies Skaten, meist mit den Kategorien Streetstyle und Aggressive verbunden (freies Trickskaten)

Front
Sliden auf Steinkanten oder Treppengeländer zwischen zweiter und dritter Rolle mit Blick zum Rail

Frontflip
Vorwärtssalto

Funbox
um eine erhöhte viereckige Platte befinden sich vier Viertelrampen

Gap
Lücke in einem Rail (Geländer oder Rohr, auf dem man grinden kann) zum Überspringen

Glide
Gleitphase nach dem Abdruck beim Skaten

Goaltender
Torhüter beim Inline-Hockey

Grab
während eines Airs (Sprung mit Figurausübung) – Griff jeder Art an den Skate-Schuh

Grounden
Hinfallen, Stürzen

Grind
quer zur Fahrtrichtung auf der Schiene rutschen

Grind Plates
Hilfen zum Grinden – am Schuh montiert, auch zum Schutz des Frames

Grip
Haftung

Gripping the Stick
Schlägerhaltung beim Inline-Hockey

H

Halfpipe
halbe Röhre, Rampe mit vertikalem Stück (Höhe etwa drei bis vier Meter)

Hand Grab
Anfassen des Skates während eines Tricks

Handrail
Geländer aus Metall

Handplant
Handstand am Coping der Pipe

Hardware
Achsen, Grind-Plates, Kugellager, Muttern, Spacer

Heel Brake
Bremssystem basierend auf einem Stopper

Heel-Stop
Bremsmanöver mit dem jeweiligen Bremssystem am Ende der Schiene

Heel Straps
Fersenfixiergurt – dient der Fersenstabilisierung

High Jump
Hochsprung mit Anlauf und Rampe (Disziplin im Aggressive-Skating)

I

IISA
International Inline Skating Association/USA

Indoor
Hallen-Inline-Skating

Inline-Skating
Bezeichnung für die Sportart (Inline = in einer Reihe)

Invert
Drehung beim Sprung aus dem Handplant zurück in die Pipe

J

Jump
Disziplin im Aggressive-Skating

Jumping
Springen

Jumpramp
Sprungschanze

K

Kink
Knick im Rail oder Handrail

Kneeing
Auf den Knieschützern sein

Knee Pads
Knieschützer

L

Lace
Schnürsenkel

Late Spin
verzögerte Drehung

Late 180
verzögert eingeleitete 180°-Drehung

Late 360
verzögert eingeleitete 360°-Drehung

Launch Ramp
Sprungrampe mit Transition (vgl. Bank)

Lift Check
Anheben des Schlägers eines Gegners beim Inline-Hockey

Lift Pass
hoch rausgespielter Pass beim Inline-Hockey

Lip Trick
Tricks am Coping in der Halfpipe oder Miniramp

Location
Treffpunkt für Skater

Lubricant
Schmiermittel für die Kugellager

M

Marathon
längste Strecke bei der Speed-Skating-WM mit 42,195 km

Mc Twist
Salto/Backflip mit 180°-Drehung

Miniramp
wie Halfpipe, jedoch niedriger (Höhe von etwa ein bis zweieinhalb Meter)

Mute Grab
beim Sprung mit der rechten Hand an den linken Schuh greifen (oder umgekehrt)

Misty Flip
360°-, 540°- oder 720°-Drehungen über Kopf

N

Negative-Rockering
auch Anti-Rockering genannt; vorrangig von Stunt- und Streetstyle-Skatern angewandt. Die beiden mittleren Rollen werden erhöht oder aber an zweiter und dritter Stelle werden kleinere Rollen verwendet. Somit sind die äußeren Rollen kleiner als die mittleren.

Neutral Zone
mittlere Zone beim Inline-Hockey

Nose Pick
Antippen der Nase mit den Zehenspitzen

O

Offensive Zone
Angriffsdrittel beim Inline-Hockey

Off-Road-Skates
Inline-Skates für das Gelände

P

Pad
Schützer

Passing
Abspielen des Balls/Pucks an den Mitspieler beim Inline-Hockey

P.B.S.
Power Braking System (von der Firma Oxygen entwickeltes Bremssystem, bei dem eine Feder die Druckwirkung auf den Bremsblock und die hinterste Rolle steuert)

Plate
Schutzplatte der Inline-Skate-Schiene für das Grinden

Poke Check
Verteidigungstechnik beim Inline-Hockey

Polyurethan
Material, aus dem gute Rollen und teilweise auch Skates gefertigt werden

Pool
Skatinganlage

Positive-Rockering
beide mittleren Rollen werden für größere Wendigkeit tiefergestellt; vorrangig im Hockey angewandt

Posse
Gruppe von Skatern, die sich meist an der gleichen Location treffen

Powerplay
Überzahlspiel beim Inline-Hockey

Powerslide
Bremstechnik, bei der aus der Rückwärtsfahrt ein Bein quer zur Fahrtrichtung aufgesetzt wird

Power Straps
Schnallenersatz mit Klettverschluss, z. B. Heel Straps oder Over Boot Straps

Protectoren
Schützer

Protection
Schutzausrüstung

Puck
Spielscheibe aus Hartgummi als Ballersatz beim Inline-Hockey

Pushen
Schwungholen in der Pipe

Quarterpipe
eine »halbe« Halfpipe, also nur eine Transition, nur ein Vert, nur ein Coping

Races
Laufring beim Kugellager

Radical
extrem gefahrener Stunt

Ramp
Sprungschanze, Rampe

Rail
Geländer oder Rohr, auf dem man grinden kann

Rail Slide
Rutschen auf einem Rail

Rebound
bezeichnet die Sprungeigenschaft einer Rolle

Recreation-Skating
Inline-Skaten als Fitness und Fun

Rewind
Abgang bzw. Abspringen vom Rail oder Curb mit Drehung (90°–540°)

rippen
beim Inline-Skaten der Beste sein

Ripper
der Beste unter allen Skatern

Road Race
Straßenrennen

Road Rash
durch Stürze zugezogene Schürfwunden

Rockering
Verstellbarkeit der Rollenhöhe (Hoch- oder Tiefstellen der Rollen)

Rockering-/Excenter-Spacer
Spacer an der Schiene, mit denen sich die Rollen hoch- oder tiefstellen lassen

Rotation
Drehung

Royale
Sliden auf Rail oder Curb zwischen zweiter und dritter Rolle und hierbei den hinteren Fuß »abknicken«

Sculling
eine »8« laufen

Shifty
Verdrehen des Oberkörpers während eines Sprungs

Shifty Grind
Verdrehen des Oberkörpers beim Grind

Shooting
Torschuss beim Inline-Hockey

Short Track
Kurzparcours beim Speed

Skates
Schuhe der Sportart »Inline-Skating«

Skatepark
professionelle Skateanlage mit diversen Ramps, Pipes oder Funboxes

Slam
Sturz

Slap Shot
Schlagschuss mit hoher Geschwindigkeit beim Inline-Hockey

Sliding
mit der Schiene auf Rails oder Curbs rutschen

Slide Shot
Schlag mit dem Hockeyschläger, der am Boden schleift (Schleifschlag)

Snap Shot
Schlag wie Slap Shot; jedoch mit geringerer Ausholbewegung durchgeführt

Soul Grind/Soul Slide
ein Grind, bei dem der vordere Skate zwischen zweiter und dritter Rolle quer zur Fahrtrichtung auf der Schiene rutscht und der hintere Skate auf der Schuhaußenseite am Rail gleitet

Spacer
Distanzstück zwischen den Kugellagern

Speed
Disziplin im Race-Bereich der Sportart »Inline-Skating«

Speed Radius
spitzer Rollenradius; sehr geringe Auflagefläche

Speed-Skating
Rollschnelllauf

Spins
Drehungen

Spin Stop
Bremsen mit einer halben Drehung

Stair Riding
Treppen herunterfahren (meist rückwärts)

Stick
Inline-Hockey-Schläger

Stopper
Bremsklotz an der Ferse des Skates

Street
Disziplin im Aggressive-Skating

Streethockey
Streethockey (= Inline-Hockey) wird vorrangig von Freizeit-Skatern auf asphaltierten Plätzen gespielt

Stroke
Abstoß beim Inline-Skaten

Stunt-Skating
andere Bezeichnung für das Aggressive-Skating

Style
Ausführung des Sprungs

Sweep Check
Verteidigungstechnik im Hockey; der Hockeyschläger wird auf dem Boden hin- und her bewegt, dass der Gegner möglichst nicht passieren kann

Switch
entgegen der gewohnten Drehrichtung drehen

Switch Stance
ein Grind, bei dem der Fuß nach vorne genommen wird, welcher ansonsten hinten ist

Table
Standfläche oben an der Pipe

Toe Save
Stoppen des Pucks mit dem Skate

Top Side Air
Blick ist nach oben und nicht in die Halfpipe gerichtet

Track
Rollschuhbahn

T-Stop
Bremsvariante, bei der die Skates T-förmig zueinander stehen, gebremst wird durch das Querstellen des hinteren Skates

Turn Stop
mit einer Drehung zum Stoppen gelangen

Tweak
Drehen des Oberkörpers (Shifty)

Transition
Wölbung der Pipe (zwischen Vert und Flat)

Upgrade
Skates aufrüsten

Variation
Durchführung mehrerer Tricks hintereinander

Vert
vertikaler, absolut senkrechter Bereich der Pipe

Wall Riding
an der Wand entlang skaten

Wheel
Rolle der Skates

Wrist Guards
Handgelenkschützer

Wristshot
Schlag aus dem Handgelenk heraus

Y-Stop
Bremsen mit Drehung

NOTIZEN